1ª edição
3.000 exemplares
Março/2016

© 2016 by Boa Nova Editora.

Capa e projeto gráfico
Juliana Mollinari

Diagramação
Juliana Mollinari

Revisão
F. Morabito
Mary Ferranini

Assistente Editorial
Ana Maria Rael Gambarini

Coordenação Editorial
Ronaldo A. Sperdutti

Todos os direitos estão reservados. Nenhuma parte desta obra pode ser reproduzida ou transmitida por qualquer forma e/ou quaisquer meios (eletrônico ou mecânico, incluindo fotocópia e gravação) ou arquivada em qualquer sistema ou banco de dados sem permissão escrita da Editora.

O produto da venda desta obra é destinado à manutenção das atividades assistenciais da Sociedade Espírita Boa Nova, de Catanduva, SP.

1ª edição: Março de 2016 – 3.000 exemplares

A FAZENDA DOS IPÊS

FLORIDES BERTUZZO

Instituto Beneficente Boa Nova
Entidade coligada à Sociedade Espírita Boa Nova
Av. Porto Ferreira, 1.031 | Parque Iracema
Catanduva/SP | CEP 15809-020
www.boanova.net | boanova@boanova.net
Fone: (17) 3531-4444

Dados Internacionais de Catalogação na Publicação (CIP)
(Câmara Brasileira do Livro, SP, Brasil)

Bertuzzo, Florides
  A fazenda dos ipês / Florides Bertuzzo. -- Catanduva, SP : Boa Nova Editora, 2015.

  ISBN 978-85-8353-035-0

  1. Espiritismo 2. Romance espírita I. Título.

15-08266   CDD-133.9

Índices para catálogo sistemático:

1. Romance espírita : Espiritismo   133.9

DEDICATÓRIA
In memoriam

À minhas amigas que cumpriram sua missão terrena e que me precederam na grande viagem ao Plano Espiritual, minha singela homenagem, com a certeza de que – um dia – nos encontraremos num mundo melhor:

Antônia Coiado 17-07-2004
Tânia Mara 02-09-2005
Cidinha Ferreira Palladino 13-07-2006
Maria Hélia Alves 25-11-2006
Marly dos Santos Cunha 11-02-2007

Sumário

Capítulo 1 - O primeiro amor 15

Capítulo 2 - O velho Chico Manco 27

Capítulo 3 - O casamento de Fiorella......................... 35

Capítulo 4 - A arena de tortura 57

Capítulo 5 - A deficiência de Paola.............................. 63

Capítulo 6 - Chico Manco vai à África 67

Capítulo 7 - Chico enfrenta a arena de tortura............ 71

Capítulo 8 - O proprietário da Fazenda Santa Tereza.. 79

Capítulo 9 - A cidade de Recanto das Flores 81

Capítulo 10 - Gianluca e Manuela 87

Capítulo 11 - A mina de pedras preciosas................... 89

Capítulo 12 - A fuga dos escravos 95

Capítulo 13 - A jovem Paola 101

Capítulo 14 - A morte do escravo e de sua filha 105

Capítulo 15 - Pai Timótheo 111

Capítulo 16 - O menino Chiquinho............................... 117

Capítulo 17 - A morte de Paola 119

Capítulo 18 - Novos escravos 129

Capítulo 19 - O amor de Gianluca................................. 135

Capítulo 20 - O ataque à Fazenda Santa Tereza 141

Capítulo 21 - O ataque dos escorpiões 161

Capítulo 22 - O encontro do conde e Manuela 167

Capítulo 23 - O padre Bepim 183

Capítulo 24 - A morte de Alípio 187

Capítulo 25 - O português Joaquim 205

Capítulo 26 - O baile de máscaras 209

Capítulo 27 - Lamentações da condessa 221

Capítulo 28 - A quermesse 225

Capítulo 29 - O baile em Santo Antônio 231

Capítulo 30 - O Sítio Santa Filomena 235

Capítulo 31 - Um escravo diferente 241

Capítulo 32 - O encontro de Giani com Manuela 247

Capítulo 33 - O assassinato do conde 255

Capítulo 34 - O delegado e Lupércio 279

Capítulo 35 - A chegada de Orietta 285

Capítulo 36 - A visita de Sara 291

Capítulo 37 - A descoberta da mina 303

Capítulo 38 - Fiorella devolve o Sítio Santa Filomena 309

Capítulo 39 - O assassinato de Julião 319

Capítulo 40 - O diário de Marzia 337

Prezado(a) leitor(a)

Caso encontre neste livro algo interessante ou que sirva de ajuda para outras pessoas e deseje divulgá-lo, por qualquer meio, não se esqueça de mencionar a fonte; dessa forma, estará respeitando os direitos autorais e, consequentemente, contribuindo para a divulgação deste trabalho.

VOU LHES CONTAR UMA LINDA E COMOVENTE HISTÓRIA DE AMOR... E DE SUSPENSE!

O norte da Itália, no tempo da escravidão, era ocupado por famílias tradicionais, nas quais a ganância pelo dinheiro e o vício do jogo eram parte constante de suas vidas.

As construções dos imponentes castelos, apesar de vetustas, revelavam claramente o orgulho e o bolso abastado de seus proprietários que formavam, em algumas regiões, a elite prostituída da cidade. Com exceção de alguns, que ainda se mantinham presos à tradição honesta da família.

É numa tarde calorenta, muito antes de a princesa Isabel assinar a lei pela libertação dos escravos, que começa nossa história.

Quatro cavalos, encilhados com arreios de primeira linha, trotavam lépidos, puxando uma carruagem e levantando poeira da estrada de chão batido.

Dentro do carro, um jovem bem trajado aparentava semblante taciturno. Era o conde Cesare Brevegliere. Tinha vinte e cinco anos e era disputadíssimo pelas moças casadoiras. Seus cabelos eram longos e negros como seus grandes olhos, e na pele branca do rosto sobressaía um vasto e bem aparado bigode, que o deixava ainda mais encantador. Ele e sua irmã Vittorina, de vinte e três anos, eram herdeiros de fabulosa fortuna.

A carruagem rodou por algum tempo e parou em frente a uma casa confortável, rodeada de um bonito jardim, sede da Fazenda San Martino, pequena propriedade de Vicenzo Monicelli, casado com Amatta Albrione Monicelli, pais da jovem Fiorella, de dezesseis anos.

O cocheiro apeou da boleia e, respeitosamente, abriu a porta do veículo para que o jovem patrão descesse:

— Vá chamar o Monicelli, Luigi! — disse asperamente o jovem.

— Sim, senhor!

Pouco depois, Monicelli apareceu. Quando viu o conde, empalideceu e, com a voz trêmula, cumprimentou-o:

— Como vai, senhor conde? É uma honra recebê-lo em minha casa! Entre, por favor!

O conde entrou, olhou ao redor e Monicelli novamente lhe pediu para que se sentasse. Grosseiramente, ele respondeu:

— Estou bem de pé e com pressa! — fez uma pausa e depois continuou: — Então, meu caro Vicenzo... Vim buscar meu dinheiro!

— Ainda não consegui arrumar, senhor conde... Preciso de mais tempo!

— Eu já lhe dei o tempo necessário! Quero meu dinheiro *agora*! Quando o senhor foi à minha casa comprar as vacas e os touros reprodutores, comprometeu-se comigo a pagar em um mês, e já se passou muito tempo além desse prazo!

— Senhor conde, eu vou...

— Cale-se! Ainda não terminei de falar! — interrompeu estupidamente o conde. E prosseguiu: — Sei que o senhor perdeu os animais por causa do baralho! Como teve coragem de pagar a dívida de jogo com algo que não lhe pertencia? Nunca deveria ter feito isso, Monicelli! Isso é um roubo! Portanto... quero meu dinheiro *agora*!

— Não tenho o dinheiro agora, senhor conde, mas vou...

Mais uma vez foi interrompido por Cesare, que, nervoso, deu um violento soco na mesa, fazendo com que o vaso que servia de enfeite caísse no chão, espatifando-se em mil cacos.

— Não quero saber de mas. Se não tiver o dinheiro, vou ficar com esta casa e com suas terras, que não valem porcaria nenhuma!

— Minhas terras não! Eu vou pagar minha dívida com o senhor! Ainda não tenho o dinheiro! Ainda não consegui, mas já estou providenciando...

— Problema seu... Esta casa...

— Por favor, minha casa não! Não tenho para onde levar minha esposa e minha filha...

— As terras...

— Por favor, senhor conde...

— Ah! Segundo dizem, uma filha linda!

— O que quer dizer com isso?

— Quero dizer que estou tendo uma ideia que vai favorecê-lo, *caspita*!!

— Explique melhor, por favor, senhor! — suplicou Monicelli, demonstrando muita curiosidade. O conde pensou, pensou e, com voz autoritária, declarou:

— Dentro de quinze dias, darei uma festa em meu castelo para comemorar o aniversário de meu pai... Vá e leve sua filha... Quero conhecê-la! É uma ordem!

Virou as costas e saiu sem se despedir e sem dar tempo a Monicelli de perguntar alguma coisa.

CAPÍTULO 1

O PRIMEIRO AMOR

Fiorella, no frescor de seus dezesseis anos, era uma jovem sonhadora, alegre e feliz. Vivia cantarolando pela casa e, como toda garota, sonhava com um príncipe encantado. Tinha os cabelos loiros e ondulados. Seus olhos eram grandes e de um azul intenso. Ficavam mais azuis devido à alvura de sua pele e o rubor dos lábios bem-feitos, que, quando se abriam para sorrir, mostravam uma dentição perfeita.

Alguns dias depois da visita do conde, seu pai lhe disse:

— Filha! Dentro de uma semana, Cesare Brevegliere dará uma festa em seu castelo e você irá comigo!

— Eu? — suspirou Fiorella, um tanto admirada.

— É... você! Acaso não é minha filha?

— Eu sei, papai! Mas os comentários dizem que o conde é orgulhoso e sente enorme desprezo pelos pobres. E nós somos pobres, não somos? Não estou entendendo nada!

— Você não precisa entender... só obedecer! — respondeu o pai, dando o assunto por encerrado. A jovem ficou feliz e, ao mesmo tempo, preocupada. Por duas vezes, vira o nobre fidalgo em sua casa conversando com o pai, mas nunca soubera que tinham algum negócio e, muito menos, que eram amigos. Sabia, também, que o pai devia uma fortuna por causa do jogo. Só não sabia para quem e, afinal de contas, nunca se importara em saber.

O conde tinha fama de mulherengo, mas a vontade de conhecer o esplêndido castelo e suas famosas e deslumbrantes festas deixou a menina eufórica. Ela não pensou, de jeito nenhum, em faltar. Além disso, as ordens de seu pai não poderiam ser contestadas jamais.

Nos dias que se seguiram, Fiorella se via dançando no luxuoso salão do castelo. De vez em quando, ficava preocupada com sua indumentária, que, com certeza, seria a mais simples da noite. Mas logo deixava a preocupação de lado para viver sua noite de Cinderela. Sabia que essa seria a única chance em sua vida, por isso queria aproveitá-la bem.

No dia da festa, cantarolava alegre, enquanto se arrumava do melhor modo possível.

Assim que chegou ao castelo, acompanhada do pai, sentiu como se estivesse entrando em outro mundo. No enorme salão, todo enfeitado, alguns casais rodopiavam ao som de uma valsa. O ambiente era digno de um rei. Depois de admirar a mágica beleza do salão, seus olhos passaram para as roupas das senhoras e das jovens que tinham mais ou menos sua idade. Sentiu uma ponta de inveja e de vergonha quando fez comparação com seu traje. No entanto, não teve tempo de pensar muito, pois seu pai a chamou para lhe apresentar o conde, filho do dono do castelo. Quando o rapaz viu Fiorella, seus olhos se tornaram mais brilhantes e mais negros. A jovem o achou lindo, educado e atencioso. Fez uma reverência com a cabeça e estendeu a mão para ser beijada. "Meu Deus! Ela é mais linda do que imaginei!", suspirou o conde. Conversaram alguns minutos e Cesare pediu licença para atender outros convidados.

Pouco depois, chegou Giuseppe Cappelini, seu melhor amigo. Era alguns anos mais jovem e também muito rico, mas sua família não possuía brasão nem títulos nobiliárquicos. Tinha cabelos loiros e olhos verdes. Quando foi apresentado a Fiorella, seu coração começou a pulsar na mesma sintonia do dela. Por alguns instantes, ambos ficaram sem falar, apenas se entreolharam. Depois, educadamente, Giuseppe pediu licença ao senhor Vicenzo para dançar com Fiorella. Sem saída para uma desculpa convincente, o pai acabou consentindo.

Enquanto os dois jovens dançavam alegremente, um criado veio dizer a Monicelli que o conde Cesare o esperava no escritório. Quando entrou, foi interpelado grosseiramente:

— Por que consentiu que Giuseppe dançasse com sua filha? Não gostei nem um pouco!

Admirado, Monicelli respondeu:

— Não tive como recusar! Ele me pegou de surpresa... E, se não me engano, minha filha é livre e não está prometida a ninguém. Portanto, pode dançar com quem quiser!

— O quê? Como ousa me jogar isso na cara e, ainda por cima, dentro da minha casa? Será que devo ser mais claro?

— Não estou entendendo, senhor conde!

— *Caspita*[1]!! Faça-me o favor, homem! Por que acha que eu convidei você e sua filha para minha festa? Eu a estou *comprando* em troca da dívida que o senhor tem comigo! E para mim está saindo muito caro, pois me parece que ela não tem dote algum! Só é bonita! A sociedade está cheia de moças ricas e bonitas com um ótimo dote, e que ficariam felizes em se casar comigo!

— O senhor quer comprar minha filha? Está ficando louco, senhor conde?

— Não! Não estou! O senhor sabe que só me casarei com uma moça pura de caráter e de honra. Jamais darei meu

---

[1] caramba

nome a alguma mulher libertina. Eu quero acreditar que sua filha é exatamente o que estou pensando!

— O senhor me ofende, senhor conde! É claro que minha filha é exatamente o que o senhor procura! Quanto ao casamento, não sei, não... Preciso falar com ela!

— Como falar com ela? O senhor é o pai! Ela terá de obedecer!

Houve um momento de silêncio. Depois, gritando, o conde advertiu Monicelli:

— Sua filha ou a casa e as terras! Escolha!

— Preciso falar com ela!

— Pois fale o mais rápido possível! *Caspita*!!

— Não posso dispor de minha casa nem de minhas terras, que são meu sustento. E minha filha... não sei. E, também, o senhor sabe que minha esposa é muito doente!

— Dane-se sua esposa!

Bufando de raiva, o conde aproximou-se da porta que dava para o salão e entreabriu-a, resmungando:

— Veja só como dançam os dois pombinhos! Até parece que são noivos!

Vicenzo olhou para a filha e pensou: "O conde tem razão; parecem dois apaixonados! Eu bem que gostaria de vê-los casados! Giuseppe é um ótimo rapaz e de excelente família, sem contar que eu e seu pai somos amigos desde criança! Não, meu Deus! Não posso nem imaginar isso! O conde mandaria me matar! Maldito jogo! Perdi quase tudo e estou prestes a perder minha filha! Resta saber se ela aceita se casar com o conde, caso contrário, não terei nem casa para morar! Pobrezinha... Terá muito dinheiro se casando com o crápula, mas não será feliz: faltará amor".

Aos gritos, Cesare interrompeu seus pensamentos:

— Está avisado, Monicelli. Se eu pegar sua filha conversando com Giuseppe ou com outro rapaz qualquer, eu os enxotarei daqui e sua vida não valerá um vintém! Agora me deixe só!

Um tanto apavorado, Vicenzo olhou para o jovem fidalgo, pediu licença e voltou para o salão. Assim que terminou a música, foi em busca da filha:

— Venha comigo! Precisamos conversar!

— O que foi, papai? O senhor está nervoso?

Sem responder, pegou a filha pela mão e a levou para o terraço. Nem a beleza e o perfume das flores conseguiram acalmá-lo. Apertou o braço da menina e esbravejou:

— Não quero mais vê-la dançando com Giuseppe ou outro rapaz qualquer! Entendeu? Ou preciso ser mais claro?

Estupefata, a jovem ia retrucar algo quando ouviu atrás de si a voz cavernosa de Cesare, que a pegou pelo braço:

— Dança comigo, Fiorella? Está tocando uma linda valsa.

A jovem virou-se e o conde, sorrindo, fez um leve gesto com a cabeça, pegou sua mão e levou-a para dançar.

— Você é muito bonita e dança muito bem! É tão leve quanto uma pluma!

Fiorella o olhou e agradeceu. Não sabia por que, mas ele lhe incutia pavor. Procurou Giuseppe com o olhar e o encontrou sozinho num canto do salão, encarando-a com tristeza. Sentiu que gostaria de estar a seu lado. Lembrou-se do que o pai lhe dissera minutos antes e não conseguiu entender nada. Sua surpresa aumentou quando, dançando com Cesare, ele permaneceu calado. "Será que é porque o conde é o dono da festa? Ou será que meu pai faz gosto que... meu Deus! Agora me lembro! O conde... já o vi algumas vezes em minha casa conversando com papai. Será que ele é o homem a quem meu pai deve uma fortuna com a compra da manada? Mas onde estão esses animais? Eles ficaram poucos dias no curral e depois não os vi mais. Será que meu pai pagou alguma dívida de jogo com os bois? E o que será esse dinheiro que Cesare tanto cobra? Jogo não pode ser... pelos comentários, o conde só joga com quem está financeiramente à sua altura. São imensas fortunas, e meu pai não tem condições de jogar tão alto. Qual será a verdade de toda essa lama? Será que... ah, meu Deus! Agora começo a entender tudo. Meu pai deve ter comprado a manada do conde... então é isso! Os bois eram de Cesare. Só faltava me pedir para casar com ele em troca dos bois... em troca da dívida... não, não pode ser! Devo estar louca em imaginar ou supor tamanho disparate!"

A angústia foi tão grande que Fiorella errou o passo da dança, pisando no pé de Cesare:

— Que foi, Fiorella? — ele perguntou, de modo áspero e nervoso.

— Desculpe! — disse a jovem.

Desvencilhou-se do parceiro, atravessou o salão quase correndo e foi se refugiar no terraço, onde ainda estava seu pai, que se surpreendeu ao vê-la chorando:

— O que aconteceu, minha filha?

— Papai, por que me proibiu de dançar com os rapazes e não com o conde? Por quê? Ele também é um rapaz e... — estava para terminar a frase quando foi interrompida pela voz autoritária de Cesare:

— Porque, *caspita*!, dentro de alguns dias você será minha esposa.

— O quê? Sua esposa? O senhor só pode estar brincando! Eu não o amo, como vou me casar com o senhor? Só me casarei por amor! Por amor!

O nobre ficou lívido. O sangue ferveu em suas veias diante da recusa da jovem. Pensava exatamente o contrário: que ela ficaria feliz em ser condessa. Acostumado a ter todas as mulheres a seus pés, nunca pensou que ela fosse rejeitá-lo. Por alguns minutos não reagiu. Quando conseguiu falar, já senhor de si, sua voz, apesar de trêmula, soou como um trovão:

— Vai se casar comigo, *sim*! Eu a comprei e agora vejo que paguei bem caro, diante da sua petulância! — e, senhor absoluto da situação, procurava dar ênfase à sua voz, com o intuito de amedrontar a jovem.

— Comprei você, *sim*! Eu a comprei em troca da dívida dos bois que vendi para seu pai! Você vai se casar comigo, *sim*, nem que seja arrastada! E fique sabendo, desde já, que você não me agrada como mulher! Esse casamento será uma dívida de honra... — calou-se por instantes diante das lágrimas de Fiorella e do nervosismo do pai dela. Depois, orgulhosamente, continuou com ironia, o que deixou a jovem ainda mais aflita.

— Mas, como sou generoso, ainda vou oferecer a vocês duas alternativas: terão vinte e quatro horas para me trazer o dinheiro com juros ou eu lhes tomarei a casa e as terras!

— Não pode fazer isso! Minha esposa está muito doente... O senhor sabe disso!

— *Al diavolo* sua querida esposa! Além do mais, não sou responsável pela vida dela! Passar bem! — e voltou ao salão para encontrar os amigos.

— Estúpido! — gritou Fiorella, chorando.

— Vamos embora, minha filha!

A jovem chorou a noite toda. Logo pela manhã, após o desjejum, recebeu um bilhete de Giuseppe dizendo que precisava vê-la. Não foi de imediato. Esperou pelo pai para tirar algumas dúvidas sobre o que acontecera na noite anterior. Ainda acreditava que tinha sido uma brincadeira de muito mau gosto.

— Papai, como vai fazer para quitar essa dívida com o conde?

— Não sei! Se não arrumar o dinheiro em vinte e quatro horas, ele me tomará as terras e a casa!

— Nunca! Eu jamais concordarei com esse jogo sujo!

— respondeu a senhora Amatta. E continuou: — Você tem que parar com esse maldito jogo! Só nos traz problemas!

— Cale a boca! Aqui quem dá as ordens sou eu! — gritou Vicenzo.

— Mamãe tem razão, papai! Vamos acabar perdendo o pouco que temos e...

— Cale a boca você também! Não quero ouvir mais nada sobre esse assunto! — e saiu batendo a porta.

— Ah, minha filha! Não vejo coisa boa nessa sujeira!

— O que a senhora está pensando, mamãe?

— Estou pensando que, se conheço bem seu pai, ele é capaz de oferecer você ao crápula do conde em troca da dívida!

— Que é isso, mamãe! Papai não tem escrúpulos, eu sei! Mas ele jamais faria isso comigo... Apesar de...

— Não? Eu sei o que estou dizendo!

Fiorella ficou pensativa por instantes. E, em seguida, afirmou:

— Mamãe, ontem, no baile, o conde disse exatamente isso! Que me comprou em troca dos bois! Mas eu não acreditei! E agora lembro que papai não desmentiu... Será, meu Deus, que... papai terá coragem de fazer isso comigo?

— Terá, sim! Terá, minha filha! Pode ter certeza de que ele terá coragem, sim, de vender a própria filha!

Fiorella ficou muito triste e preocupada com os acontecimentos, mas logo os esqueceu para ir ao encontro de Giuseppe. Chorando, contou-lhe o que havia acontecido no castelo.

O jovem não acreditou no que ouvira:

— Não é possível que seu pai tenha feito isso!

— Eu também não acredito, mas mamãe diz que é verdade! Que meu pai tem coragem de fazer isso sim!

— Não vou deixar que isso aconteça! Quero você para mim! Vou falar com Cesare... Ele é meu amigo e entenderá que nos amamos e eu pagarei a dívida de vocês!

— Ele não vai aceitar! É muito cruel e obstinado!

O jovem tentou acalmar a amada, mas sabia, de antemão, que Cesare jamais iria aceitar seu dinheiro.

Os dois jovens trocaram juras de amor e depois se separaram muito preocupados. Ambos conheciam a índole de Cesare.

Giuseppe chegou em casa muito aborrecido. Passou a noite em claro tentando, inutilmente, achar uma solução para resolver o problema. Pediu conselhos ao pai, mas ele não teve nenhuma ideia e chegou a alertá-lo:

— Meu filho, não se meta com o conde Cesare! Você sabe melhor que eu o quanto ele é violento e sem escrúpulos!

— É verdade, papai! Vou falar com ele, mas tenho certeza de que não aceitará minha proposta! Se der certo, Fiorella estará livre para se casar comigo!

— Nada tenho contra essa jovem, Giuseppe, mas seria melhor que arrumasse outra namorada! Há muitas moças lindas que gostariam de se casar com você. Minha preocupação é com Cesare... Ele é muito violento!

— Eu sei, papai, eu sei... mas eu amo Fiorella!

O pai calou-se, preocupado com a situação.

Dias depois, Cesare recebeu a visita de Giuseppe. O fidalgo guardava ressentimento do amigo por ter presenciado a alegria dele ao dançar com Fiorella. Viu claramente que a jovem preferia Giuseppe a ele. E isso ele não aceitaria jamais. Mal-humorado, recebeu friamente o amigo de infância:

— Como vai, Cesare? — cumprimentou Giuseppe.

Sem responder ao cumprimento, o anfitrião falou:

— Sente-se, Giuseppe! A que devo a honra de sua visita tão cedo?

O amigo percebeu a ironia, mas não se intimidou e foi logo ao assunto:

— Vim acertar com você a dívida do pai de Fiorella, o senhor Monicelli, e...

— Só me faltava essa... Você não tem nada com isso, portanto, não vou acertar coisa nenhuma, e agora... — foi interrompido por Giuseppe que, educadamente, retrucou:

— Eu lhe darei em dobro o montante da dívida!

— Ora! Faça-me o favor! Não preciso do seu dinheiro! Tenho muito, muito mais do que você! — respondeu, gritando, o conde.

— Cesare, se você tem muito mais que eu, é mais um motivo para concordar com minha proposta! Fiorella e eu nos amamos e queremos nos casar!

— Casar? Você está louco! Ela é minha noiva e vai se casar comigo!

— Ela não o ama! Como pode ser tão insensível, Cesare? Não vê que a faz sofrer?

— *Al diavolo* você e a insensibilidade! Agora saia de minha casa, caso contrário mando os criados enxotá-lo!

Giuseppe ainda tentou, mais uma vez, persuadir o amigo:

— Casando sem amor, você e ela serão infelizes. Não pode fazer isso! Deixe-a livre para se casar comigo. Eu lhe pagarei a dívida!

— Saia daqui! Não quero mais vê-lo em meu caminho, muito menos em minha casa! Saia! Saia daqui! Ou mandarei matá-lo como a um cão! Saia!

Gritando feito louco, pegou um castiçal e o atirou na direção do rapaz, que por pouco não foi atingido na cabeça. O barulho chamou a atenção de alguns empregados, que correram para ver o que estava acontecendo:

— Enxotem esse sujeito daqui! Ponham-no para fora!

Os criados ficaram sem saber o que fazer, pois sabiam

da amizade entre os dois. Vendo que os serviçais não lhe obedeciam, o conde gritou mais alto ainda, jogando tudo o que estava pela frente na direção do indesejável visitante:

— Fora daqui, *maledetto*[2]! Fiorella é minha! Minha! Ela nunca será sua! Mando matar os dois, mas ela nunca será sua! *Maledetto*!! *Maledetto*!!

Giuseppe deixou o castelo transtornado e muito preocupado com o destino da mulher que amava. Chorando, foi direto para seu quarto, sem saber como resolver o problema.

Pouco depois, seu pai entrou no aposento e quis saber o que havia acontecido. Giuseppe contou-lhe tudo, menos a ameaça de morte. O velho ficou preocupado, mas nada disse.

No dia seguinte, acompanhado por um criado de confiança, o rapaz foi novamente falar com o conde Cesare. Mais uma vez, foi enxotado do castelo e ameaçado de morte.

---

[2] maldito

CAPÍTULO 2

O VELHO CHICO MANCO

*E*nquanto isso, no Brasil, numa grande fazenda, um negro velho está sentado numa pedra, sob uma árvore, à beira do rio que leva o nome de São Crispim. Cabeça voltada para o céu, olhos fechados, ele tira longas baforadas do surrado cachimbo, companheiro de muitos anos. Parece que a fumaça do fumo queimado, misturada à brisa fresca e suave das águas mansas do rio, se transforma em figuras grotescas e ameaçadoras.

Seu nome é Francisco. Por causa de sua deficiência física, recebeu a alcunha de Chico Manco.

Quando jovem, tomava conta dos cavalos de raça, que valiam uma fortuna, sendo também muito estimados pelo proprietário da fazenda. Um dia, um pequeno descuido permitiu que um dos cavalos escapasse do curral e nunca mais fosse encontrado. Como castigo, o dono mandou que lhe cortassem a perna na altura do joelho. O jovem Chico ficou muitos dias entre a vida e a morte. Quando melhorou, foi obrigado a improvisar um galho de árvore no formato de forquilha para usar como muleta. Impossibilitado para o trabalho, achou por bem aprender tudo sobre as ervas que lhe haviam salvado a vida. Poderia, com elas, ajudar os outros escravos, uma vez que o velho Ambrósio se prontificara a ensiná-lo, pois estava em idade avançada e sentia-se cansado. (Ambrósio chegou à Fazenda dos Ipês com os pais, tendo apenas três anos, era o filho mais novo de Gumercindo e Olívia. Ao todo eram treze irmãos. Naquele tempo, o menino brincava no meio do mato que crescia por todo lado, enquanto os irmãos e os pais trabalhavam na terra.

A comida era escassa, e Ambrósio, na sua inocência, quando sentia fome, mastigava toda espécie de folhas. Depois de certo tempo, sua mãe percebeu que a brotoeja que cobria o rosto do menino começou a secar, deixando-o livre do prurido.

O tempo passou, Ambrósio cresceu, e agora ajudava a família na roça, além de sempre dar um jeito de procurar ervas para auxiliar os irmãos escravos. Depois de muitos anos, tinha ensinado tudo o que sabia ao amigo de uma perna só.)

Chico Manco, além de bondoso, também era profundo conhecedor da alma humana, do amor de Deus e das vidas passadas. Alguns diziam que ele via os mortos e conversava com eles. Era muito respeitado e, nas horas de angústia, todos o procuravam para pedir conselhos. Ninguém sabia sua idade, mas ele mesmo dizia que tinha passado de um centenário. Quando meditava, recolhia algumas pedras minúsculas no leito do rio e as dispunha uma a uma em várias posições, formando desenhos geométricos e cabalísticos. Nessa hora, seu linguajar se transformava e começava a falar num idioma diferente que ninguém entendia. Era um dos meios que usava para ver o futuro e sondar a alma do próximo, sempre com a intenção de ajudar. No bolso da surrada calça (que ficava um pouco abaixo do joelho, deixando em evidência seu pé grande e forte, que, de tanto andar descalço, formou uma sola que mais parecia osso pela dureza), guardava sempre uma pedra. Era diferente das demais e o velho manco lhe dera o nome de "Pedra de Fogo". Quando não estava no bolso, estava em suas mãos calejadas. Os escravos diziam que ele conversava com a pedra, e Chico dizia que ela tinha vida. Todos ficavam apavorados quando o caboclo sumia para meditar. Sabiam que alguma coisa ruim estava por vir. Ultimamente, andava muito triste e aborrecido. Quase não falava e não se alimentava, o que despertava medo e curiosidade nos escravos.

Já fazia três dias que o velho negro meditava quando dois amigos resolveram procurá-lo, pois desconfiavam de que muitos problemas estavam chegando.

Sob a árvore, de olhos fechados, Chico Manco sentiu a aproximação dos dois companheiros da senzala e perguntou:

— U qui us dois pretu qué?

Os escravos se entreolharam admirados:

— Seu Chico, toda veis qui ocê si arretira pra meditá é sinar di coisa ruim cheganu!

— É vredade! Vem vinu coisa ruim pra cima di nóis! Percisamu fazê mais preci i pidi proteção a Nossu Pai; sintu qui im pocu tempu vamu tê muitu sufrimentu i derramá muita lágrima!

— Mais sufrimentu du qui já tamu passanu, seu Chicu?

— Muitu, muitu mais, meu fiu! Veju um homi, qui dia após dia si aproxima di nóis... Seu chicoti vai istalá mir veis nu nossu lombu! Di veis im quandu eu veju eli numa metamurfosi, meiu genti, meiu capeta...

Os escravos fizeram o sinal da cruz e um deles perguntou:

— Meta... u quê, seu Chicu?

— Metamurfosi!

E o velho negro, dando uma longa baforada no cachimbo, continuou:

— Juntu dessi homi iguar ou pió qui um cão brabu, veju arguém compretamenti deferenti i qui tarvêis vai ajudá nóis!

— Cumu é qui seu Chicu sabi dissu tudu? — perguntou, curioso, um dos negros.

— Pedra di Fogu mi falô... — e, apontando para o céu, concluiu: — I us irmão du artu tamém mi falô!

— Irmão du artu? U qui é issu, seu Chicu?

— É nossu irmão qui já viveu aqui na Terra!

— Ué... eu pensei qui morreu, acabô... Foi u qui sempri mi ensinaru!

— Pois ti ensinaru erradu! Aqui na Terra é u mundu di expiação! Pra otra vida, dispois da morti du corpu, só si leva u qui si feiz di bom ou di ruim!

Com essas palavras, Chico Manco deixou bem claro: morrer é continuar vivendo. Os escravos se olharam desconfiados. O velho manco esperou que os dois se acalmassem e continuou:

— I nóis vorta quanta veis fô percisu... Dispois di purificadu, num si vorta mais... Agora us dois pretu vão imbora qui Chicu Mancu qué continuá meditanu! Qui Deus abençôi ocêis!

Os dois se retiraram e o ancião, ainda de olhos fechados, relembrou sua vida.

Nascera negro como o azeviche, mas sua fé em Deus era inabalável. Dizia que cada sulco provocado pelo relho em sua pele negra (que vestia seu corpo de quase dois metros de altura) representava as vezes em que Jesus havia se aproximado dele. Por isso, orientava os amigos da senzala a não reclamar e aguentar firme as chibatadas.

Tinha dezoito anos quando fora capturado na África,

para trabalhar como escravo no Brasil. Recém-casado com uma bela negrinha de dezesseis anos e grávida de cinco meses, foram levados para o porão de um navio que já estava lotado de negros cativos: "Faiz tantu tempu... U sufrimentu foi tantu qui inté pareci qui foi onti. Inda sintu muita farta da minha terra... mi alembru du dia qui us homi mi arrancô dibaxu di chibatada du seiu da minha famiia. Tentei impedir que Augusta, minha muié, viessi cumigu, mais, teimosa iguar uma mula, acabô entranu nu naviu! Ah, minha negrinha... ainda gostu muitu di ocê. Ocê devi di tá nu Céu com a Mãi di Jesuis... Tadinha... sofreu tantu na viagi... Meu fiu nasceu antis du tempu i ela morreu esvaída em sangui! I seu corpu, parecendu uma minina, foi jogadu nu mar. Us pexi cumeru ela todinha! Mi alembru da minha véia mãi qui tamém tá nu Céu. Cumu ela chorava... Suas lágrima discia inté nu chão... Ela mi abraçô i dissi: 'Meu fiu! Num vamu mais si vê aqui na Terra, mais Nossu Pai du Céu vai abençoá ocê... Tem pacença, meu fiu! Um dia nóis si encontra lá im cima! Aqui na Terra nada dura pra sempri!'"

Chico Manco suspirou, enxugou as lágrimas com as mãos calejadas e continuou matutando: "Quantus anu si passô... lentu... silenciosu... i tristi... muitu tristi! Quantu negru já si foi... i u véiu aqui continua firmi... mas não pá muitu tempu! Inté achu qui minha passagi pela vida da Terra já tá nu fim... Qui Deus abençôi pretu véiu!".

Numa das vezes em que Chico se embrenhou no mato para pegar ervas, numa área da Fazenda Santa Tereza, situada depois da invernada onde o gado pastava, quase caiu numa abertura no chão encoberta por densa moita de capim.

— Vigi Maria! Quasi caí nu buracu! Si pretu véiu cai lá drentu, vai ficá lá pra sempri! Ninguém vem aqui. Dexa eu vê u qui é issu... Qui isquisitu... Num tem fundu i tem ar quenti qui sai da abertura!

Resolveu voltar para a senzala, mas, passando perto de outras aberturas que conhecia, percebeu que todas eram diferentes daquela. Passou a noite toda cismando e, no dia seguinte, sem que ninguém percebesse, pegou um pedaço de corda e foi ver a profundidade do buraco. Amarrou uma pedra na ponta e percebeu que ela dava uns pulinhos como se estivesse descendo uma escada e logo depois parava. "Diachu! É iguar us outru! Mais pru quê a iscada?" Chico pensou, pensou, passou a mão diversas vezes pelo cabelo encarapinhado como se procurasse uma solução, mas resolveu deixar de lado e voltar para a senzala.

Não conseguiu dormir.

No dia seguinte, sentado sob sua árvore preferida à beira do rio, pensava na abertura de ar quente, e mais uma vez não chegou a conclusão nenhuma. "Pru quê a iscada? Será qui arguém desci lá imbaxu? I pru quê? Será qui é argum lugá de turtura? Vigi Maria! Negu véiu num qué nem pensá!" Mas o negro velho continuou pensando cada vez mais.

Dois dias depois, voltou ao lugar da abertura, amarrou a corda no tronco de uma árvore e desceu no buraco. Seguiu pelo corredor ziguezagueante, que mais parecia um labirinto, e começou a ficar assustado: "Meu Jesuis, adondi fui mi infiá! Mais eu vô inté u fim. Queru vê u qui é issu! Devi faizê mais di meia hora qui tô andanu... adondi será qui issu vai dá?". E o velho escravo continuou andando. Chegou a uma minúscula sala e a mais uma pequena e apertada escada, quando viu ao longe alguma coisa que brilhava com a claridade da vela que levava: "Vigi Maria Mãi di Jesuis! U qui será issu? Inté pareci qui tem mir vela acesa". A resplandecência das pedras preciosas no chão e incrustadas na parede o deixou fascinado:

— U qui é issu! Meu Deus! Qui coisa mais bunita! Meu Sinhô... nunca vi pedra iguar! Essa gradi... pru quê tá aí? Inté pareci qui fizeru uma divisão... Ah, agora sei u qui é issu... É pedra priciosa... Issu tudu devi valê uma furtuna... Eu vô é saí daqui i num vô contá pra ninguém qui vi! Us homi brancu é tudu locu pra pegá issu!

E voltou para a abertura. Teve muito trabalho para sair, mas conseguiu.

CAPÍTULO 3

O CASAMENTO DE FIORELLA

Na Itália, Giuseppe se desesperava cada vez mais por não conseguir resolver o problema com Cesare. Deu o dinheiro ao senhor Vicenzo para ele pagar a dívida, mas o conde agora só estava interessado em se casar com Fiorella. O jovem Cappelini tentava de tudo para pagar a dívida ao nobre, mas era ameaçado de morte por ele de todo jeito. Assim mesmo, sempre conseguia se encontrar com a jovem às escondidas e os dois juravam amor eterno.

Desconfiado, o conde resolveu antecipar a data do casamento. Para ele, casar-se com Fiorella era uma questão de honra e dignidade. Por nada neste mundo abriria mão dessas bodas, principalmente por saber do interesse de Giuseppe por ela. Sabia que a jovem era pura, bonita, educada e inteligente. Mas ela, em sua pureza, não tinha aquela sedução e ardor que ele procurava nas mulheres. "Talvez por ser muito jovem e sem experiência! Sei que minha vida sexual com Fiorella será muito calma, muito menos do que imagino e pratico!

Isso, porém, não me preocupa, vou continuar como sempre fui!", pensava o conde. Sua vida de libertinagem não poderia mudar, já que sofria de satiríase. O que não podia era deixar Fiorella para outro homem, principalmente para Giuseppe.

    E, assim, o casamento foi marcado para dali a dois meses. Tempo suficiente para preparar tudo. A jovem chorava muito e protestou quanto pôde com o pai, mas ele se mostrou irredutível. Tinha muita pena da filha, mas decidiu perdê-la em vez da casa e das terras.

    De outro lado, Giuseppe era só tristeza. Tinha ímpetos de fugir com a jovem, mas, com os acontecimentos, a doença da senhora Amatta se agravara e ele descartou tal possibilidade. Seu pai tentava convencê-lo a procurar outra namorada, mas o jovem não queria saber. Só pensava em Fiorella.

    Dois dias antes do casamento, Cesare foi até a casa de Monicelli para resolver algumas pendências e Fiorella implorou para que a deixasse livre.

— Por que quer ficar livre? Para se casar com o *maledetto* do Giuseppe?

— *Maledetto*? Por quê? Ele sempre foi seu melhor amigo!

Cesare percebeu no tom de voz de Fiorella o grande afeto que ela sentia por Giuseppe. Enfureceu-se ainda mais e gritou:

— Você disse bem! *Foi*! Agora não é mais! E não quero mais ouvir você pronunciar o nome desse *maledetto*.

Fiorella olhou para o pai e implorou:

— Papai! Sou sua única filha. Não permita que esse casamento se realize! Fará a todos nós infelizes! Quero um casamento de amor e carinho! Eu não me importo com luxo, papai! Quero amar e ser amada, e esse casamento é apenas um negócio, uma transação! Por favor, me ajude!

Sem responder nada, Monicelli se retirou da sala. Cesare sorriu, satisfeito.

No dia do casamento, pela manhã, chegaram duas modistas para ajudar Fiorella a se aprontar.

A jovem chorava muito, principalmente quando se lembrava de Giuseppe. Triste e desanimada, deixou-se levar.

À tardinha, uma bela carruagem chegou para levá-la ao castelo onde se realizaria o casamento. Aflita e chorando, tomou o assento no coche branco, puxado por seis corcéis também brancos, lindamente enfeitados com adornos de ouro que faiscavam com os raios solares. No cabresto dos animais, na altura da cabeça, enormes plumas brancas balouçavam com o vento. Lindamente trajada, Fiorella chegou ao castelo e seu pai foi buscá-la na porta de entrada.

Numa capela improvisada e muito bem decorada, foi realizada a cerimônia religiosa pelo padre da aldeia. Em seguida, realizou-se a civil. Em ambos os atos, os padrinhos foram pessoas renomadas e da alta nobreza da península. Ainda no altar, logo após a cerimônia, o velho conde Gennaro, pai de Cesare, entregou a Fiorella um lindo estojo onde estavam as joias da família e um brasão todo de ouro e pedras preciosas, símbolo da dinastia dos Brevegliere. Cesare, junto com a aliança, colocou no dedo da jovem um lindo anel de esmeraldas, tendo em um dos lados o brasão da família que, por séculos, havia sido sinônimo de poderio da alta nobreza italiana.

O anel possuía, de um lado, dois filetes de ouro branco, que significavam "dignidade" e "elevação da alma". Do outro lado, os filetes eram de prata, designando "coragem" e "moral". E, no centro, sobraçando com suavidade a enorme esmeralda, quatro plumas de pavão de ouro maciço e, em cada uma delas, um pequeno diamante. Era realmente uma joia de rara beleza e muito valiosa. Fiorella ficou encantada. Nunca vira algo tão lindo, mas isso não foi suficiente para esquecer Giuseppe e afastar a tristeza do coração.

A festa reuniu nobres da Itália e de outros países e durou até o amanhecer. Tudo era muito elegante e de primeiríssima qualidade. O grande salão de festas do castelo tornou-se pequeno para abrigar todos os convidados, e foi necessário usar as enormes salas que o circundavam. A orquestra foi montada numa sala que dava vista para as outras e para o luxuoso salão; e todos se esbaldavam ao som da música. Em outro recinto apropriado, foram instaladas três enormes mesas; uma com bebidas finas; outra com iguarias salgadas; e a última com enorme variedade de doces. Os criados, vestidos a caráter, encarregavam-se de servir a todos para que tudo saísse a contento do anfitrião.

As mulheres usavam vestidos lindos, todos com decote avantajado, cada uma tentando ser mais elegante e sedutora que a outra. Procuravam, insinuantes, chamar a atenção dos cavalheiros.

Cesare, feliz da vida não pelo casamento em si, mas por ter saído vencedor na luta contra Giuseppe, gabava-se com os amigos, enquanto ingeria taças e mais taças de champanhe.

De madrugada, quando os últimos convidados se retiraram, o conde não conseguia permanecer de pé; o álcool, ingerido em abundância, deixara seu corpo sem equilíbrio e os neurônios sem condições de raciocínio. Amparado pelos criados, foi levado ao quarto, onde se atirou na cama, com roupa e tudo. Seus pais e a jovem esposa a tudo presenciaram em silêncio. Fiorella tinha os olhos marejados de lágrimas. Estava certa de que sua vida seria um mundo de desespero. O pai, preparando-se para sair, ficou olhando a filha, penalizado por seu destino, mas não fora homem o suficiente para impedir esse casamento desastroso. Seus olhos se encontraram e o pai percebeu a grande tristeza de sua alma. Não aguentando, abaixou a cabeça e saiu. A condessa-mãe, também em silêncio, a tudo assistia. "Pobre Fiorella! É quase uma criança e tem certeza da vida amargurada que a espera ao lado do meu filho!" Aproximou-se da jovem e disse:

— Venha comigo, minha filha!

Fez sinal a uma criada para acompanhá-las e foram em direção a um dos aposentos luxuosos do grande castelo. Instruiu a criada para que ajudasse a nora a se despir e ajeitasse tudo para que ela repousasse com tranquilidade.

Intimamente, Fiorella sentiu-se feliz por ficar longe do agora marido e adiar pelo menos mais um dia sua primeira noite com o crápula.

O sol ia alto quando acordou assustada. A criada correu para ajudá-la.

— Dormiu bem, senhora?

— Sim! Mas meu sono foi muito agitado! Como é seu nome? — perguntou.

— Olívia, senhora!

Pouco depois, desceu até a sala de refeições, onde seus sogros conversavam. Pelo semblante do casal, a jovem percebeu que estavam tristes. Quando a viu, o conde Gennaro foi ao seu encontro:

— Então, minha filha... como está?

— Estou bem e consegui dormir um pouco! Obrigada!

A condessa Marietta também se aproximou para cumprimentá-la e percebeu seus olhos inchados de tanto chorar:

— Filha — disse com carinho. — Esta casa é sua! Quero que se sinta à vontade! Se precisar de algo, basta pedir a Olívia, ela estará sempre a seu lado para ajudá-la!

— Obrigada, condessa! A senhora é muito gentil!

— Agora venha, vamos almoçar! Não vamos esperar por Cesare! Ele deve dormir até a noitinha de tanto que bebeu! Você deve estar com fome! Não comeu nada na festa!

— Não estou com fome! Se a senhora não se importar, prefiro dar uma volta pelo jardim! Com licença!

Gennaro e sua esposa trocaram olhares de preocupação. Sabiam que muita briga estava por vir.

Algum tempo depois, ainda no jardim, Fiorella ouviu os gritos do conde chamando-a. Estremeceu de medo, mas aguentou firme. Respeitosamente, a criada a alertou:

— Senhora condessa, o conde está chamando! Não vamos atendê-lo?

— Não, Olívia! Ignore-o!

A criada arregalou os olhos, assustada, mas gostou da atitude da jovem. "Quem sabe ela será capaz de colocar ordem na vida devassa e autoritária desse crápula!", pensou Olívia.

Fiorella prosseguia seu passeio pelo jardim quando um criado, a mando de Cesare, veio dizer-lhe que ele exigia sua presença imediatamente. Com educação e tranquilidade acima de suas forças, ela respondeu ao serviçal:

— Obrigada... Diga a seu patrão que não me encontrou!

O pobre homem ficou paralisado, olhando para a jovem e sua serviçal. Não sabia o que fazer. Cuidava de Cesare desde pequeno e sabia como ele era mau e prepotente. Fiorella viu o estado alarmante do servo e insistiu:

— Pode ir! Diga ao patrão que não me encontrou!

Meio cambaleando, o escravo foi até o conde e transmitiu-lhe o recado. O fidalgo agarrou um vaso da mesa e atirou-o no criado, que por pouco não foi atingido.

— Quem ela pensa que é para me desobedecer? Ah, isso não vai ficar assim! Ela vai me pagar! E vai pagar bem caro!

Gritava a plenos pulmões, chamando a atenção dos pais, que correram para ver o que estava acontecendo.

— Papai, mamãe... Vejam só que ousadia! Fiorella ousou me desobedecer! Ela me paga!

— Filho! — disse a mãe com calma. — Ela é apenas uma criança... Trate-a com mais carinho!

— Não interfiram na minha vida! Não lhes dei autorização para isso e...

Não terminou de falar, a jovem e a criada entraram na sala. Cesare achou que a esposa viria até ele para se desculpar. Eufórico, esperou. Mas, calmamente, sem lhe dirigir o olhar, ela foi até a condessa e disse:

— Senhora, o passeio pelo jardim me fez muito bem e me abriu o apetite. Importa-se se eu me alimentar agora?

— Claro que não, minha filha! Venha comigo! — sorrindo, a condessa Marietta a acompanhou até a sala de refeições. Atônito, Cesare olhou para o pai, não acreditando no que estava acontecendo. Gennaro deu um leve sorriso de satisfação e também acompanhou a esposa e a nora. Por alguns momentos, o jovem ficou sem ação. Era a primeira vez que alguém ousava desobedecer-lhe. Enfurecido, rapidamente os seguiu e interpelou Fiorella, pegando-a brutalmente pelo braço, gritando a plenos pulmões:

— Quem você pensa que é para me afrontar? Você me deve obediência! Sou seu marido e você terá de me obedecer em tudo! Ouviu, bem?

Gennaro, penalizado, aproximou-se e tentou falar com o filho, sendo empurrado com violência e caindo ao chão. Foi socorrido pelos criados, que o acomodaram numa cadeira.

Fiorella ergueu-se, deu um tremendo puxão, soltou-se da mão forte que a segurava e falou:

— Não pode me chamar de esposa, porque esse casamento não se consumou e...

— Não seja por isso! — interrompeu, vociferando, o jovem conde. — Vamos já para o quarto!

— Largue-me, seu bruto! Você jamais tocará em mim enquanto for grosso e estúpido! Quero um casamento de amor, e não de grosserias. Quero amar e ser amada, e você ainda não está preparado para isso! Aliás, você não sabe nem o significado da palavra *amor*. E, enquanto não aprender, continuarei dormindo no quarto de hóspedes. E não ouse me procurar, muito menos tocar em mim com suas mãos sujas! Sou capaz de matá-lo!

Assim dizendo, subiu rapidamente para o quarto em companhia de Olívia. Os pais de Cesare se entreolharam alegres com a atitude da jovem, deixando claro que estavam do lado dela. Bufando, o jovem conde gritou para o cocheiro preparar a carruagem; pouco depois saiu, permanecendo três dias na orgia. Fiorella ficou tranquila e satisfeita. Não suportava sua presença, muito menos o toque de suas mãos, mas tinha consciência de que um dia teria de ceder.

E Cesare também sabia que, se continuasse na libertinagem, o casamento poderia ser anulado por não ter se consumado e ela poderia voltar para Giuseppe. Jamais permitiria isso. Resolveu, então, mudar de tática. Ficaria uma semana sem sair de casa para conquistar Fiorella.

E assim fez...

Para espanto de todos, tomava o desjejum, almoçava e jantava com os pais e a jovem. Enchia-a de presentes e atenção, até que certa noite, muito a contragosto, a jovem cedeu. Estava consumado o casamento.

No dia seguinte, o conde voltou à vida devassa, e ficou claro para Fiorella e seus pais que sua atitude fora unicamente para conquistá-la. Safadeza que deixou a jovem ainda mais furiosa e arrasada.

Cesare era ávido por dinheiro, mas gastava muito nos bordéis que frequentava. Desde jovem, vivia na farra e na libidinagem, o que deixava seus pais tristes e bastante aborrecidos.

A filha, Vittorina, morava na Espanha, mas também nada sabiam dela nem do que fazia. Vez ou outra, vinha visitá-los, sempre com o intuito de pedir dinheiro. Ninguém sabia dizer onde gastava sua fortuna. Em suas visitas, nunca conversou com Fiorella, deixando clara sua aversão pela cunhada. Quando se conheceram, a jovem tentou ser amiga de Vittorina, mas, vendo sua indiferença, seu prazer em maltratá-la e suas respostas grosseiras, acabou ignorando-a, pouco se importando com sua presença.

Quase um ano após o casamento, Fiorella continuava muito triste. E essa melancolia aumentou quando sobreveio uma fatalidade: num dia em que os sogros foram visitar parentes, um dos eixos do coche quebrou, a roda se soltou e o veículo desprendeu-se dos cavalos, rolando por uma ribanceira. O casal teve morte instantânea. Apenas o cocheiro se salvou. Tudo aconteceu no dia em que Fiorella descobriu que estava grávida de quatro semanas e se preparava para dar a notícia ao marido. Com o velório e o enterro dos sogros, o castelo ficou cheio de parentes e amigos. A condessinha, então, resolveu revelar a gravidez ao marido só depois que tudo tivesse voltado à normalidade no castelo.

Vittorina, dessa vez, veio em companhia de um amigo, Guido. Quarenta anos, alto, esguio, bem vestido, óculos grandes com grossas lentes. Trazia, no bolso do elegante gibão de seda, uma bela corrente de ouro, intercalada com pequenas cruzes, presa a um lindo relógio. Suas atitudes, seu jeito de falar e seu olhar frio, soberbo e meticuloso deixavam claro que ele era um refinado patife. Suas costeletas se encontravam com a barba espessa e bem-feita. Sua profissão: *mercador de escravos*.

Depois do enterro, Cesare ficava horas e horas conversando com Guido e Vittorina, sem ter ninguém por perto. Fiorella pouco via o marido e não encontrava oportunidade de conversar para lhe contar sobre o bebê.

Alguns dias antes do acidente que vitimou os pais, o conde viu, numa casa de jogos, um rico barão que apostava, em vez de dinheiro, pedras preciosas, que o deixaram fascinado. Ficou curioso. E sua mente diabólica começou a engendrar um plano para obtê-las. Fez amizade com o barão. Mais esperto, este apenas informou que havia conseguido as pedras no Brasil.

Resolveu falar com Guido, que, por coincidência, já estivera no longínquo país. Contou-lhe o ocorrido e o mercador confirmou:

— Essas pedras são realmente do Brasil. Existem muitas fazendas que têm suas próprias minas. As pedras são lindas e valiosas! Alguns fazendeiros as exploram, outros não querem saber, pois têm medo que suas terras sejam invadidas. Então, preferem guardar segredo!

— E como faço para comprar uma fazenda dessas? — perguntou o conde, com o exclusivo intuito de satisfazer sua ganância.

— Você está mesmo interessado? Isso pode lhe custar uma fortuna!

— Não importa, Guido! Eu e Vittorina vamos receber a herança dos meus pais e eu terei dinheiro suficiente para comprar uma dessas fazendas... Já pensou? Se conseguir, ficarei muito rico!

— Ficaremos, meu irmão! Também quero entrar nesse negócio! — acrescentou a jovem, que assistia interessada à conversa dos homens.

— Ótimo! Teremos todo o dinheiro para o negócio!

— Não tente fazer trapaça comigo, Cesare. Você sabe do que sou capaz!

— É claro que não, sua boba! Então... Quando partiremos para o Brasil?

— Vamos com calma, meu amigo! Você está se esquecendo de algo muito importante! Eu não vou levá-lo ao Brasil a troco de nada! Quanto você me pagará?

— Está bem, Guido... Eu lhe darei dez por cento dos lucros obtidos com o investimento.

— É muito pouco! Eu quero trinta por cento e todas as despesas pagas! É pegar ou largar!

— É muito caro, Guido!

— Posso arranjar outra pessoa interessada que me pagará até mais! E fique certo de que só eu sei onde ficam as tais fazendas! Elas são lindas e produtivas, sem contar que, praticamente, vou ter de brigar para conseguir fechar o negócio! Os fazendeiros têm um amor muito grande pelas terras! Pertenciam aos bisavôs, aos avôs e, assim, foram passando de uma geração para outra...

Cesare calou-se, enquanto sua mente já pensava em como tirá-lo da jogada:

— Está bem, Guido! Aceito!

— Não tente me tapear, Cesare! Poderá se dar muito mal.

— Nem a mim... — complementou a irmã.

— Quando partiremos? — perguntou o conde, tentando mudar de assunto.

— Dentro de uma semana! — falou Guido.

— Não! Partiremos dentro de dois dias! Dará tempo para nos prepararmos; e que ninguém saiba!

— Nem minha adorável cunhada?

— Muito menos ela!

Dois dias depois, numa madrugada gelada, Cesare e

Guido partiram num navio para o Brasil, sem dizer nada a ninguém. Fiorella ficou sabendo de sua viagem por intermédio de um dos criados que ouvira a conversa entre Guido e Vittorina. Soube, também, que a cunhada voltara para a Espanha. Ninguém se despedira dela. Era como se não existisse. Ficou sozinha com a criadagem e procurava ter sempre Olívia ao lado, porque certas alas do austero e majestoso castelo lhe davam medo. Com a criada, frequentemente ia visitar a mãe, cuja doença se agravara. Nesse trajeto, sempre via Giuseppe a cavalo. Seus olhares se cruzavam e os corações batiam descompassados. Às vezes, ele tentava se aproximar para falar, mas ela não lhe dava chance. Tinha muito medo de Cesare e não queria criar mais problemas. Conversar com o rapaz seria abrir ainda mais as chagas do coração. O amor entre os dois permanecia inalterado e uma imensa tristeza tomava conta de suas almas. Olívia sabia e não se conformava com a atitude rancorosa e maquiavélica do conde em forçar esse casamento por dinheiro, para pagar uma dívida, mas Fiorella garantia:

— Não é só ele que é culpado, Olívia! Meu pai tem a maior parcela dessa culpa! Jogou, perdeu e vendeu a própria filha para pagar a dívida. Ele não sabe que, com isso, transformou minha vida numa grande tristeza. Poderia ser tão feliz ao lado de Giuseppe...

E seus olhos azuis se turvavam pela melancolia. Tinha plena consciência de como seria sua vida dali para a frente.

Entretanto, censurava a atitude do marido por ter viajado para tão longe sem ter lhe dado uma palavra sequer...

Após longa viagem marítima, Cesare e Guido chegaram ao Brasil e não encontraram terras disponíveis. Só havia fazendas produtivas, nenhuma à venda, e a maioria tinha imenso valor sentimental. Finalmente ficaram sabendo que uma delas, denominada Fazenda dos Ipês, se achava à venda. Era uma das melhores da região, tanto na produção como na beleza.

Tinha, esparramados pelas terras que se perdiam de vista, frondosos ipês amarelos, brancos e lilases que davam um lindo colorido à paisagem. Daí o nome da fazenda.

Seu desbravador, bisavô do atual dono, e o bisavô do atual proprietário da Fazenda Santa Tereza sempre diziam que em suas terras havia uma enorme e profunda mina de pedras preciosas. Mas ambos morreram e levaram a localização delas para o túmulo.

E Cesare pensava: "Eu acharei essa mina, nem que for para pedir ajuda *al diavolo*!".

Depois de muita negociação, o conde conseguiu comprar a Fazenda dos Ipês pelo dobro do preço. Esperou que a escritura fosse assinada para, finalmente, perguntar sobre a tal mina.

— Ah, então foi por isso que insistiu tanto na compra e me pagou o dobro? Ah! Ah! Ah! — gargalhou o ex-proprietário. E continuou: — Eu me lembro, quando era criança, que meu bisavô sempre falava dessa mina, mas nunca nos deu prova de sua existência! Ele a procurou por muito tempo, palmo a palmo... Mas nem sinal dela!

Tirou uma longa tragada de seu caríssimo charuto e prosseguiu:

— E meu pai também a procurou por muitos anos. Quando criança, algumas vezes eu o ajudei a procurar a famosa mina, mais por brincadeira e por achar divertido. Anos depois, quando meu pai já era falecido, e eu, com dezoito anos, ajudava minha mãe na administração das terras, correu o boato de que a mina está num grande terreno onde funciona hoje o laticínio do português. Ele é um bom homem.

Montou a fábrica de queijo e fornece, diariamente, muitos tambores de leite, sem visar ao lucro, somente para ajudar algumas famílias!

Houve um momento de silêncio.

A mente diabólica do conde não parava de funcionar, sempre cogitando correr atrás do dinheiro e do poder, não importando, se preciso fosse, matar ou roubar.

O antigo proprietário quebrou o silêncio:

— Muito bem, senhor conde... senhor Guido... Se me dão licença, devo ir à capital do estado verificar como está minha casa. Como os senhores exigiram, devo mudar-me na próxima semana. — Levantou-se, no que foi acompanhado pelos dois homens, e continuou:

— Agora, senhor conde, é tudo seu! Se encontrar a mina, as pedras serão suas. Pode começar a procurar desde já! Fez um péssimo negócio, senhor!

E saiu gargalhando, feliz pelo engodo aplicado nos italianos... Por fim, reuniu a criadagem, apresentando o novo dono da fazenda, e informou que em poucos dias se mudaria para a capital, com a família.

Cesare não deixava de pensar no laticínio; trincou os dentes com raiva e começou a fazer planos para comprá-lo. "Aquilo não deve valer nem um vintém! Será muito fácil adquiri-lo por uma ninharia. Quando voltar definitivamente, compro aquela porcaria e mando arrebentar tudo!"

Após dois meses na fazenda resolvendo alguns problemas, Cesare chamou o feitor Julião, deu-lhe algumas ordens e pediu que arrumasse um ajudante. O feitor contratou um negro, Narciso, e lhe recomendou que não tivesse piedade em descer o chicote no lombo de quem fizesse corpo mole.

Narciso era um verdadeiro brutamonte. Alto, forte, orgulhoso e com um tremendo ódio no coração por ser negro. Trabalhava junto com os escravos, mas à noite dormia nas árvores, em algum buraco ou outro lugar qualquer. Não gostava de se misturar com o pessoal da senzala. Quando recebeu o convite, exultou de alegria. Teria uma vida melhor e realizaria um sonho: descer o chicote nos escravos. Ah, e como faria bem-feito se tivesse oportunidade! Depois de tudo acertado, ganhou um revólver e um relho, que seriam seus "instrumentos" de trabalho. Ficou tão eufórico que passou quase a noite toda manejando o chicote para adquirir prática.

Os escravos da fazenda ficaram agitados, nervosos e apreensivos com o novo dono. Não conheciam o conde Cesare nem Guido. Mas Chico Manco, conhecedor da alma humana, via com clareza a maldade estampada na face, no coração e no espírito dos dois homens.

O silêncio que reinava entre os negros tornou-se ainda mais profundo. Um calafrio percorreu o corpo do velho Manco, acelerando seu coração.

Após muitos anos, sentiu que lágrimas escorriam pelo rosto. Não temia por si, mas pelos irmãos de infortúnio.

À noite, sentado de cócoras, sua figura esquelética, banhada pela claridade da Lua, parecia uma figura disforme. Seu espírito, porém, irradiava uma luz permeada de fluidos violáceos e seu coração chorava pelos negros. Sabia que tudo o que os irmãos do "alto" e "Pedra de Fogo" falaram estava começando a acontecer. Ficava o dia todo fazendo preces e pedindo ajuda para seu povo.

Alguns dias depois, o conde Cesare voltou para a Itália e Guido para a Espanha.

Assim que o conde chegou a seu castelo na Itália, viu que a jovem esposa estava grávida:

— O que é isso? Você está grávida?

— Sim, Cesare! Já estava quando seus pais faleceram no acidente! Ia contar-lhe, mas os acontecimentos, o velório e o castelo cheio de amigos não me deram oportunidade. Depois que tudo acabou, você partiu de madrugada sem me avisar e não tive como lhe contar e...

— Mentirosa! Mulher sem escrúpulos! Você me traiu com Giuseppe! Esse filho não é meu!

Cesare gritava feito um possesso e atirava nas paredes tudo o que encontrava pela frente.

— Deixe disso, Cesare! Eu não o amo, sabe disso, mas jamais lhe faltaria com o respeito! Esse filho é seu, *sim*!

— Cretina! Manchou meu nome deitando-se com outro homem! Isso não vai ficar assim!

Como um louco, aproximou-se da esposa e deu-lhe um tremendo chute no ventre para matar a criança. A jovem gritou e caiu ao chão. Os criados a socorreram e a levaram para o quarto. Cesare não deixou que chamassem o médico, e Fiorella ficou vários dias entre a vida e a morte, sob os cuidados de Olívia e outros serviçais.

Seu pai, Vicenzo Monicelli, veio visitar a filha e foi barbaramente maltratado por Cesare.

— O que o senhor veio fazer aqui? Quem o chamou?

— Para visitar minha filha não preciso de convite! Esta casa também é dela; e se continuar maltratando-a eu o mato! Pode deixá-la comigo! Eu a levarei para casa e você não precisa lhe dar dote algum! Não quero mais que a maltrate! Arrependo-me amargamente de ter vendido minha filha ao senhor! Quero reparar esse erro e, se concordar, eu a levarei agora mesmo!

O conde percebeu que o sogro falava seriamente; mandou-o embora, dizendo que depois resolveria.

Em seu quarto, pensou no assunto: "Se eu a deixar,

ela logo estará nos braços de Giuseppe! Não! Não vou dar o braço a torcer! Vou levá-la comigo para o Brasil, mesmo com o filho de outro homem; nunca deixarei que fique com Giuseppe!". Refletiu muito e, acostumado a sair vitorioso em tudo, tomou uma decisão:

— Ela irá comigo para o Brasil! Nunca vou permitir que se encontrem!

Falou de sua decisão para a esposa e mandou que ela a comunicasse ao pai.

O tempo passou, aumentando a amargura e a tristeza na vida de Fiorella. Sua gravidez transcorreu conturbada, prejudicada pela morte da mãe, até que chegou o dia de o bebê nascer. Tudo correu razoavelmente bem. Nasceu uma menina que, na pia batismal, recebeu o nome de Paola.

Dois meses depois, o conde partiu para o Brasil, levando sua família e a dedicada Olívia. Contrariada, a jovem senhora teve de obedecer-lhe.

Depois de muitos dias de viagem, chegaram à fazenda.

Enquanto o conde conversava com os dois feitores, a condessa admirava radiante a beleza da região.

— Como é linda! Se não fosse pelo trabalho escravo, eu diria que é um pedacinho do céu! Veja, Olívia, como são lindas essas flores! Esse jardim tão grande, a casa...

— É verdade, senhora condessa!

— Ah, mas eu vou fazer uma modificação para deixá-lo ainda mais bonito! Neste canto, ficará perfeito um canteiro arredondado, acompanhando a parede da casa!

E a condessa, eufórica, ia comentando com sua criada toda a modificação que gostaria de fazer no imenso jardim. Depois, em companhia de Olívia, que levava no colo a pequena Paola, foi com os antigos escravos conhecer a casa onde viveria o resto da vida. Grande, arejada, móveis finos e de bom gosto compunham os dois andares com vários quartos, salas, adega, biblioteca e um grande salão para festas, bem ao gosto do conde, que sempre optava pelo luxo e pelo conforto.

No dia seguinte, a condessa já tinha sob suas ordens dez escravos. O trabalho da reforma do jardim durou quinze dias. Fiorella os tratava com carinho e respeito e, a intervalos regulares, dava-lhes água fresca e um pedaço de pão, o que os deixava muito felizes.

Logo que retornou ao Brasil, o conde deu continuidade à sua vida de libertinagem, frequentando um dos bordéis em Santo Antônio, onde ficou conhecendo Sara, moça de dezenove anos que fazia parte das pupilas de madame Núbia. Gostava da rapariga e, depois de algum tempo, falou com a cafetina que desejava montar uma casa para viver com Sara. Núbia não gostou da ideia. Sabia do que o conde era capaz, mas, diante da vontade da jovem em ter uma vida melhor, acabou cedendo. Cesare a levou, montou uma bela casa afastada do centro da cidade e, principalmente, do bordel. Sentia-se muito bem com a jovem e era relativamente feliz a seu lado, porém, nunca deixou de frequentar a casa de madame Núbia.

Algum tempo depois, Sara o chamou e, toda contente, disse estar grávida de dois meses. Levou, como resposta, um violento tapa no rosto.

— *Imbecille*[1]!! Eu lhe disse que não queria filhos! Por que não se cuidou? Responda! Por que não se cuidou?

Diante da violência do conde, Sara não teve forças para

---
[1] imbecil

reagir. Apenas chorava e passava a mão na face avermelhada pelo tabefe. O conde pegou algum dinheiro, atirou-o no chão e gritou:

— Vá tirar esse fedelho... Caso contrário, não me verá mais! *Arrivederci*[2]!! — e saiu blasfemando. Sara chorou muito e, no dia seguinte, mais calma, voltou ao prostíbulo. Ao vê-la, Núbia a abraçou como se fosse uma filha. A garota contou o sucedido e a cafetina resolveu ajudá-la.

— Aqui, minha filha, você não pode ficar! Não tenho como escondê-la! Se ele resolver procurá-la, mesmo contra minhas ordens, entrará em todos os cômodos!

— Eu vou para a capital! Aqui é muito perigoso!

— Não, não! A capital também é muito perigosa para uma jovem sozinha e ainda grávida! Precisamos pensar num lugar que ele não conheça!

Logo depois, Núbia perguntou:

— Você se importaria de morar numa chácara?

— Não! Claro que não!

— Então vamos apanhar suas coisas!

Mandou preparar a charrete e foi para sua casa com a moça.

— Veja, senhora! O dinheiro que ele jogou para tirar seu filho!

— Não toque nesse dinheiro, deixe-o no chão!

A jovem obedeceu. Pouco depois, com suas roupas e objetos pessoais, partiu com Núbia para uma pequena chácara distante, poucos quilômetros de Santo Antônio.

Apenas um casal de idosos, Ana e João, sem filhos, morava na minúscula casa com algumas paredes de alvenaria, outras de barro e chão batido. Via-se claramente a árdua luta de sobrevivência que o casal enfrentava. Mantinham-se somente com o que colhiam no pequeno pedaço de terra.

---
[2] até logo

Núbia, velha conhecida do casal, foi muito bem recebida. Logo lhes contou tudo, e os dois, de comum acordo, resolveram ajudar a jovem, dando-lhe o único quarto de alvenaria. A meretriz deixou algum dinheiro, roupas e mantimentos, prometendo que voltaria dentro de quinze dias para visitá-los.

Na manhã seguinte, Sara levantou-se antes de Ana e começou a preparar o café.

— Deixe, minha filha! Já estou acostumada!

— Eu sei, mas quero ajudar, e tudo o que eu fizer será pouco para pagar a boa acolhida que a senhora e o senhor João me deram!

— Você é bem-vinda, minha filha, e meu neto também! Você será a filha que não conseguimos ter... E esse neto será nossa alegria! — disse João, entrando na cozinha.

— Obrigada! Eu sempre vou ajudá-los! — concluiu Sara.

Tomaram café com pão feito por Ana e, juntos, foram cuidar das plantações. Sara realmente fez o que prometera; ajudava na pequena casa e na horta. Arrancou alguns pés de flores murchas e plantou outros, deixando a casinhola mais bonita.

O tempo corria veloz, modificando pessoas e plantações.

E foi numa manhã jubilosa que o pequeno Ivan veio ao mundo, ajudado pelas mãos calejadas de Ana.

Núbia foi avisada e veio imediatamente com a charrete carregada de roupas para o bebê e alimentos para todos. Com algumas tábuas existentes no quintal, João improvisou um bercinho para o pequeno Ivan, que crescia risonho e robusto correndo pela chácara. Já estava com cinco anos e era a alegria da mãe e dos avós, quando, um dia, João, de repente, foi chamado para o plano espiritual. As duas mulheres, unidas na dor, choraram muito, mas entenderam que tudo o que está sobre a face da Terra tem um fim. Algum tempo depois, Ana adoeceu e, sabendo que seu fim estava próximo, entregou a escritura do pequeno pedaço de terra a Sara, que continuou morando com o filho.

Nunca mais tivera contato com o conde, mas soube por Núbia que ele continuava frequentando normalmente a casa de prostituição. Sara se entristecia por ele nunca ter perguntado pelo filho... Embora não soubesse onde estavam, ele poderia, se quisesse, pedir noticias a Núbia.

Vivia muito aborrecida por causa do filho que crescia sem a presença do pai. Não saberia como resolver a situação, caso ficasse doente. Pensava na amiga que tanto a ajudara, mas sabia que o menino não podia ficar em sua companhia por causa da vida que levava.

Sua preocupação sem fundamento a deixava apavorada, pois até então gozava de muita saúde.

Até que um dia, de repente, sentiu uma dor aguda no peito que a fez desmaiar. Socorrida pelo garoto, que chorava muito, resolveu procurar um médico. Seu desespero foi muito grande. Com a vida mundana que levara no passado, havia contraído uma grave doença. Procurou Núbia e contou-lhe tudo. A amiga tentou confortá-la, orientando-a para que tomasse os medicamentos como o médico prescrevera e não fizesse extravagâncias. Com medo do que poderia acontecer com o filho, caso piorasse, Sara tomou todo o cuidado possível, e sua vida praticamente voltou ao normal, apesar da imensa necessidade financeira que enfrentava.

CAPÍTULO 4

A ARENA DE TORTURA

Manhã de primavera.
O Sol deixava cair seus raios dourados sobre a Terra. Os canteiros floridos, a plantação e até as ervas daninhas se regozijavam com o calor do astro-rei.

Cesare, depois do desjejum, foi falar com os feitores que o esperavam perto do terreiro de café. Mandou que derrubassem o tronco, e os escravos, felizes, mandaram um negrinho avisar Chico Manco, que já se encontrava meditando na beira do rio.

— Seu Chico! Seu Chico... — chamava correndo a pobre criança. — Nóis num vai mais apanhá nu troncu! U sinhô mandô arrancá eli!

— Tá bem, meu fiu... Agora dexa Chicu Mancu meditá!

O negrinho, todo feliz, saiu correndo, mas o semblante do velho escravo se tornou triste e pensativo: "Meu Sinhô du

Céu, num tô gostanu nada dissu! Com certeza vem coisa pió". Mal sabia o pobre aleijado o quanto estava com a razão.

Durante uma semana, tudo correu em paz. Ninguém apanhou e os escravos estavam contentes.

Um dia, chegaram da cidade, a pedido do conde, dois homens e, no lugar do tronco, fizeram um piso de cimento com quase três metros de comprimento e, em volta, uma mureta com cinquenta centímetros de altura.

Ninguém sabia qual era a finalidade daquela construção.

Até que um dia, devido ao cansaço e à má alimentação (o conde mandara diminuir a comida, que já era um tanto parca), um negro, não aguentando, fez corpo mole e foi levado para ser chicoteado. Amarrado no quadrado de cimento com os braços abertos e a barriga para baixo, ele ficou só com a cabeça um pouco levantada. Na presença dos outros escravos, para servir de lição, o pobre homem foi açoitado dez vezes. Banhado de sangue e suor, sentia a pele rasgar com a força da chibata, comandada por hábeis mãos. Logo depois, o monstro Narciso, a mando do conde, encheu o quadrado com salmoura, o que fez o coitado emitir urros animalescos:

— Vocês estão vendo por que mandei construir esse quadrado? De agora em diante, todos, sem exceção, serão chicoteados aqui, por menor que seja a falta! — disse o conde. E, com um sorriso maquiavélico na face, prosseguiu gritando: — Agora, todos ao trabalho! Vamos! *Al lavoro*[1]!!

Sob o bramido do chicote de Narciso, os escravos se encaminharam ao campo.

Estava inaugurado o quadrado de cimento, que a turma da senzala acabou apelidando de "Arena de Tortura".

Desde então, por qualquer motivo, ali eram açoitados; e, quando isso acontecia, seus gritos de dor ecoavam pelo espaço, indo até a lavoura onde os irmãos de cor trabalhavam, fazendo-os derramar lágrimas em abundância, que escorriam

---
[1] ao trabalho

pela pele do rosto, enrugada e maltratada pelos longos anos de sofrimento.

Os dias passavam ligeiros como o vento.

O conde continuava com suas maldades diabólicas, prejudicando quem quer que fosse, visando ao poder do dinheiro.

Naquela época, o gado constituía, com o café, a verdadeira riqueza dos fazendeiros. Com a venda, recebiam fabulosas fortunas. E o jovem conde conseguiu, com boa lábia, comprar a fazenda vizinha e as terras adjacentes. Foram muitos e muitos alqueires de mata fechada que pretendia desbravar para a lavoura e a criação de gado para corte. Faltava-lhe, porém, mão de obra. Usando de astúcia, recorreu, então, a Guido, pedindo-lhe que conseguisse alguns escravos.

Imediatamente, o mercador partiu num navio com um enorme porão para trazer novos negros.

Depois de uma longa e tempestuosa viagem, desembarcou em uma aldeia angolana. Deu as instruções cabíveis aos homens, que saíram caçando os negros como se caçam animais. A operação durou alguns dias. Com o porão cheio, prepararam-se para voltar ao Brasil. A viagem foi monótona e triste... Muito triste...

Enquanto isso, na Fazenda dos Ipês, o conde ficava um tempão observando a mata que ia transformar em terras produtivas, e esperava com impaciência a volta do mercador com os escravos.

Quando Guido chegou, Cesare não conseguiu esconder a alegria ao ver todos aqueles homens e mulheres que dali para a frente seriam seus escravos e encheriam seu bolso ainda mais. Abraçou o mercador e agradeceu pela missão cumprida.

Os negros descansaram uma noite ao relento e, logo pela manhã, foram divididos em duas turmas; uma para desbravar a mata para plantio do capim onde seria colocado o gado; e a outra para a construção de um grande barracão onde passariam a viver. As mulheres choravam e lamentavam, pedindo para voltar a suas aldeias, na África, mas recebiam como resposta uma chibatada.

Na casa-grande, Fiorella chorava junto com sua fiel serva.

— Veja, Olívia! Quantos jovens! Alguns ainda são crianças! Meu Deus! É um crime o que Cesare fez! Tirou esses coitados da família... Já pensou no desespero dessas mães?

— É verdade, senhora!

— Sem que os feitores e Cesare percebam, dê um jeito de pedir ao Chico para vir aqui! Quero falar com ele! Peça para tomar cuidado!

Algum tempo depois, o negro velho procurou pela condessa.

— Chico, quero que você ajude esses coitados para amenizar a dor da separação de seus familiares! Quero, também, que na medida do possível você os alimente escondido dos dois brutamontes e do conde. Diariamente, Olívia deixará, dentro da igreja, um cesto grande de pães para distribuir! Todo cuidado será pouco! Você sabe o que pode acontecer se os crápulas descobrirem!

— Sei sim, sinhá! Pretu véiu vai tomá muitu cuidadu! Que u Sinhô Jesuis abençôi a sinhá pur ajudá meus irmão di cor!

O conde nadava em dinheiro e sempre queria mais e mais. Nunca estava satisfeito e, com o chicote, obrigava os negros a trabalhar até que a escuridão da noite cobrisse os campos. Não deixava nem um pedacinho de terra sem plantar alguma coisa.

Fiorella ouviu quando o marido, conversando com o feitor Julião, disse que ia mandar demolir o santuário e aproveitar o terreno para alguma plantação. O feitor nada falou, mas seu coração se entristeceu. Era um homem rude e desumano, mas temente a Deus.

A jovem senhora mandou imediatamente um mensageiro avisar o padre Bepim, pedindo ajuda.

"Quem sabe a mina está localizada embaixo da igreja?", pensava Cesare, dando as últimas ordens para a demolição, quando o pároco chegou e ficou apavorado ao ver o que estava acontecendo.

— Senhor conde! Não pode fazer isso! Esta é a casa de Deus! É um grande pecado e um sacrilégio demolir uma igreja!

— Ora, padre Bepim... Que pecado pode haver em demolir quatro paredes?

— São paredes que abrigam a casa de Deus, senhor conde! Se continuar... — e o nervoso padre foi interrompido pelo grito do conde.

— Vou continuar, sim! Quem o senhor pensa que é para dar ordens em minha própria casa? Só porque usa saia igual às mulheres? Fora daqui, padre! Fora daqui!

Os gritos do conde chamaram a atenção de Fiorella, que, na casa-grande, alimentava a pequena Paola. Deu a menina a Olívia e, fingindo nada saber, foi ver o que estava acontecendo, quando ouviu a voz trêmula do reverendo:

— Que é isso, senhor conde! Eu jamais mandaria em sua casa, nem se tivesse poderes para isso... Onde vou celebrar as missas para seus familiares e os escravos?

— *Al diavolo* esses negros fedorentos e também o senhor!

O padre fez o sinal da cruz e jogou sua última cartada:

— Só quero alertá-lo para o castigo que poderá vir desse

ato insano que está cometendo! Já pensou se perder sua plantação e seu gado?

O conde sentiu, por um momento, o peso das palavras do padre e começou a imaginar como seria sua vida sem dinheiro. Como faria sem sua fonte de renda, mas, orgulhoso e autoritário, não deu o braço a torcer e, de imediato, expulsou o padre Bepim, que, de tão nervoso, ficou com a batina molhada de suor.

O reverendo se aproximou de Fiorella e, sem o conde perceber, deu um leve sorriso de cumplicidade. Tinha certeza de ter ganhado a batalha contra o crápula. A igreja permaneceria de pé e ele voltaria a celebrar suas missas.

Velhaco, o padre não estava tão interessado nas celebrações religiosas, mas no retorno que elas lhe davam... Seguiu o rumo eclesiástico mais por ganância e para poder usufruir tudo o que a atividade de reverendo trazia. Sabia que, sendo pároco, teria livre acesso à casa-grande e, principalmente, ao bolso dos ricos fazendeiros. Não acreditava em Deus, mas, por favorecê-lo em sua ambição, pregava o amor ao Senhor em seus sermões e também no cotidiano. Entretanto, tinha o poder de ver os mortos, o que lhe causava um grande temor, mas não comentava nada com ninguém. Queria, de todo jeito, tirá-los da cabeça, mas não conseguia.

Muito nervoso, o conde Cesare foi para o escritório praguejando, sem dar outras ordens ao feitor.

Fiorella aproveitou o momento e falou baixinho a Julião e aos negros:

— Podem voltar a seus afazeres... Nossa capela não será demolida!

Julião tirou o chapéu e agradeceu:

— Graças a Deus!

E os escravos também agradeceram.

Fiorella, então, convidou o padre Bepim para uma frugal refeição.

CAPÍTULO 5

A DEFICIÊNCIA DE PAOLA

Quando Paola já estava com quase um ano de idade, sua mãe começou a perceber que ela não conseguia se manter de pé. Ficou preocupada e desconfiada de que pudesse ser consequência do chute que o conde lhe havia desferido durante a gravidez. Esperou o marido chegar e falou a respeito do problema.

— Ela não é minha filha! Por que vou me preocupar com isso?

— Ela é sua filha, sim! Será que não percebe quanto essa menina é parecida com você?

— Não sei! Nunca olhei para a cara dela! E nem quero olhar! Não suporto a cria de outro homem debaixo do meu teto!

E saiu batendo a porta.

E falara a verdade. Nunca se aproximara da menina, e nem sequer sabia como era seu rosto.

A condessa tinha uma grande preocupação com a filha. Tinha medo de que ela nunca pudesse andar.

Contrariando as ordens do marido e sem pensar nas consequências, levou a pequena ao médico em companhia de Olívia. Triste decepção. Depois dos exames, o médico foi taxativo:

— Ela jamais andará!

Fiorella chorava muito. A cada lágrima derramada, o ódio pelo marido aumentava.

Mas o tempo, célere, seguia sua marcha, entremeando alegrias e tristezas no coração de todos.

1880.

Alguns anos se passaram, trazendo flocos de neve na cabeça de algumas pessoas e muitas marcas de chibata nos negros.

O receio da condessa a respeito da filha mais velha se tornara realidade. A jovem não conseguia andar e vivia em cadeira de rodas.

Tivera mais três filhos: Marzia e, um ano depois, os gêmeos Gianluca e Giani.

Fiorella continuava bonita e, apesar da pouca idade, não se preocupava em realçar sua beleza; usava sempre roupas escuras e sóbrias, mostrando claramente a imensa tristeza que pairava em seu coração. Seus trajes eram simples e confeccionados pelas escravas. No inverno, sempre trazia nos ombros um xale, variando apenas de cor. Como único acessório, usava o anel de esmeraldas. Fizera dele um marco em sua existência. Antes, uma vida simples e o grande sonho de um dia ser feliz ao lado do homem que amaria para sempre; agora, uma vida de muitas lágrimas e monstruosidades.

Sua vida se resumira ao cuidado com os filhos, principalmente com Paola, que, por ser deficiente, se tornara uma menina triste e acabrunhada. Quase não saía do quarto e só conversava com a mãe e os gêmeos, que tudo faziam para que ela se sentisse bem. O pai nunca lhe dirigira a palavra nesses anos todos e sua irmã Marzia, quando lhe falava, só a chamava de aleijada. E isso a deixava ainda mais revoltada.

Mesmo tendo vários ajudantes na casa, a jovem senhora não parava um instante, o dia inteiro! Acompanhava o serviço dos criados, refazia um e outro sempre, orientando-os com amor e carinho.

Ensinava aos filhos a educação moral: ajudar e perdoar o próximo e, sobretudo, amar a Deus.

No entanto, sua filha Marzia tinha a mesma índole do pai. Era bonita, fria e calculista, pouco se importando com os outros. Seus atos e pensamentos também giravam em torno do dinheiro. Sempre queria mais. Era a única que se dava bem com o pai.

Fiorella tinha como única distração cuidar de suas flores. Nas redondezas, todos comentavam que seu jardim era belíssimo e as flores variadas davam um colorido especial à fazenda, que ficava ainda mais bonita com a exuberância dos frondosos ipês amarelos, brancos e lilases em toda a sua extensão. Eram de um colorido deslumbrante, chegando a provocar enorme emoção nas pessoas que por ali transitavam. Elas, porém, não conseguiam entender como um lugar tão lindo pudesse ser palco dos horrores praticados pelo conde e seus dois feitores.

CAPÍTULO 6

CHICO MANCO VAI À ÁFRICA

Num belo dia, quando o Sol se preparava para dar lugar à Lua e às estrelas, Chico Manco procurou o centenário pé de carvalho, sua árvore preferida, e pôs-se a meditar. O negro teve a impressão de que tudo sobre a face da Terra adormecera, tão grande era o silêncio. Nem os pássaros pipilavam. Apenas uma suave e silenciosa aragem parecia ter vida naquele momento. Tirou uma longa baforada do velho cachimbo e, com os olhos fechados, sentiu um leve tremor envolvê-lo. Sobre sua cabeça, um traço de luz radiante foi aumentando até tomar por completo seu corpo, que começou a levitar e a vagar no meio do cafezal. De repente, viu-se, outra vez, sentado no pé da árvore e não conseguiu entender o que acontecera. Pouco depois, novamente sentiu seu corpo tremer e, mais uma vez, ficou iluminado por uma luz que ele não sabia de onde vinha. O corpo magro começou a deslizar pelas campinas com imensa rapidez. O orvalho dos grandes pés de café e mesmo do mato caía em sua pele, deixando-a molhada e fresca. Era como se fosse um pássaro tendo os vales e as planícies como lar. A liberdade era grande como nunca havia sentido, nem mesmo quando morava com sua família. Subitamente, perdeu o comando do corpo e voltou ao ponto de partida, observando sua carcaça.

Ficou apreensivo. Não sabia explicar o que acontecera. Voltou à senzala, mas sentiu uma vontade muito grande de meditar novamente. Parece que alguém o induzia à reflexão. Lembrou-se da terra natal, de sua família, de sua mulher, que fora jogada ao mar: "Ela passava a mão tão di mansinhu nu meu rostu qui pretu véiu inté gimia... véiu não... naqueli tempu eu era novu, forti, bunitu, um verdaderu garanhão... agora tudo si acabô... só tenhu carcaça". Assim pensando, Chico sentou-se de cócoras e, pouco depois, sentiu que seu corpo ficou leve e solto e novamente começou a subir... subir... subir... e passar por sobre a cabeça dos negros. Por alguns segundos perdeu a noção de tudo. Quando abriu os olhos, viu-se numa vileta, embaixo de uma grande mangueira, onde algumas crianças sujas e malvestidas comiam manga verde, e outras brincavam. O lugar era estranho. Olhou ao redor e viu algumas pessoas e algumas taperas. Não sabia onde estava, mas seu coração lhe dizia ser o lugarejo onde morou, muitos e muitos anos atrás. Tudo era diferente daquele tempo... os casebres, os caminhos esburacados, as pessoas... tudo era estranho... no entanto, seu coração continuava a afirmar que era ali que vivera sua infância despreocupada. Queria perguntar alguma coisa a alguém, mas as pessoas idosas e algumas crianças passavam por ele e pareciam não sentir sua presença. Continuou andando e viu um negrinho todo sujo e descalço que o olhava curioso:

— Ué... Pareci qui u negrinhu é deferenti di tudu mundu! Achu que eli tá mi venu! — aproximou-se do garoto e perguntou:

— Ocê tá mi venu?

— Tô.

Chico Manco deu um sorriso e disse:

— Ocê vai falá côas pedra iguar pretu véiu!

O menino, sem entender nada, perguntou:

— Quem é u sinhô? Adondi tá sua perna?

— Ainda é cedu pra ocê sabê, mininu. Cumu é seu nomi?

— Chicu...

— Vigi Maria... Inté pareci brincadera! — arrematou o escravo, passando a mão na cabeça encarapinhada. E continuou:

— Chicu... Chiquinhu... Fala pru pretu véiu... adondi tão us homi i as muié daqui? Inté pareci qui aqui só dá genti véia! — os olhos do garoto se encheram de lágrimas e ele respondeu:

— Us homi levô imbora... Levô tamém meu pai i meu irmão... Eu fiquei só côa minha mãi!

Chico ficou pensativo alguns minutos e perguntou:

— Qui homi? Pru quê levaru elis? Pra dondi?

— Um homi ruim cô cabelu inté na cara i ócrus grandi! Levaru tudu us homi i as muié... num sei pra dondi!

Pela descrição do garoto, Chico deduziu que se tratava de Guido, o mercador amigo do conde. "Nosso Sinhô du Céu... será qui é u qui tô pensanu?"

— Cumu é u nomi du seu pai i du seu irmão?

— Meu pai é Mané i meu irmão é Joãozinho!

O velho manco novamente ficou pensativo. Sentiu alguém tocar em seu ombro e "acordou" assustado. Eram dois escravos amedrontados, que não sabiam o que estava acontecendo.

— Vigi Maria Mãi de Jesuis, seu Chicu! Nóis pensô qui u sinhô tava mortu! Tava aqui, mais parecia qui num tava!

— Num tava não...

— Num tava? E tava adondi?

Chico levantou-se e, saindo, respondeu:
— Tava na terra natar! Semana qui vem vô otra veis!
Os dois negros se olharam sem entender nada.

CAPÍTULO 7

CHICO ENFRENTA A ARENA DE TORTURA

$\mathcal{C}$hico Manco, sendo o negro mais idoso da fazenda, era o líder. Os escravos sempre o procuravam para liderar represálias à casa-grande, mas ele optava pela paz e pela paciência. Dizia que os maus-tratos por que estavam passando eram resgates de vidas passadas e que tinham de aguentar com paciência, pois tudo um dia teria fim. Alguns escravos não gostavam de ouvir quando o ancião tocava nesse assunto. Todos acreditavam em Deus, mas a maioria não acreditava na vida após a morte.

Chico, porém, andava muito apreensivo e preocupado. Fazia vários dias que não conseguia dormir, pois seu sexto sentido lhe dizia que algo de muito ruim estava para acontecer.

Absorto nos pensamentos, foi atender a um chamado da condessa, que queria notícias da jovem escrava que dera à luz três dias antes:

— Ela tá bem, sinhá! Tá um pocu fraca pelu sufrimentu i maus tratu qui passô, mais tá bem!

— Sabe, Chico... Faz dias que minha preocupação aumentou e eu não consigo descobrir por quê. Não sei o que mais de ruim pode acontecer nesta fazenda. A maldade e o cinismo de meu marido não têm limites... Eu até já perdi a conta de quantos escravos ele matou e mandou matar!

— E num foi só homi, não, sinhá! Foi muié tamém!

— É verdade, Chico... Espero que ele, pelo menos, respeite as crianças!

O coração do negro velho acelerou quando ouviu a palavra "criança". Pensou em falar alguma coisa, quando foi interrompido por Paola, que sorriu quando o viu e foi a seu encontro em sua cadeira de rodas.

— Chico! Que bom ver você! O que está fazendo aqui?

— Vim conversá com a sinhá i já ia preguntá pela sinhazinha! Cumu vai, sinhazinha?

— Ah, Chico... o mesmo problema de sempre! Sempre nessa cadeira de rodas... Você nem imagina como me sinto triste com isso!

Com os olhos lacrimejantes e a voz embargada, continuou:

— É muito triste ficar todos esses anos presa nesta cadeira... Gostaria tanto de correr pelos campos... molhar os pés na água do riacho...

Lágrimas desciam pelo rosto de sua mãe e do escravo. Depois de alguns momentos de silêncio, Paola continuou:

— Chico... sente-se aqui perto de mim que eu quero... — e foi interrompida pelo servo:

— Perdão, sinhazinha! Perdão! Negru véiu num podi fazê isso! Si u conde chegá vai mi dá cem chibatada nu lombu!

— Ele foi à cidade resolver um negócio no laticínio!

— Como você sabe disso, minha filha?

— Ouvi quando ele comentou com Marzia! Por quê, mamãe? Algum problema?

— Não, filha... nenhum! Como sempre, ele não fala nada! Parece que tem prazer em fazer tudo às escondidas!

Os três permaneceram calados por alguns instantes e Paola, quebrando o silêncio, prosseguiu:

— Chico, sente-se aqui perto de mim! Quero lhe falar de um sonho...

Temeroso, o escravo olhou para a condessa, esperando seu consentimento.

— Pode se sentar, Chico!

Com dificuldade e muito preocupado por estar na casa dos patrões, o aleijado sentou-se.

— Chico, quero me explique um sonho que tive várias vezes! Já o tive tempos atrás, mas agora o tenho todas as noites e fico assustada. Aliás, estou quase certa de que não se trata de sonho, porque eu não estava dormindo! O quarto estava na penumbra e eu comecei a ouvir, muito longe, o som suave de uma música que se aproximava! Quanto mais perto, mais eu a sentia e mais meu corpo ficava dormente acima da cama, contra minha vontade. Você sabe que isso para mim é impossível fazer, pois minhas pernas estão mortas!

Paola calou-se por um momento e depois, emocionada, continuou:

— Eu olhava para minha cama e via meu corpo deitado... e eu subia... subia... subia cada vez mais. Não sei como atravessei o telhado, pois me vi fora da casa, acima das árvores. E eu continuei subindo... senti o frescor das nuvens, passei por elas, que estavam carregadas de água fresquinha... Engraçado... eu não me molhei... O céu se tornara de um azul tão bonito que minha felicidade se tornou completa. Até me esqueci das minhas pernas. Parei num lugar tão lindo! Algumas crianças, todas vestidas de branco, brincavam alegremente numa praça toda florida; e outras pessoas mais adultas passeavam, e outras ainda, sentadas nos bancos, estavam lendo! Os que passavam por mim me cumprimentavam alegremente! Teve um casal de idosos que andavam de mãos dadas e, quando passaram por mim, me cumprimentaram chamando pelo nome... Eu não sei quem são, mas sinto que os conheço! Os dois sorriram e, quando pararam perto de mim, percebi que a senhora tinha uma leve cicatriz na mão esquerda. Era como se fosse um pequeno quadrado. Depois eu continuei andando e admirando tudo; as pessoas, as casas, as flores... Flores tão belas, que eu nunca havia visto em lugar algum... E o som da música continuava! De repente, ela parou... Como se fosse um vendaval, comecei a cair! Senti medo e comecei a chorar! Tive a impressão de que ia me esborrachar no chão... Mas estava deitada na cama... O que acha de tudo isso, Chico?

Antes de o negro responder, a porta se abriu de repente e Marzia entrou. Quando viu o escravo, gritou como louca:

— O que esse velho fedorento está fazendo aqui? Mamãe, como a senhora permite isso? Não vê que o cheiro ruim que vem dele enche toda a casa?

Fiorella assustou-se com os gritos e as palavras da menina. Por um momento, teve a impressão de ver o algoz marido, e não a filha, mas reagiu enérgica e gritou para ela:

— Vá para seu quarto!

— Ele precisa ser chicoteado para aprender onde é seu lugar! — resmungou a garota.

— Fui eu que mandei chamá-lo! — respondeu Paola, tentando defender o ancião.

— Ah, só podia ser você! Ato digno de uma aleijada e...
Foi novamente interrompida pela mãe.

— Marzia! Quem você pensa que é para falar desse jeito? Já a mandei ir para o quarto!

A menina saiu, fitando com ódio a irmã e o escravo. Lágrimas escorriam dos olhos da mãe e de Paola. Chico ia se levantando para sair quando Marzia voltou da cozinha com um relho nas mãos. Rápida como um relâmpago, desferiu uma relhada no negro, fazendo sangrar seu ombro e derrubando-o. Preparava-se para dar uma segunda vergastada quando Paola levantou a mão para defender o escravo. O relho enrolou-se em seu braço, fazendo um sulco profundo e jogando-a ao chão.

Fiorella correu, arrancou o relho das mãos da filha e deu-lhe um violento tapa no rosto. Marzia olhou para a mãe com os olhos vermelhos de ódio e gritou:

— Vou contar pro papai que esse fedorento esteve aqui e ele mandará açoitá-lo! — e saiu batendo a porta.

A condessa gritou e as criadas acudiram e recolocaram Paola na cadeira de rodas. Ela chorava copiosamente. Feito um curativo no braço, acalmou-se e foi para o quarto. Enquanto isso, Chico, com dificuldade, conseguiu se levantar. A condessa quis cuidar de seu ombro, mas ele não deixou:

— Não, sinhá! Pretu véiu guenta firmi. Tem otras cheganu!

Pediu licença e foi embora.

No resto do dia, a casa-grande ficou mergulhada em silêncio. Fiorella não conseguia esquecer o sonho que a filha havia contado ao negro. "Quem tinha uma marca desse jeito na mão era minha sogra, mas Paola não a conheceu! Como soube disso? Amanhã vou perguntar ao Chico o que significa esse sonho!"

Noite alta, o conde chegou. A esposa já se recolhera, mas fingia dormir. Contudo, sentiu o cheiro de álcool e pôde perceber, pelos gestos do marido, que ele estava embriagado.

No café da manhã, Marzia aproximou-se do pai e disse que precisava muito lhe falar. Fiorella estremeceu. Tudo indicava que novas dores e novos problemas estavam chegando. Astuta, a menina não saiu de perto do pai, para não dar chance à mãe de repreendê-la. Terminado o café, o conde pegou na mão da filha e a levou ao escritório, fechando a porta. Meia hora depois, gritou para Julião:

— Leve o negro manco até a arena!

Sentindo um grande aperto no coração, a condessa começou a rezar mentalmente, pedindo a ajuda de Deus.

Chico não conseguira conciliar o sono, mas estava sereno. Teve o pressentimento de que alguma coisa ruim estava para lhe acontecer. Fez preces e esperou.

Pouco depois, viu Julião se aproximar e dizer que o conde queria vê-lo.

— Isperi pelu sinhô nu ipê pertu da arena!

O coração do velho negro bateu forte. Sabia que a chibata ia comer nas suas costas, só não sabia quantas vezes.

Chegou perto do ipê-amarelo, abraçou seu tronco e disse:

— Ah, véiu cumpanheru... quanta lágrima ocê vê daqui, quanta morti i quanta tristeza já presenciô... Sabi, eu num quiria sê ocê não! É mió deitá lá... — e apontou para a arena: — du qui ficá aprecianu. Mais u Sinhô du Céu sabi u qui faiz. Si fô pra pretu véiu i imbora, pretu vai...

Nisso, o conde chegou acompanhado de Julião e Narciso.

— Então, seu *puzzolente*[1], quem o autorizou a entrar em minha casa e conversar com minha filha Marzia?

Com rapidez, Cesare tomou o azorrague das mãos de Julião e deu uma lambada na forquilha que servia de muleta para Chico, derrubando-o no chão. O negro soltou um gemido e tentou se levantar, quando levou outra lategada.

— Velho imundo e asqueroso! Não sei por que não mando cortá-lo ao meio!

Olhando para Julião, ordenou:

[1] fedorento

— Dez chicotadas e duas horas na salmoura!

Narciso, o outro feitor, interveio:

— Sinhô, faiz tempu qui eu queru surrá esti fedorentu i num tivi oportunidadi... u sinhô dexa eu fazê u serviçu?

O conde sentiu uma mórbida satisfação, pois sabia do ódio do feitor pelo escravo. Mais que depressa atendeu:

— O trabalho é seu! Faça-o bem-feito!

Narciso exultou de alegria. Amarrou o mutilado na arena com as costas para cima e preparou o chicote. Um pouco afastado, Cesare sentia-se poderoso e inteligente, pois amarrar os escravos em cruz para ser surrados para ele significava um desafio ao próprio Cristo, que, em sua concepção louca, não acreditava ter existido de fato.

O feitor chegou perto do aleijado e seus olhos faiscaram. Sentia ódio e inveja mortal por ele ser uma espécie de líder da senzala. Ele, Narciso, era jovem, forte, inteligente. Ele deveria ser o líder, e não esse crioulo de uma perna só. Assim pensando, esticou o chicote, apertou as pulseiras de couro nos pulsos, esfregou as mãos e fez uma pausa, como para desfrutar plenamente a satisfação que estava sentindo. Levantou o braço e o flagelo, parecendo o silvo de uma áspide, começou a lamber as costas do escravo: uma... duas... três... dez vezes. Sua pele enrugada começou a se soltar, deixando o sangue jorrar. Os gritos de dor do negro ecoaram pela fazenda, chegando até a casa-grande. Na varanda, Marzia, apesar de ser quase uma criança, esboçava um sorriso diabólico e exultava.

Na sala, Fiorella chorava abraçada a Olívia e outras escravas quando Paola chegou agitada, em sua cadeira de rodas:

— Mamãe, o que está acontecendo? Quem está sendo surrado?

A mãe, preocupada, tentou acalmar a filha:

— Não sei, filha! Volte para seu quarto! Não quero que você fique nervosa!

— Mamãe, eu quero saber quem está sendo surrado!

Nisso, Marzia entrou na sala e, rindo com ironia, respondeu no lugar da mãe:

— Seu grande amigo: o asqueroso Chico Manco!

Paola ficou nervosa e não conseguiu pronunciar uma só palavra. Fiorella se aproximou da filha megera, explodindo:

— Menina atrevida! É tão má e cruel como seu pai! Você é quem deveria estar sendo surrada! Se falar mais alguma besteira, ficará de castigo até amanhã!

O conde entrou e, ouvindo as palavras da esposa, reagiu:

— Ninguém vai deixar minha filha de castigo! Muito menos você!

No auge do nervosismo, a condessa ficou ainda mais alterada por ver o sorriso irônico de Marzia. Criou coragem e enfrentou o marido de igual para igual.

— Pois vai ficar de castigo, *sim*! Eu sou sua mãe e ela está precisando de um corretivo! — olhando para a filha, concluiu: — Menina teimosa! Vá para seu quarto e não saia de lá sem minha ordem! Se ousar me desobedecer, verá do que sou capaz!

Marzia nunca vira a mãe tão brava. Resolveu obedecer, com a certeza de que seu pai logo a tiraria do castigo. Mas o conde pegou sua carruagem e foi para a costumeira orgia.

Na arena, Chico Manco orava mentalmente e pedia ao Pai Maior para lhe dar forças: "Meu Sinhô du Céu... pretu véiu sabi qui inda num chegô a hora di i imbora... mi dá coragi di guentá... I tamém, Sinhô, perdoa u negru Narcisu!". Virando um pouco a cabeça, o manco olhou para o feitor e viu sombras horripilantes à sua volta, manipulando seus pensamentos e seus atos.

Quase três horas depois, Julião chamou dois escravos e mandou que cuidassem de Chico Manco. O coitado mal conseguia respirar de tanta dor, mas seu coração continuava leve e limpo, sem um lugarzinho sequer para o ódio.

CAPÍTULO 8

O PROPRIETÁRIO DA FAZENDA SANTA TEREZA

A Fazenda dos Ipês prosperava a olhos vistos. O conde ria satisfeito por ver o lucro enchendo seu bolso de dinheiro. As despesas eram poucas, pois os negros trabalhavam sem ganhar nada e a alimentação era escassa. Comiam feijão com abóbora e, de vez em quando, um pequeno pedaço de carne-seca.

Suas terras faziam limite, ao sul, com a Fazenda Santa Tereza, de propriedade do português Joaquim Barreiros, que se casara muito jovem com a finada Amélia dos Santos Barreiros, também de origem portuguesa. Tiveram quatro filhos e eram todos adolescentes e solteiros.

Era um homem ainda jovem, bom, justo e honesto, e sempre procurava ajudar as pessoas sem humilhá-las. Em sua fazenda, não havia tronco e muito menos "arena de tortura". Seus homens não eram escravos; ele os chamava de "trabalhadores". Eram livres e cada um morava com a família em casa própria, simples e de tijolos. Todos tinham uma pequena horta para o próprio sustento, cuidada pelas mulheres. Somente os filhos mais velhos trabalhavam com o pai no campo.

O "Português", como Joaquim era conhecido, tinha dois feitores, que ele chamava de capatazes, para tomar conta da roça e orientar os trabalhadores. Não tinham chicote nem armas. Havia paz, amor e respeito na Fazenda Santa Tereza. E também prosperidade. Joaquim mandava todos os dias para o laticínio de sua propriedade, em Recanto das Flores, alguns tambores de leite para ajudar os poucos empregados, que se empenhavam em manter a pequena fábrica de queijo em funcionamento. Era dali que saía o sustento de suas famílias. A fabricação era vendida em outras cidades, dado que os moradores daquele Recanto não tinham condições de comprar o produto.

O conde Cesare e outros fazendeiros escravocratas não mantinham relações amistosas com Joaquim por causa do tratamento que ele dava aos negros. Achavam abominável sua conduta, e sempre que tinham oportunidade o provocavam. Quando se encontravam na cidade, por várias vezes chegaram a discutir, sendo separados por pessoas que estavam por perto.

O ódio de Cesare pelo fazendeiro era muito grande. Ele não deixava escapar uma única oportunidade de prejudicar Joaquim. Elaborava vários planos para dar cabo dele e todos davam errado, fazendo com que sua repugnância pelo "Português" aumentasse cada vez mais...

CAPÍTULO 9

A CIDADE DE RECANTO DAS FLORES

A pequena cidade de Recanto das Flores estava situada a poucos quilômetros da estrada principal.

Lugar bonito, fazendo jus ao nome, pois todas as casas, por mais simples que fossem, tinham flores coloridas nas janelas, nos vasos e nos canteiros que formavam o jardim.

Seus habitantes eram simples, pacatos, honestos e se respeitavam.

Alguns trabalhavam em pequenas propriedades rurais e outros no laticínio, única fonte de trabalho na minúscula cidade.

Os jovens, vez ou outra, se reuniam no sábado ou no domingo à tarde, num pequeno salão no centro da cidade que chamavam de clube, para dançar, conversar, namorar e saber das novidades. E aos domingos eram praticamente obrigados pelos pais a assistir à missa celebrada pelo padre Bepim, cujo sermão sempre girava em torno da moral e do auxílio para a igreja, que todos tinham a obrigação de dar. Usavam suas melhores roupas e, na simplicidade, viviam em paz.

Recanto das Flores era circundada por grandes e prósperas fazendas, mas seu comércio era mirrado, pois o orgulho dos fazendeiros não lhes permitia frequentar a cidade. Preferiam ir até Santo Antônio, cidade maior, onde o comércio sempre oferecia novidades, principalmente às mulheres. E os homens frequentavam o cassino, onde ganhavam e perdiam fabulosas fortunas.

Eram homens iguais ao conde: mulherengos, cruéis e só pensavam em encher o bolso de dinheiro. Também usavam escravos para cuidar da lavoura; se eles desobedecessem, iam para o tronco. Mas em maldade e cinismo nenhum se igualava ao conde Cesare.

Santo Antônio também oferecia aos mulherengos (que eram maioria absoluta) caríssimos e luxuosos bordéis, onde gastavam rios de dinheiro. Era uma cidade muito movimentada do ponto de vista socioeconômico.

Amanhecia em Recanto das Flores.

As trevas da noite, pouco a pouco, iam dando lugar aos raios de sol, que prenunciavam um dia calorento.

Após o desjejum, o conde se preparou para ir até Santo Antônio, uns trinta quilômetros distante da fazenda. Sua esposa, a condessa, precisava fazer compras para a casa-grande e resolveu aproveitar a viagem do marido e do feitor Narciso. Não era recomendável circular de carruagem só com o cocheiro e Olívia, pois a região era infestada de bandidos e assaltantes.

Naquela manhã, Fiorella viajava no coche com sua mucama e, a cavalo, seguiam o conde à frente e Narciso logo atrás.

Ainda em terras do marido, a condessa apreciava distraída a paisagem quando viu um jovem negro, alto, de olhar vivo e penetrante, com a pele tão escura que parecia azulada, procurando se esconder entre as moitas da beira da estrada.

"Meu Deus!", pensou aflita. "Quem será esse escravo? Não é da nossa fazenda! Tomara que Cesare não o veja!" Nem bem acabara de pensar quando ouviu o grito do capataz chicoteando o cavalo e disparando em perseguição ao negro. Assim que o alcançou, vibrou a chibata nas costas do escravo, fazendo-o gritar de dor e cair ao chão.

O conde e o cocheiro pararam assustados quando viram Narciso trazer o jovem.

— O que está acontecendo, Narciso? É escravo fujão?

— Não, sinhô! Num é dus nossu! É da fazenda du sinhô Joaquim! Esti criolu, sinhô, é Sinésio, tem dizesseis anu i é u xodó du purtugueis. U pai deli é u chefi dus negru da Fazenda Santa Tereza!

Cesare esboçou um leve e diabólico sorriso e resmungou:

— Ora, ora, ora... A caça vem às mãos do caçador! O que estava fazendo aqui, negro sujo?

Todo trêmulo, o rapaz pensou em fugir, mas viu que não tinha chance, pois o mato era rasteiro e seria agarrado facilmente pelo violento feitor. Resolveu se desculpar.

— Num robei nada, sinhô! Tava tentanu vê a Ritinha!

Narciso sabia que o jovem era apaixonado por Ritinha e ela pelo moço. Mas ele também gostava da menina. Ela, porém, não lhe dava a mínima chance, o que o deixava extremamente furioso.

O conde não gostava que invadissem suas propriedades, e Narciso, astuto, aproveitou a irritação do patrão para tirar o rival de seu caminho.

— Eli sempri tá rondanu pur aqui, sinhô!

— Não, sinhô! É a premera veiz qui venhu!

— Tá dizenu qui sô mintirosu?

— Não! Apena num é vredadi qui vim otras veis!

Entrementes, o conde pensava num jeito de se vingar do português castigando o invasor. Imediatamente, mandou que Narciso açoitasse o infeliz, sob o olhar apavorado da condessa, de Olívia e do cocheiro.

Ouvindo a ordem do marido, Fiorella desceu da carruagem e, corajosamente, o enfrentou:

— Não, Cesare! Você não pode mandar açoitá-lo! Ele não é seu empregado!

O conde olhou para a esposa e gritou:

— Não se intrometa! Isso é assunto meu! Volte para o coche, senão você também acabará sob o açoite!

Chorando e muito nervosa, Fiorella voltou para o carro. Num átimo de descuido, o negro pegou uma pedra e atirou-a no conde, ferindo sua testa. Raivoso, Cesare apeou do cavalo, deu um violento chute no estômago do escravo e gritou para Narciso:

— Açoite-o!

A chibata, muito bem manejada pelo feitor, começou a estalar e rasgar sem piedade o dorso nu do jovem negro, que gemia dolorosamente, enquanto das suas costas o sangue escorria, brilhando à luz do sol.

Fiorella, dentro da carruagem, chorava e rezava pelo negrinho, quando ouviu a voz estridente do marido:

— Corte o pescoço dele!

Enquanto o feitor foi em busca da foice no coche, o desventurado ainda teve forças para se levantar, encarar o conde, fixar-lhe um olhar de ódio e vingança supremos e, sabendo ser o último ato de sua vida, bradou bem alto:

— Marditu!! Mir veis marditu!!

E lançou uma cuspida no rosto do conde. Num gesto rápido, o feitor desfechou um certeiro golpe de foice no pescoço do infeliz, fazendo a cabeça rolar no capim da estrada.

Fiorella deu um grito de horror e cobriu o rosto com as mãos. Lágrimas ardentes escorriam pela face das duas mulheres. Olívia quis ajudar, mas não conseguiu.

— Narciso!

— Sinhô!

— Pare! Coloque tudo isso num saco e jogue nas terras do português! — ordenou o conde.

E seguiram viagem como se nada houvesse acontecido.

Não perceberam, entretanto, que outro negro, amigo do jovem assassinado, havia assistido a tudo. Era também empregado da Fazenda Santa Tereza, e estava à procura de Sinésio a mando do português. Quando retornou à fazenda, o rapaz chorava tanto que não conseguiu dizer muita coisa. Com Joaquim, o capataz, pai do menino morto, e mais dois trabalhadores, voltou ao local onde Narciso jogara o saco com o corpo do negrinho.

Ismael, pai do desventurado jovem, ficou desesperado ao constatar tamanha barbaridade e queria ir atrás de Narciso e do conde, mas o português não deixou.

— Fique calmo, Ismael! Não adianta nada mais violência. Nada trará Sinésio de volta! Um dia, esse maldito conde vai pagar por tudo o que faz — e enxugou as lágrimas que escorriam pelo rosto.

No velório, o padre Bepim benzeu o corpo do jovem e ficou revoltado ao saber o que acontecera.

CAPÍTULO 10

GIANLUCA E MANUELA

Numa tarde calorenta no fim do verão, Gianluca cavalgava pelas terras da fazenda quando resolveu ir até Recanto das Flores. Era um moço alto, forte, cabelos loiros e olhos verdes. No caráter, era completamente o oposto do pai, e por isso era criticado pelo conde, chegando mesmo a ser desprezado, o que lhe causava mal-estar e muita tristeza. Era bem parecido com Giani, sua irmã gêmea, e Paola. Marzia, a outra irmã, era fria e calculista como o pai.

Quando chegou à pequena cidade, viu uma garota aparentando ter mais ou menos sua idade. Era linda! Cabelos e olhos negros. Apesar de presos no alto da cabeça, dava para perceber que eram ondulados e compridos. Os olhos de ambos se encontraram... brilharam... e seus corações pulsaram em igual sintonia! Seus pensamentos, simultaneamente, se fizeram a mesma pergunta: "Quem será ela?", "Quem será ele?".

Gianluca a seguiu com o olhar e viu quando a garota

entrou numa luxuosa carruagem, estacionada alguns metros adiante. Ficou triste quando viu a direção que o coche tomou. E pensou: "Será que ela vai para a Santa Tereza?".

Realmente, a jovem pegou a estrada que levava à fazenda do português. "O que será que o senhor Joaquim é dela?" Gostara da menina, mas ficou apreensivo e sem esperanças. Sabia que seu pai era inimigo do fazendeiro e jamais permitiria uma aproximação com ela ou com qualquer outra pessoa de sua família. Tristonho, resolveu voltar para casa e esquecer o triste episódio. Mas a garota não saía de sua cabeça, martelando-lhe os pensamentos dia e noite.

Manuela era seu nome.

Quando a jovem chegou em casa toda sorridente, o pai foi a seu encontro:

— Que foi, minha filha? Por que essa alegria?

— Ah, papai... Vi um rapaz tão lindo!

— E quem é esse rapaz tão lindo? — perguntou o pai, tentando imitar a filha.

— Não sei! Eu o vi hoje pela primeira vez e ele me olhou sorrindo! Tem olhos verdes e cabelos loiros! Ele é lindo! — e rodopiava alegre.

— Cuidado, filha... Você não sabe quem é!

Cantarolando, Manuela foi para seus aposentos e não percebeu a preocupação do pai. "Meu Deus!", pensava Joaquim. "Pela descrição, deve ser o filho do crápula do conde! Tudo indica que novos problemas, lágrimas e muitas dores se aproximam! Preciso ficar de olho na minha filha, não quero que ela sofra. É apenas uma criança!"

CAPÍTULO 11

A MINA DE PEDRAS PRECIOSAS

$\mathcal{N}$uma manhã com o céu encoberto pelas nuvens e, ao longe, o barulho quase cadenciado dos trovões anunciando a chuva que se aproximava, Fiorella viu pela janela, mais uma vez, o marido, com um pedaço de madeira, batendo muito nervoso no chão, como se procurasse algo. "O que será que ele tanto procura nestas terras? Desde que chegamos à fazenda ele tem essa mania. Do jeito que bate no chão, até parece que está procurando algum buraco ou abertura! Poderia mandar algum escravo fazer esse trabalho, mas ele não deixa nem que cheguem perto. Nem mesmo Julião e Narciso se aproximam!"

Chamou pelo filho:

— Gianluca, você sabe por que seu pai vasculha o chão desse jeito? Olhe como ele faz! — disse a mãe, apontando pela janela.

— Eu não tenho certeza, mamãe, mas ouvi uma

conversa em Recanto das Flores de que nesta região existe ou existia uma grande mina de pedras preciosas. Somente o bisavô do antigo dono sabia da sua localização, mas ele levou o segredo para o túmulo!

— Meu Deus! Seu pai é capaz de demolir a casa para achar a tal mina! Tomara que seja tudo mentira! Não sei por que ele quer tanto dinheiro! Mesmo que viva cem anos, gastará apenas uma pequenina parte do que possui! — disse Fiorella, tristonha pela atitude do marido.

— Sei disso, mamãe! E ele está ficando cada vez mais nervoso, violento e perigoso!

— E desconta nos coitados dos negros!

Fez-se um longo silêncio entre mãe e filho. Depois, Gianluca, tristonho, perguntou:

— Mamãe! A senhora percebeu como os escravos estão magros e doentes? Alguns mal conseguem trabalhar! E recebem chibatada no lombo... Coitados! Sofrem tanto para que papai encha o bolso de dinheiro!

O jovem enxugou os olhos marejados de lágrimas. E prosseguiu:

— Será que não podemos fazer alguma coisa por eles?

— Claro que podemos! Resta saber como fazer sem que seu pai e os dois brutamontes percebam!

— Podemos pensar num plano que dê resultado! — respondeu Gianluca, eufórico por ver uma chance de ajudar os negros.

— É... Precisamos pensar muito bem para que ninguém descubra... Nem seu pai, nem os dois brutamontes, nem Marzia... — e a condessa se entristeceu quando pronunciou o nome da filha.

— Essa é outra cobra, tal qual papai!

— É verdade, filho! Agora é melhor você sair! Seu pai

está vindo e pode pensar o que não deve! Sabe como ele fica nervoso quando nos vê juntos! Sempre acha que estamos agindo contra ele!

— Tem razão, mamãe! Vou para meu quarto!

O conde entrou e foi direto para o escritório. Algum tempo depois, pediu algo para comer. Fiorella mandou Olívia levar o lanche e observar o que o conde estava fazendo, sem que ele percebesse. Pouco depois, a criada relatou:

— Ele está com uma grande folha de papel, com uns rabiscos e o desenho de uma casa no meio!

"Gianluca tem razão! Esse papel deve ser a escritura das terras! Ele realmente está procurando a tal mina! Deus queira que nunca a encontre! Só nos trará mais problemas e mais lágrimas!", pensou a condessa.

— Não sei por que, Olívia, meu marido quer tanto dinheiro! Se, pelo menos ele pagasse um ordenado aos escravos. Esses coitados trabalham tanto e comem tão pouco!

— É verdade, senhora!

— Mas eu ainda vou descobrir um meio de ajudá-los sem que ele ou os dois brutamontes fiquem sabendo! Posso contar com sua ajuda, Olívia?

— Claro que sim, condessa!

— Ótimo! Gianluca também nos ajudará! Resta saber como... Vamos elaborar um plano e, inclusive, pedir ajuda ao Chico Manco!

Triste, a condessa saiu da cozinha.

No dia seguinte, logo após o almoço, Fiorella chamou o filho para conversar.

— Gianluca, acho que sei como fazer para ajudar os escravos!

— Verdade? Que bom, mamãe!

— Podemos colocar cestas com comida na senzala

enquanto eles trabalham. Eu peço ao Chico para avisá-los que não mexam até que os feitores tranquem a porta! E depois ele fará a distribuição. O que você acha?

— É uma boa ideia! Resta saber se dará certo! Os dois brutamontes demoram mais de uma hora para fechar a porta. Os escravos chegam tão famintos que não vão aguentar ver a comida e não comer! Sabe como pode ser mais seguro? Depois que a porta é fechada, podemos passar a comida abrindo um buraco na parede!

— Um buraco na parede? Como?

— Não seria bem um buraco! Uma tábua solta, que, durante o dia ficará fechada e à noite servirá para passarmos a comida. Podemos encarregar o Chico de pegar e fazer a distribuição, sempre em absoluto sigilo e silêncio. O que acha?

— Eu acho que sua ideia é melhor que a minha! Vamos conversar com o Chico e Olívia e, amanhã mesmo, daremos início ao nosso plano. Não podemos levar comida todos os dias, porque pode ser perigoso, mas levaremos dia sim, dia não! Se seu pai descobrir, iremos conhecer a "arena".

— É... Ele teria coragem, *sim*, de mandar nos chicotear! Todo cuidado é pouco! — respondeu Gianluca.

Tudo combinado com Olívia e Chico Manco, que durante o dia soltou uma tábua da senzala e à noite a comida foi passada. Depois de um período muito longo, os negros conseguiram dormir de barriga cheia.

E, em dias alternados, Olívia levava o alimento.

Depois de algum tempo, como fazia periodicamente, Julião, ao inspecionar as paredes da senzala, encontrou a tábua solta.

— Diachu! Pru quê será qui a tauba tá sorta? Inté pareci qui arguém sortô ela! Si sortô, pru quê? Pra fugi, não... Adurtu num passa pur aí... i mulequi num vai fugi sozinhu!

Acunteci cada coisa aqui qui inté dá medu. Achu mió pregá issu dereitu antes qui u homi vê, sinão vai sobrá pra mim. Du jeitu qui u homi é, podi inté mi mandá pra arena! Cruiz credu!

E cravou vários pregos para fixar muito bem a tábua.

CAPÍTULO 12

A FUGA DOS ESCRAVOS

$\mathcal{S}$ol a pino.

Alguns negros, com as costas rasgadas pelas chicotadas do dia anterior, não estavam aguentando o sol forte que fustigava a dor que sentiam. Então combinaram que iriam fugir à tarde. O sangue escorria das chagas abertas, manchando de vermelho a calça rota que usavam.

Embrenharam-se no matagal, onde ficaram por vários dias sem água nem comida, e mais machucados ainda pela turbulenta caminhada na selva inóspita. Um forte cheiro exalava de seus corpos e um suor intenso cobria a pele maltratada que servia de agasalho aos ossos, atraindo moscas e insetos de várias espécies, o que os deixava ainda mais desesperados.

No silêncio da noite, ouviram ao longe um barulho que se aproximava rapidamente. Fracos pela falta de alimentação, resolveram se esconder dentro de um buraco com a entrada encoberta por arbustos. Minutos depois, com o barulho das botas dos capitães-do-mato que se aproximavam, sentiram seus corpos tremer...

Um pavor lancinante apoderou-se de seus semblantes! Sabiam que a morte estava chegando! Mentalmente, começaram a rezar e a pedir ajuda ao Pai Maior. Mais uma vez se lembraram da velha África, onde viviam em paz com os familiares.

Para espanto e alegria dos fugitivos, os capitães-do-mato passaram por eles e não os viram. Depois de certo tempo, os escravos acharam melhor sair do buraco e continuar a fuga.

Após longa caminhada, encontraram uma pequena fonte de água cristalina. Saciaram-se e lavaram suas feridas.

O dia já se transformara em noite. Com receio dos animais selvagens, resolveram subir numa frondosa árvore e pernoitar ali mesmo.

Duas horas depois, ouviram o mesmo ruído do dia anterior se aproximando. Um terrível barulho de botas que quebravam pequenos galhos no chão e da foice que, afiadíssima, abria caminho para que os desumanos capitães-do-mato passassem.

Os negros pensaram em pular da árvore e ir embora. Tarde demais... Os algozes chegaram à pequena fonte e resolveram passar a noite. Quando o dia começou a clarear, o mais velho dos fugitivos não conseguiu se equilibrar e desabou no chão perto dos capitães, que se assustaram e rapidamente puxaram as armas. Depois do primeiro susto, olharam para cima, viram os quatro escravos e, blasfemando, mandaram que descessem. O pobre coitado que caiu no chão desmaiado quebrou uma perna e teve o corpo todo machucado, pois despencou batendo de galho em galho. Amarraram-no no tronco da árvore e o deixaram para os animais. O negro implorava para ser morto! Sabia que a morte era bem mais suave do que ser exposto aos animais.

Os outros foram amarrados e levados de volta à fazenda,

onde o conde, ansioso, os esperava. Assim que chegaram, ele ordenou:

— Julião! Dez chibatadas em cada um!

O feitor chegou a se compadecer dos negros. Sabia que chibatada em cima de chibatada provocaria dor muito mais intensa, mas não ousou retrucar e se preparou para cumprir a tarefa.

— E você, Narciso, entregue esse dinheiro aos capitães e depois vá buscar quatro cavalos.

Narciso, imediatamente, obedeceu. Depois do castigo aos fugitivos, o conde Cesare ordenou a Julião que lhes arrancasse as roupas. Sem entender, o feitor obedeceu.

— Amarre seus pés numa corda e prenda cada um no pescoço do animal e espante-os pelo rasteiro!

Chicoteados, os cavalos relincharam de dor e saíram em disparada, levando os pobres cativos, que deixavam um rastro de sangue e pedaços de corpo. Depois de muita correria, os animais, cansados, pararam e nada mais restava dos escravos.

A certa distância, os irmãos da senzala, agrupados, como para melhor se ajudar na dor que estavam sentindo, assistiram ao triste e macabro espetáculo que acabara com a vida de seus irmãos em Cristo. Com o coração dilacerado e os olhos transbordando de lágrimas, entoando em ioruba uma velha canção da África, começaram a juntar o pouco que restava dos quatro companheiros. Tristonha e entrecortada pelos soluços, uma voz fúnebre subia ao céu, atravessava os vales e as campinas e chegava até os irmãos cativos de outras fazendas das redondezas.

Aqui eu vivu tão tristonhu
Longi di minha genti amada
Pensu tantu em vortá
I a minha véia terra bejá

Tenhu tanta sardadi
Da minha terra amada
Pensu tantu em vortá
Pra revê meu véiu lar

Revê minha mãe já bem cansada
Qui quandu eu era criança
Ela sempri mi cantava
Esta linda i véia canção

Fiu du meu coração
Da minha vida tu és a razão
Quandu dormi nu meu colu
Até u raiá du novu dia
Aqui eu vivu tão tristonhu
Longi di minha genti amada
Pensu tantu em vortá
I a minha véia terra bejá.

  Na casa-grande da Fazenda Santa Tereza, Joaquim conversava com Ismael:
  — O que será que está acontecendo na fazenda do "Demônio Branco", Ismael?
  — Num sei não, sinhô! Cum certeza eli tá surranu arguém... Mas eu achu qui devi sê coisa pió. Nunca ovi us negru cantá tristi ansim!
  — É verdade! — respondeu o patrão. — Percebo uma grande tristeza na voz e na música... Coitados!
  O português emudeceu, enquanto Ismael enxugou as lágrimas.
  Nisso, Belmira e Manuela, assustadas, entraram no escritório do pai.
  — Papai! O que está acontecendo?
  — Não sei o que é, Bel! Nós também estamos apreensivos! Com certeza, o conde aprontou mais uma... E deve ser muito grave! Até o vento sibila triste por entre as árvores!
  Todos se calaram estarrecidos, enquanto Joaquim prosseguiu num tom de voz quase profético:

— Um dia, ele acertará as contas com o Criador! E agora, meus tesouros, com licença, preciso trabalhar!

As jovens perceberam que o pai queria ficar a sós com Ismael, beijaram-no e saíram.

— Suas fia são um anju, sinhô!

— Não tenho do que me queixar, meu amigo! No entanto... existe algo que está me aborrecendo, e muito...

— Já precebi, sinhô! Eu possu ajudá?

— Não, Ismael! Ninguém pode me ajudar... Manuela chegou da cidade toda alegre porque viu um rapaz a cavalo, que a olhava com um sorriso. Sabe... essas coisas da mocidade. Mas, pela descrição que ela fez, trata-se do filho do conde!

— Vigi Maria qui tá nu Céu! — respondeu o capataz quase gritando. — I u qui u sinhô pretendi fazê?

— Não sei! Não sei! Isso está me deixando um tanto preocupado! Nem comentei com Manuela sobre minha desconfiança para não preocupá-la! Eu acho que ela não sabe que é o filho do conde!

— A coisa é gravi, sinhô! — respondeu Ismael.

Os dois homens calaram-se por instantes e o negro perguntou:

— Si u sinhô num percisa mais di mim, vou vê cumu tá as vaca qui deu cria. Tem quinzi bizerrinhu lindu, sinhô! É onzi fêmia i quatru machu. Em pocu tempu teremu mais onzi vaca dandu leiti!

— Isso é muito bom, meu amigo! Pode ir, se eu precisar mando alguém chamá-lo! — respondeu o patrão, sem deixar de lado a preocupação. Ismael pediu licença e saiu. Tinha um ar de felicidade no rosto. Sempre ficava assim quando o patrão o chamava de "meu amigo". Era muito feliz por trabalhar com Joaquim. Um homem sem preconceitos e que tratava bem o próximo.

CAPÍTULO 13

A JOVEM PAOLA

*M*anhã radiosa de primavera!

Os ipês floridos cobriam a natureza de branco, amarelo e lilás. Olhando da casa-grande, via-se a exuberância das frondosas árvores. Eram tão lindas e perfeitas que davam a impressão de ter sido pintadas pelas mãos do Senhor do Céu.

A brisa calma e fresca fazia coro com a alegria dos pássaros, que voavam e saltitavam de galho em galho. O Sol, com seus raios de luz, deixava um rastro de ouro sobre todas as coisas existentes na face da Terra.

O dia estava maravilhoso!

Paola, da janela de seu quarto, admirava a natureza com grande tristeza no coração. De seus olhos brotavam lágrimas ardentes. Uma estranha inquietude e aflição tomavam conta de seu ser. Ao mesmo tempo, desfrutava uma grande paz interior. Não sabia explicar o que estava acontecendo.

Às vezes, olhava para o alto e parecia ouvir vozes que outras pessoas da família não ouviam.

Pela porta entreaberta, a mãe observava a filha com o semblante tristonho. Nunca vira a menina assim. Sentiu um aperto no coração, e uma imensa tristeza invadiu seu ser.

De repente, Paola, desesperada, a chamou:

— Mamãe, mamãe!

— Que foi, filha? Você está bem?

— Não, mamãe! Não estou nada bem! Estou sentindo muita angústia... e tristeza no coração! Uma tristeza como nunca senti em minha vida! Acho até, mamãe, que está chegando a hora de minha morte!

— Não pense em coisas ruins, meu amor! Você é tão linda, bondosa! Encha sua cabecinha de coisas boas e verá que tudo vai dar certo!

— Será que a senhora pode me levar um pouco lá fora? Quero ver melhor os ipês! Eles são tão lindos! Quando eu morrer, gostaria de ser enterrada à sombra deles!

— O que é isso, filha? Não pense em bobagens!

— Não se preocupe comigo, mamãe! Chico Manco me disse várias vezes que a verdadeira vida é depois da morte!

A mãe nada respondeu. Estava com a voz embargada de emoção. Paola tentava deixá-la despreocupada, mas Fiorella percebeu que, de fato, a filha não estava nada bem.

— Então... posso ir lá fora, mamãe?

— Claro, meu amor! Vou chamar Olívia para me ajudar.

— Obrigada, mamãe! Depois, se a senhora não se importar, gostaria de falar com Chico!

— É lógico que não me importo!

Mais tarde, a condessa mandou buscar o velho escravo, que se sentou na área, onde ficou por longo tempo conversando com a sinhazinha. Ao se retirar, Fiorella perguntou ao negro o que a filha queria. Chico olhou para sua sinhá com os olhos marejados e respondeu:

— Nada não, sinhá! A sinhazinha quiria apena cunversá!

A jovem senhora ficou ainda mais tristonha, foi para seus aposentos e deu vazão às lágrimas.

CAPÍTULO 14

A MORTE DO ESCRAVO E DE SUA FILHA

Já fazia algum tempo que o relacionamento de Guido com o conde não andava nada bem. Ultimamente, suas conversas acabavam sempre em discussão e alguns empurrões. Em todos os negócios em sociedade dos quais Cesare, de certa forma, obrigava Guido a participar, corriam grandes somas de dinheiro, que o mercador nunca recebia. Por isso, as brigas eram constantes.

A condessa presenciara as discussões exasperadas e não via com bons olhos esses acontecimentos, pois imaginava como seria o final. Para seu maior desespero, tudo se agravou com a chegada de sua cunhada Vittorina, da Espanha, querendo sua parte nas terras e no castelo que seu pai, o conde Gennaro, deixara na Itália e também sua parte na Fazenda dos Ipês, que comprara em sociedade com o irmão crápula. As brigas com o conde se tornaram mais violentas e ela acabou ficando do lado do mercador.

Cesare já havia decidido não dar um tostão a nenhum dos dois, mas se entrassem na Justiça ele seria acuado e tudo ficaria complicado: "A não ser que... E se eu acabar com eles? Tudo ficaria para mim e Marzia! Mais tarde, daria um jeito de me livrar também de Fiorella, dos gêmeos e da aleijada! Se conseguisse encontrar a mina de pedras preciosas, tudo seria mais fácil! Esse *maledetto* português bem que podia me vender essa porcaria de laticínio. Essa mina só pode estar nas terras desse *miserabile*, mas eu vou conseguir um meio de tomar tudo dele! Sou bem mais esperto e vou conseguir, vou conseguir! Vou conseguir! Ainda não sei como, mas vou tomar tudo o que é dele!". Assim pensando, o astuto conde começou a planejar um meio de ficar primeiro com o laticínio, pois achava que lá estava a mina; depois, seu alvo seria a fazenda!

Mesmo sendo palco dos horrores protagonizados pelo conde Cesare, a Fazenda dos Ipês continuava dando imenso lucro. Os feitores obrigavam os escravos a trabalhar muitas horas por dia. Cansados, eles labutavam em ritmo mais lento e então eram chicoteados. A pouca alimentação os deixava subnutridos, e por isso acabavam contraindo diversas enfermidades.

Certa tarde, um escravo não aguentou o árduo trabalho e caiu no chão. O conde começou a chicoteá-lo sem dó nem piedade. O negro não tinha mais forças. Sua esposa e seus filhos menores a tudo assistiam, chorando. A filha mais nova, uma negrinha de cinco anos e grandes olhos, com lágrimas escorrendo pela face azulada, desvencilhou-se da mãe e correu para abraçar o pai. Nesse momento, Cesare desceu o chicote nas costas do escravo, mas o vergalho se enrolou na cabeça da menina, que deu um grito lancinante e se estatelou no terreiro, enquanto o sangue lhe jorrava pelo rostinho. O conde parou, mas em seguida deu um fortíssimo puxão para desenrolar o chicote e acabou quebrando o pescoço da garotinha. Cesare, de novo, parou... Pela primeira vez, sentiu remorso de seus atos. Chamou por Julião e ordenou:

— Enterre-a!

O feitor sentiu um aperto no coração, mas obedeceu. Aproximou-se da menina caída, enquanto a mãe gritava com todas as forças de que era capaz:

— Não!! Nóis vai velá seu corpu!

Todos ficaram admirados com a coragem da escrava. Narciso veio em auxílio de Julião, levantando o chicote para castigar a indefesa mãe, quando Gianluca, acompanhado da condessa, gritou:

— Pare, Narciso!

— Quem você pensa que é para contrariar minhas ordens? — gritou o conde para o filho.

— Não estou contrariando suas ordens! Estou falando com seu feitor e eu não ouvi o senhor dar ordem a ele para chicotear alguém! Esse brutamonte é capaz de matar essa coitada com uma única chibatada! O senhor não vê a dor da mulher, papai? Não! Não vê nada além do poder e do que o dinheiro pode comprar! Se desse um pouco mais de condições a esses coitados, muita maldade seria evitada e essa pobre menina estaria viva!

— Ora, ora! Vejam só! O grande defensor dos negros fedorentos! Quando vai aprender, fedelho, que preto não é gente?

— São gente tanto ou mais que nós! O senhor é que não percebe nada à sua volta e...

— Ah! Ah! Ah! É tudo isso que você aprendeu na escola?

— Não! Aprendi também a amar e a respeitar o próximo!

— Seu *maledetto*... — assim dizendo, o conde se aproximou do filho e levantou a mão para esbofeteá-lo, quando Fiorella tomou sua frente e gritou:

— Não toque no meu filho!

Houve um grande silêncio.

Depois, muito triste, a condessa foi até onde estava a mãe da menina morta, pegou-a pelas mãos e disse:

— Leve sua filha e a vele como achar melhor — mandou os dois feitores cuidarem de suas obrigações, pediu que Chico Manco medicasse o escravo açoitado e dispensou os negros. Junto com o filho, dirigiu-se à casa-grande, preparando-se para o pior. Mas o conde nada falou. Pegou a carruagem e, resmungando, foi para Santo Antônio. Estava nervoso por causa da discussão com Gianluca. "Eles ainda me pagam! Não perdem por esperar! Um a um, vou acabar com todos eles! Fiorella, Gianluca, Giani, Paola, Vittorina e Guido! Só Marzia ficará comigo!"

A brisa suave beijava o corpo da criança, que estava sendo velada ao ar livre, enquanto os negros entoavam cantigas da terra distante.

O chicoteado continuava gemendo, mas sua dor era por ter perdido a filhinha. Tarde da noite, o pobre escravo, não aguentando as chagas das costas retalhadas, deu também o último suspiro.

Ao amanhecer, Fiorella foi até a senzala e ficou sabendo do triste acontecimento. Chorou muito em companhia dos negros, mas nada pôde fazer.

Pouco depois, os escravos, em fila indiana, acompanharam o enterro do negro e da menina. Cantavam tristes e acabrunhados, com lágrimas escorrendo na pele ressecada pelo sol. Mais à frente, oito escravos levavam, num roto lençol, o corpo do escravo e da garotinha. Um anjo negro que teve pouco tempo de vida. Logo atrás, algumas negras transportavam vasilhas de barro onde ardiam várias ervas aromáticas, preparadas pelo velho Chico, que exalavam perfume de gelsêmio, alecrim-de-cheiro e manjericão.

Narciso se aproximou do cortejo fúnebre com o chicote em punho para açoitar os infelizes e mandá-los para a lavoura, mas quando viu Fiorella resolveu ir embora.

CAPÍTULO 15

PAI TIMÓTHEO

𝒫rocurando um meio de tomar o laticínio de Joaquim, logo após o desjejum o conde pegou a montaria e resolveu cavalgar até Santo Antônio.

Era uma manhã calorenta, e ele optou por um atalho para chegar mais cedo ao destino. Nunca cavalgara naquele desvio, mas o caminho ladeado de frondosas árvores formava uma espécie de túnel e era um convite para amenizar o calor.

Resolveu continuar.

A vereda, que mal deixava passar uma carruagem de pequeno porte, tinha o chão com marcas de montaria.

Cavalgou cerca de três quilômetros, perdido nos pensamentos... Chegou a uma vila desconhecida.

Desceu do cavalo e, como quem não sabe para onde ir, prosseguiu, puxando o animal pelas rédeas. Quem o visse jamais pensaria tratar-se de um vil carrasco. Seus cabelos negros, com algumas nuanças da cor da neve, emolduravam seu rosto altivo. Era um belo espécime de homem e ainda muito sedutor. De vez em quando, com um lenço de fina cambraia, que mostrava seu poder aquisitivo, enxugava o suor que lhe escorria pela face. Andou mais uns dez minutos e percebeu que mais adiante, em uma parte da estrada, havia flores multicoloridas. Quanto mais se aproximava, mais admirado ficava ao ver a beleza do esplêndido jardim. Ficou mais surpreso ainda quando viu uma pequena, mas suntuosa, vivenda. Aproximou-se e pôde sentir com mais intensidade o agradável perfume das flores. De um lado, perto do pequeno portão de entrada, uma placa caída, a única coisa que destoava da deslumbrante beleza da moradia. Na tabuleta, em letras garrafais, lia-se "Pai Timótheo. Lê o passado, o presente e o futuro"; mais abaixo, o horário para consultas. Seu coração deu um salto e ele pensou: "Será que aqui está a solução para meus problemas? Quem sabe, com um bom pagamento, esse tal de Pai Timótheo não me ajuda?". Abriu o pequeno portão, que rangeu parecendo um lamento, e entrou. Bateu na porta toda entalhada e uma jovem vestida de vermelho, vulgarmente maquiada, o atendeu:

— Entre, meu bem! Veio para uma consulta?

— Sim! — respondeu o conde.

— Pai Timótheo costuma cobrar caro, mas acho que você tem condições de pagar! — disse a mulher, olhando-o de cima a baixo e se insinuando.

— Tenho, sim! Caso contrário, não teria vindo! — respondeu o conde, em seu jeito rude de falar.

A moça, gentilmente, pediu que ele se dirigisse a outra sala para aguardar sua vez.

— Esperar minha vez?! Eu sou homem de negócios e tenho muitos compromissos! Não posso e não quero esperar! Quero ser atendido agora!

Surpresa com a grosseria do elegante cavalheiro, ela apenas respondeu:

— Há algumas pessoas na sua frente, e Pai Timótheo não dá preferência a ninguém.

Assim dizendo, abriu a porta de uma sala onde estavam sentados vários homens e mulheres. A enorme sala era bem mobiliada, arejada e com duas grandes janelas, que davam para um vistoso jardim.

Cesare se acomodou confortavelmente numa poltrona e, por curiosidade, resolveu esperar.

Uma hora depois, a mulher o chamou para ser atendido.

A sala para onde foi encaminhado estava na penumbra, iluminada apenas por algumas velas perfumadas com aromas diferentes, que, misturados, provocavam sonolência. Sustentadas num pequeno aparador ao lado, elas formavam sinistras figuras, que se projetavam na parede. Alguns incensos com cheiro de olíbano contribuíam para o ar de mistério que envolvia o recinto.

No centro da pequena sala havia uma mesa coberta com toalha de tecido preto brilhante, toda bordada com figuras cabalísticas. De um lado, uma grande vela acesa cuja chama tremulava, deixando o rosto do homem, sentado à sua frente, ainda mais medonho. Seus cabelos encarapinhados alcançavam os ombros e faziam contraste com sua túnica avermelhada. Do outro lado, um livro bem surrado de capa verde, um baralho de cartas e alguns objetos desconhecidos.

O bruxo, conhecido como Pai Timótheo, era trapaceiro e charlatão. Era um grande conhecedor da alma humana e, de certo modo, conseguia ler pensamentos. Seus guias espirituais eram tenebrosos, o que fazia com que praticasse o mal e extorquisse dos incautos dinheiro em abundância.

Cesare ficou de pé, olhando admirado por toda a sala. Nunca presenciara um ambiente assim. Um misto de medo e curiosidade fez seu coração acelerar, mas, em seguida, já estava senhor de si. Minutos depois, o bruxo deu sinal com a mão para que se sentasse.

Ele obedeceu.

Pai Timótheo resmungou alguma coisa e depois começou a conversar enrolado, como se tivesse uma terceira pessoa a seu lado. Em seguida, com os olhos semicerrados, perguntou:

— Como posso ajudar o irmão? — a voz de barítono do bruxo soou como um forte trovão nos ouvidos do conde, que, assustado, remexeu-se na cadeira e resmungou:

— Estou pensando em comprar um laticínio, mas dizem que o proprietário não vende. Quero saber se o senhor pode me ajudar. Eu pago bem!

— Quem põe preço em meu trabalho sou eu! — falando enrolado, novamente, dirigiu-se a Cesare e lhe ordenou:

— Escreva o nome do proprietário do laticínio e, embaixo, o seu! — e lhe deu um pequeno pedaço de papel.

O conde obedeceu. Quando recebeu o papel preenchido, o bruxo soltou um urro e quase se esborrachou no chão. Assustado, Cesare se levantou e perguntou:

— O que foi?

— Nada posso fazer contra esse homem! Ele tem a seu lado espíritos que o protegem e eu não tenho força suficiente! Pague a consulta e não volte mais aqui!

— O quê? Como vou pagar a consulta se o senhor não fez nada? Faça alguma coisa, homem! Peça ajuda *al diavolo*, se quiser, mas faça alguma coisa! — disse o conde, dando um murro na mesa e fazendo com que uma das velas caísse no chão.

— É melhor o senhor ir embora antes que as coisas fiquem preta! Já disse que nada posso contra esse homem... E é melhor o senhor não se meter com ele! Agora pague a consulta e...

— Não vou pagar nada! — gritou o conde, exasperado. Assim dizendo, empurrou a mesa com tal violência que ela virou em cima do bruxo e derrubou as velas, enquanto a toalha pegava fogo. E saiu praguejando. Ouvindo o barulho, a mulher de vermelho correu para ajudar Pai Timótheo a se levantar e a apagar o fogo. O "vidente" se ajeitou, pediu um copo com água e mandou que ela saísse. Acendeu algumas velas, incensos, jogou um pó preto numa vasilha que continha um liquido amarelado e voltou a *conversar* com *alguém*.

Esperou que a fumaça negra, deixada pelo pó na água, se dissipasse e resmungou com ódio no olhar e no coração:

— Você pagará caro por isso, conde Cesare! Não será sobre a Terra, mas além dela!

Assim que chegou em casa, Cesare mandou chamar Julião e lhe contou o ocorrido.

— Vigi Maria! U sinhô foi mexê cum fogu!

— Por quê, Julião? Não tenho medo de nada, não!

— U homi é pirigosu, sinhô! É mió num mexê cum eli! Eli podi inté fazê fitiçu cum u sinhô. I u sinhô num vai tê mais sussegu!

— Deixe de besteiras, Julião! Um homem de seu tamanho com todo esse medo! Vá cuidar de seus afazeres!

— Licença, sinhô!

E o feitor, pensativo, obedeceu: "Si u bruxu ficô com reiva du sinhô, eli podi inté fazê coisa ruim pru sinhô! Cruiz credu!", e se benzeu.

CAPÍTULO 16

O MENINO CHIQUINHO

Toda vez que, em desdobramento, o velho manco ia até o lugarejo onde morou, na África, trazia notícias de Chiquinho. Numa dessas viagens, foi falar com o pai do menino.

— Mané, onti cunversei cum seu fiu, u Chiquinho!

— Ora, seu Chicu... Cumu é qui u sinhô pode dizê tar coisa? Num possu aquerditá qui u sinhô vai inté lá, du otru ladu du mundu, cunversa cum meu fiu inquanto seu corpu fica aqui? O sinhô num é Deus!

— Ocê num aquerdita memu, num é? Daqui trei dia vô di novu i vô trazê arguma coisa du seu fiu!

Mesmo com os olhos lacrimejantes, Mané riu.

— Ah! Ah! Ah! Qui brincadera é essa, seu Chicu?

— Num é brincadera, homi de Deus! Tô falanu sériu! Quasi qui pegui um iscurpião di Chiquinho... Eli tava brincanu cum elis i tava muito triste... — e saiu para apanhar ervas.

Um escravo ali perto ouviu toda a conversa e disse:

— Mané, ocê num cunheci dereitu u Manco! Eli é danadu di bom i sabidu! Quarqué dia eli vai inté u Céu adondi mora Nossu Sinhô Jesuis!

— Num possu aquerditá nissu, Vardemá! U meu fiu tinha, sim, argum iscorpião... Num possu aquerditá...

— Ocê qui sabi...

Alguns dias depois, Chico voltou a sentir o formigamento no corpo e, logo após, se viu no lugarejo. Não viu Chiquinho, mas sentiu uma grande tristeza no ar e não sabia de onde vinha. Procurou pelo menino e não o encontrou. Seguindo sua intuição, chegou até sua tapera e viu que tudo estava abandonado. Quando retornou, foi à procura de Mané e lhe contou o ocorrido.

— Sinhô du Céu! Adondi si meteu essi mininu? I minha véia? U qui será qui acunteceu?

Queria fazer várias perguntas a Chico, mas não deu tempo, pois o feitor Julião chegou brandindo o chicote.

CAPÍTULO 17

A MORTE DE PAOLA

Paola definhava dia após dia. Estava demasiadamente fraca. Sua mãe, Giani, Gianluca e Olívia não saíam de perto de sua cama. O pai e a irmã Marzia nem sequer tomavam conhecimento do seu estado.

Sentindo que em breve "partiria", Paola pediu para escrever uma carta ao pai.

— Filha, por que quer escrever para seu pai? — perguntou Fiorella, entrelaçando seus dedos na mão alva e fria da enferma.

— Quero me despedir dele, mamãe!

— Por quê, meu amor?

Paola não respondeu. Fechou os olhos e fingiu dormir. Sabia que estava deixando a mãe muito triste, mas nada podia fazer.

Definhava pouco a pouco e seus olhos perdiam o brilho juvenil, cedendo lugar a uma imensa e profunda tristeza. Vivia acabrunhada, não tanto por não conseguir andar, mas por compreender, com o passar do tempo, que muita coisa havia mudado e por perceber o ódio que o pai sentia por ela; ódio esse compartilhado pela irmã Marzia, que fazia questão de mostrá-lo em suas ações.

E, assim, foi sentindo na pele o desprezo do pai, e isso a deixava ainda mais doente.

Quando acordou, olhou tristemente as paredes de seu quarto e seus objetos pessoais. Era uma espécie de despedida. Sabia que em breve não mais pertenceria àquele cenário e que logo partiria para a imensidão do plano espiritual. Sentia deixar sua mãe... tão carinhosa e presente em sua vida... a atenção dos irmãos gêmeos, de Olívia e, também, do velho e querido Chico Manco.

No dia seguinte, quando o sol cobriu os frondosos ipês com seus raios quentes de luz, Paola abriu os olhos, fitou a mãe e voltou a dormir tranquila. Fiorella teve a impressão de que a filha fora a um lugar distante e resolvera voltar. Sabia que logo iria de novo e não mais retornaria.

Alguns dias depois, aproveitando a ida do conde e de Marzia até Santo Antônio, Chico pediu autorização para visitar Paola.

Fiorella o acompanhou ao quarto da filha e o escravo explicou, com muita segurança e sabedoria, a verdade sobre o outro "mundo".

A enferma ficou tão animada com a explicação de Chico que pediu para ser levada até a sala.

— A senhora pode me levar para tocar piano, mamãe?

— Claro, filha! E o que você vai tocar?

Ela não respondeu. Apenas olhou para a mãe com lágrimas nos olhos. Olívia ajudou a colocá-la sentada ao piano. Ela se ajeitou como pôde, e seus dedos, como para experimentar o teclado, correram rápido sobre as teclas. Depois, suspirou e começou a tocar. Já não era mais a doce Paola que estava ao piano, e sim um ser divino que tomara seu lugar. As notas musicais tocavam a alma e o coração das pessoas presentes. Chico tinha os olhos lacrimosos e a condessa dava vazão às lagrimas ardentes, enquanto pensava: "Meu Deus! Parece que minha filha está se despedindo! O que será que está acontecendo? Até pouco tempo seu estado de saúde era tão bom! O fato de não poder andar a deixa muito triste, mas seu corpo é aparentemente sadio. O médico não consegue descobrir por que ela está tão debilitada". Chico Manco também pensava: "Minina Paola... pobri criança... Logu ocê vai morá nu Céu adondi mora a Vigi Maria". E as teclas do piano gemiam ao movimento de suas hábeis mãos. Os acordes enchiam a grande sala de luz diáfana, ultrapassavam portas, janelas e paredes fazendo com que os pássaros, nas árvores próximas, emudecessem. Caíam lágrimas dos olhos da sofrida jovem.

Pobre menina... A sensibilidade, que aflorava quando tocava, dava-lhe a sensação de voar pelos campos, por cima das árvores, sentindo o calor gostoso dos raios de sol. Quando suas mãos tocaram os derradeiros acordes, a dura realidade retornou com força total. A jovem fechou o piano com violência, debruçou-se sobre ele e deu vazão às lágrimas.

— Oh, minha filha... Não fique assim, tudo vai passar!

— Que música linda, Paola! Você toca muito bem! — disse Olívia, acariciando seus cabelos.

— De que adianta, Olívia, ter esse dom para tocar se tenho as pernas mortas? Ah, meu Deus... como gostaria de correr pelos campos, apanhar flores, molhar os pés na água morna e límpida do riacho. Estou presa a essas pernas mortas desde criança. Gostaria de dançar como as outras moças da minha idade, arrumar um namorado, mas só tenho como companheira esta cadeira de rodas! Ah, papai... quanta tristeza o senhor colocou na minha vida!

Depois, mais calma, pediu para retornar ao quarto.

— Mamãe, logo não estarei mais aqui... Eu me preocupo muito com a senhora por causa das brigas com papai! Ele é tão violento...

— Não pense nessas coisas, filhinha! Você ainda vai viver muito comigo!

Giani e Gianluca choravam baixinho:

— Meus irmãos... Meu carinho por vocês é muito grande... Quantas vezes sonhei em corrermos juntos pelo campo, pisar na grama verdinha molhada pelo orvalho da noite... Mas Deus não permitiu... Para dizer a verdade, quem não permitiu foi papai...

— Filha! De onde você tirou tudo isso?

— Ao longo dos anos, mamãe, eu ouvi suas discussões com papai! Fui juntando uma palavra um dia, outra depois e montei o terrível e medonho quebra-cabeça, que foi minha vida durante todo esse tempo; e é isso que quero escrever a papai! Quero dizer também que eu o amo, apesar de tudo... e amo Marzia igualmente! Gostaria de conversar com papai, mas sei que ele não vai me ouvir. Ele não me olhou uma única vez desde que nasci! E Marzia... Todas as vezes que se aproximou de mim foi para me chamar de aleijada, mas... agora é tarde... muito tarde... Logo, não estarei mais aqui!

Giani, soluçando, saiu do quarto e viu Marzia:

— Por que você não entra para falar com ela? Ela está morrendo!

— Pois que morra! — respondeu a garota, deixando bem clara a dureza de seu coração.

— Desalmada! Víbora! — gritou Giani.

No dia seguinte, Fiorella mandou chamar o padre Bepim para que fizesse uma prece com a filha. Depois, o pároco disse à enferma:

— Minha filha, não ocupe sua cabeça com asneiras! Morreu, acabou! As pessoas, depois de mortas, não voltam mais!

— Padre Bepim, eu vi uma pessoa do meu lado, envolta numa luz! Era uma mulher! Eu não sei quem é, mas sinto que a conheço de algum lugar!

— Deixe disso, menina! Se continuar com essas bobagens, vou começar a pensar que você está ficando louca e pedir a seu pai que a interne num hospício!

Fiorella estremeceu ao ouvir as palavras do reverendo.

A fim de evitar mais problemas, convidou-o para tomar café. Estavam saindo do quarto quando Paola, emocionada, gritou:

— Padre Bepim, veja! A mulher da qual lhe falei!

O padre olhou na direção apontada pela jovem e empalideceu; viu um vulto envolto em luz a seu lado que lhe sorria. Mas, rápido de raciocínio, respondeu que não vira nada. Passou o lenço no rosto para disfarçar a palidez e acompanhou a jovem condessa; sentou-se à mesa cheia de guloseimas e fartou-se. Seus pensamentos, porém, estavam num verdadeiro turbilhão: "Meu Deus! É minha mãezinha! O que será que ela está fazendo aqui? Será que ela veio porque me viu? Será que ela quer me falar alguma coisa? Ninguém pode saber que eu tenho o dom de ver os mortos! Se isso acontecer, o bispo me expulsará da igreja e eu não terei como sobreviver! Não posso perder essa mamata".

O dia amanheceu frio. O inverno anunciava sua chegada, vestindo de cinza a paisagem e deixando as madrugadas mais geladas.

Depois de muito insistir, Fiorella entregou à filha papel

e caneta para que escrevesse a carta ao pai. Relutou muito, pois a carta seria uma espécie de despedida da enferma, e ela não queria compactuar.

Paola tremia com o papel na mão. Sabia ser esse o derradeiro ato de sua vida, mas escreveu:

Papai!

Sei que o senhor não gosta de mim! Sei também o motivo! Se o senhor tivesse se dado ao trabalho de conversar comigo pelo menos uma vez na vida, teria visto que meus traços fisionômicos são idênticos aos seus; aliás, sou muito mais parecida com o senhor do que meus irmãos, principalmente Marzia, a quem o senhor idolatra. Faz quase vinte anos, meu pai, que estou inválida, presa a esta cadeira... O senhor sabe que é culpado, e nem sequer imagina como eu gostaria de ter corrido pelos campos, perseguindo uma borboleta multicolorida, colhendo uma flor e admirando essa natureza tão linda que Deus ofertou a todos nós!

No decorrer desses anos, nas suas brigas com mamãe, fui colhendo uma palavra aqui, outra acolá e montei, sem que ninguém me ajudasse, o triste quebra-cabeça de minha vida. A que aflita e triste realidade cheguei...

Se fosse colher as lágrimas que derramei durante esses anos todos, teria formado um rio caudaloso, e suas águas seriam tão amargas que nenhuma espécie de animal sobreviveria saciando-se nelas!

Foram lágrimas ardentes que derramei por me sentir enjeitada e desprezada por aquele que me deu a vida.

Quantas noites passei em claro, chorando, com a esperança de que a porta do meu quarto se abrisse para o senhor vir me dar um beijo de boa-noite... nunca aconteceu... Quantas vezes pedi a Deus para me levar para a Eternidade... mas Ele sempre me dizia através do Chico que ainda não tinha chegado minha hora. Agora chegou, papai... Sinto que chegou... Vou partir sem nunca ter recebido um beijo seu! E esse escravo negro, aleijado e velho que o senhor sente prazer em açoitar, tem a alma brilhante e o coração puro... Mas o senhor não entende nada disso, não é? Aliás, o senhor só entende duas coisas neste mundo: a lei da chibata e o poder do dinheiro... Pobre papai... Sua alma é tão insignificante...

Esta carta é minha despedida... Em todos esses anos que vivemos sob o mesmo teto, essa é a primeira vez que "conversamos"... e será a última! Que Deus o abençoe, papai!

Paola

Com os olhos marejados de lágrimas, colocou a carta num envelope e o guardou. Pouco depois, adormeceu. Adormecia e acordava como se vivesse entre dois mundos: o material e o espiritual.

Quinze dias se passaram.

Fiorella, os gêmeos e Olívia continuavam se revezando, dia e noite, para fazer companhia à menina moribunda.

Quando era possível, longe do conde, Chico Manco ia visitá-la.

— Mamãe, mamãe... — chamou Paola chorando. — Procure compreender Marzia e não seja muito dura com ela! Diga, também, que eu a perdoo de todo o coração! Agora quero dormir um pouco... Estou tão cansada...

— Está bem, filha! Depois conversaremos. — Mas a condessa ficou muito pensativa: "Por que será que Paola disse que perdoa Marzia? O que será que essa menina diabólica fez?".

E foi numa manhã gelada que a doce Paola partiu para a Eternidade. Morreu serena e seus lábios apresentavam um sutil sorriso, demonstrando que todo o sofrimento acabara. Os raios do sol, até então mirrados, voltaram a brilhar mais intensamente... Os pássaros pipilavam alegres e as flores perfumavam a natureza.

Seu pai, o cruel conde Cesare, não derramou uma lágrima sequer, porém, a palidez de seu semblante deixava claro o tumulto que lhe roía a alma. Marzia, de coração duro como o pai, manteve-se afastada e em silêncio. Fiorella, os gêmeos e Olívia tinham o coração despedaçado de dor e choravam copiosamente.

No vasto jardim, os negros, sentados no chão, permaneciam de cabeça baixa.

O padre Bepim foi chamado para encomendar a alma de Paola no velório. Era um homem bom, porém, muitos de seus atos só visavam o interesse. Aproveitou a oportunidade para cair nas graças do conde, já que a relação entre ambos não era das melhores. Exaltou o amor dos pais, principalmente do pai para com a filha. Nesse momento, Fiorella cruzou seu olhar com o do marido e pensou: "Pai? Esse homem nunca foi pai! Aliás, ele só é pai de Marzia, já que são parecidíssimos no caráter, na índole e no coração desprovido de amor".

Assim que o reverendo acabou com o fingimento do discurso, os moradores da senzala começaram a entoar uma cantiga africana para se despedir da sinhazinha que tanto amavam.

O conde, quando ouviu a lamúria africana, chamou Narciso e ordenou:

— Vá chicoteá-los para que acabem com isso!

— *Não! Deixe-os!* — gritou mais alto sua esposa! — Eles amam nossa filha mais que você, que é o pai!

Surpreso com o gesto da mulher, Cesare fez sinal com a cabeça para Narciso deixá-los em paz.

À tarde, quando o caixão fúnebre foi levado para o pequeno cemitério, ao lado da capela, os escravos se levantaram, abriram espaço e se ajoelharam para o cortejo passar.

Com toda a certeza, Paola estava radiante lá no Céu; seus restos mortais estavam sendo sepultados ao lado dos ipês que ela tanto amara.

De repente, a brisa gelada que se transformara em vento matreiro começou a balançar graciosamente os galhos mais frágeis das frondosas árvores, que já ostentavam suas flores coloridas. Pouco depois, o Sol se escondeu atrás das nuvens e deu lugar a uma garoa fina e fria, molhando o esquife. A natureza reverenciava aquela menina moça que tanto a havia defendido em vida.

O silêncio e a tristeza reinavam na casa-grande. Vez ou outra, ouvia-se o triste lamento de algum pássaro. Fiorella, em seu quarto, tinha os olhos inchados de tanto chorar. Giani e Gianluca foram ter com ela e a abraçaram em silêncio. Pouco depois, o rapaz exclamou:

— Mamãe... como dói na alma quando alguém parte deste mundo. Parece que Paola continua viva; parece que ouço o barulho de sua cadeira de rodas, de seu perfume tão suave...

— É verdade, meu filho! Quando alguém que amamos parte para a Eternidade, o vazio que fica é muito grande! Pobre filha... Quem sabe no Céu encontrará a felicidade que não teve aqui na Terra? Agora vamos dormir... O dia hoje foi muito triste... triste demais!

CAPÍTULO 18

NOVOS ESCRAVOS

Trabalhando cerca de catorze horas por dia na formação de novo plantio, os escravos, mal alimentados, não aguentavam o trabalho intenso e ficavam doentes. Os mais velhos eram os mais prejudicados, pois eram lentos e constantemente açoitados, e acabavam perdendo a vida. Precisando de mais mão de obra, Cesare resolveu fazer as pazes com Guido. O mercador estava de relações cortadas com ele e, por acaso, se encontrava na capital. Mandou um recado para que ele viesse até a fazenda com urgência. Guido achou que receberia o dinheiro que o conde lhe devia e foi esperançoso saber o motivo. Cesare o cumprimentou amistosamente.

— Guido! Como vai, meu amigo?

— Tudo bem, Cesare! Então, vou receber hoje meu dinheiro?

— Claro que sim! Mas antes tenho um serviço para você!

Os olhos do mercador se tornaram ainda menores que duas mirradas amêndoas e sua voz soou nervosa e trêmula.

— Não vou fazer nada mais para você, Cesare! Já me tapeou algumas vezes e, com certeza, haverá outras! Não conte comigo!

— Eu vou lhe pagar, *caspita*!! Nunca disse que não o faria!

— Você prometeu várias vezes e não cumpriu! E tem mais: Vittorina está para chegar e vai querer a parte dela na fazenda!

O conde ficou lívido e pensou: "Pois que venha! Quando esse *maledetto* me trouxer os escravos, darei cabo dos dois e tudo ficará para mim".

— Eu vou pagar minha irmã também! Mas agora preciso de mais escravos!

— Se você lhes desse um tratamento melhor, não morreriam tantos... Aliás, sua fazenda é a que tem o maior índice de mortes e...

— Eu sei, Guido!

E o conde, com a lábia que lhe era peculiar, acabou convencendo o mercador. Feitos os preparativos, Guido partiu três dias depois.

Quando desembarcou no mesmo lugarejo para apanhar os negros, Chiquinho o reconheceu. Ficou escondido por perto, observando o navio: "Achu qui essi homi vai adondi tá meu pai i meu irmão. Si eu cunsigui intrá iscundidu nu naviu, vô atrais du meu pai. Dispois da morti di minha mãi, eu tô sozinhu memu! Vô lá pru barracu pegá uma carça. Num tenhu mais nada pra levá! Vô tê qui dá meus iscurpião pru Ditinhu! Será qui eli óia direitu? Achu qui num vô dá, não! Vô levá cumigu! Tudu mundu tem bichinhu di istimação i leva adondi vai, pru quê num possu levá meus iscurpião? Vô levá, sim! Tarveis eu num vorti mais...".

Assim pensando, colocou num bornal a calça rota e a

caixinha com alguns escorpiões amarelos e foi para o porto onde o navio estava ancorado. Sem que ninguém percebesse, entrou no porão onde vários escravos já tinham sido capturados:

— Adondi ocê vai, mininu? — perguntou um negro.

— Vô com ocêis... Vô adondi tão meu pai i meu irmão!

— E adondi elis tão?

— Num sei! U homi qui pegô elis é essi qui tem ócrus grandi i cabelu na cara!

— Cumo é u nomi du seu pai?

— Mané!

— Mané? Ô diachu! É u Mané das Pedra?

— É...

— Eli é meu amigu! Mais eu achu qui ocê num divia de i mininu! É pirigosu!

— Num faiz mar! Eu tô sozinhu memu!

— E sua mãi, adondi tá?

— Tá moranu cum Nossu Sinhô Jesus! — e o garoto enxugou as lágrimas. Um negro ali perto ouviu toda a conversa e se aproximou.

— U Mané das Pedra (*tinha esse apelido porque em volta da cabana onde morava havia pedras de vários tamanhos*) é meu cumpadi! Si ocê tá sozinhu, mininu, ocê vai cum eu... Eu tomu conta di ocê!

— Brigadu!

E a viagem transcorreu calma. Os negros se empenharam em cuidar de Chiquinho e dividiam com ele a comida que recebiam e ninguém notou sua presença.

Algum tempo depois, o navio chegou ao Brasil, e mais tarde a leva de africanos chegou à fazenda:

— Fica iscundidu naqueli matu pertu das pedra inté eu incontrá seu pai! — disse o negro responsável pelo menino.

Chiquinho fez um sinal com a cabeça e foi para o mato. Quando tudo se acalmou, colocou os escorpiões nas pedras:

— Ocêis dévi di tá cum fomi! Fica iscundidu aí inté meu pai chegá!

O escravo, compadre do pai de Chiquinho, logo que foi possível se esconder dos feitores, procurou por Mané e o encontrou muito aborrecido na senzala. Quando viu o amigo, o escravo levou um susto:

— Cumpadi! U qui ocê tá fazenu aqui?

— Virei escravu iguar ocê! Mi pegaru na nossa terra natar!

— Ocê tem nuticia di minha véia i du meu fiu Chiquinho?

Nisso, o ranger da porta da senzala se fechando chamou a atenção dos dois:

— Num é nada, cumpadi; é u feitô qui tá fechanu a porta!

— Mais... e agora? Chiquinho tá lá fora esperanu ocê!

O negro deu um pulo e, quase gritando, perguntou:

— Qui negociu é essi, cumpadi? Falá qui meu fiu tá aqui? Num gostei da brincadera!

— Tô falanu sériu, Mané! Seu fiu veiu cumigu i tá iscundidu nu matu!

— Vigi Maria du Céu! Nu matu é pirigosu! U qui vô fazê, Sinhô du Céu?

Um negro ali perto ouviu a conversa e tentou acalmar o amigo.

— Tenha carma, amigu! Vô ajudá ocê! Mais num podi sê agora! É percisu isperá us feitô í drumi!

O escravo se acalmou e esperou pacientemente.

Pouco depois, o negro que se ofereceu para ajudar deu um longo assobio e, passados alguns minutos, Chico estava na frente deles.

— Que qui oceis qué du pretu véiu?

— Chicu, u fiu du Mané tá lá nu matu, suzinhu!

— Ah, intonci é pur issu qui num incontrei u Chiquinho! Eli tava nu naviu! Eta mininu ispertu! Oceis qué qui eu vô vê cumu eli tá, é issu?

— É, Chicu! U Mané tá percupadu cum u fiu!
— Tá bom... eu vortu já! — e desapareceu.
— Cumu é qui u negru faiz isso? Cumu é qui eli entrô si a porta tá fechada?
— Chicu é por dimais sabidu.
— E minha veia, cumpadi. Cumu ela tá?
— Seu fiu falô qui ela tá morta!
— Meu Deus du Céu! Intonci foi pur issu qui Chiquinhu veiu?
— Foi!
Algum tempo depois, Chico retornou e disse a Mané:
— Seu fiu tá protigidu i já cumeu! Tava cum muita fomi! Num percisa si percupá. Eu tomu conta deli!
— Brigadu, Chicu! — e todos procuraram descansar, pois no dia seguinte o árduo trabalho estaria esperando por eles.

CAPÍTULO 19

O AMOR DE GIANLUCA

Um mês após a morte de Paola, à tarde, Gianluca foi até a biblioteca, onde Giani procurava um livro. Quando o viu, a irmã perguntou meio assustada:

— O que você tem, Gianluca? Está com cara de bobo!

— Não tenho nada! — respondeu o rapaz, meio nervoso e assustado.

Marzia entrou na biblioteca, pegou também um livro e começou a folheá-lo. Giani continuou com seu interrogatório:

— A quem você quer enganar, Gianluca? Aliás, faz algum tempo que você está assim!

— Que insistência, Giani! Já disse que não tenho nada! E fez sinal apontando na direção de Marzia.

— Vamos conversar no jardim. Esta casa tem as paredes e o teto cheio de olhos, ouvidos e línguas para futricar com papai! — falou Giani, olhando para a antipática e perversa irmã.

— Está falando de mim? Pois saiba que não me interessam seus segredos nem os de Gianluca! Se você fosse mais esperta, perceberia que estou lendo um livro, por sinal muito bom, e não prestando atenção nas suas bobagens!

— Ora, Marzia! Você nunca gostou de ler! Pegou o livro só para ouvir nossa conversa! Além disso, é a primeira vez que vejo alguém ler com as páginas de cabeça para baixo! — respondeu Giani, rindo e puxando o irmão para fora da biblioteca.

Estava perto da porta quando a irmã atirou com força o livro em sua direção. Por pouco não a atingiu.

— Estúpida! — gritou Marzia, com ódio.

No jardim, Gianluca chamou a atenção da irmã.

— Cuidado com Marzia! Ela pode contar pro papai e, mesmo sem razão, ele estará do lado dela! Você sabe como eles são!

— É... e isso me entristece muito! Ele deixa claro como o sol que só gosta dela!

Uma nuvem de tristeza passou pelo rosto dos irmãos, que ficaram calados por alguns instantes. Depois, Giani, curiosa, perguntou:

— Então... Conte-me, por que está com cara de bobo? Quem é ela?

— Pare com isso, Giani! Não existe "ela"! Você está indo longe demais!

A garota deu uma risadinha marota e começou a fazer cócegas nas costas do irmão. Sabia que era seu ponto fraco. E, de fato, ele se entregou:

— Pare! Pare com isso, Giani... Eu conto, eu conto!

Passada a brincadeira, ambos voltaram à seriedade e Gianluca, triste, confessou:

— Ninguém pode saber sobre isso, Giani! Você promete guardar segredo?

— Prometo!
— Jura?
— Juro!
— Jura mesmo?
— Claro que juro, meu irmão! Fale logo, essa aflição me mata!
— Eu... estou apaixonado, sim!
Giani arregalou os olhos e perguntou sorrindo:
— Quem é ela?
— Manuela, a filha do português!
— Meu... Deus... do... Céu!! — explodiu a irmã compassadamente. — Você só pode estar louco! Papai vai matar você! Matar, não! Vai estrangular, esquartejar você!!
— Eu sei disso! — sussurrou Gianluca. E ambos se calaram, como que para analisar e sentir a gravidade do que estava acontecendo.
— Eu gosto muito dela... Gosto, não, eu a amo! Ela é linda, meiga, educada e respeita as pessoas! Faz tempo que nos amamos, e meu maior receio é que papai prejudique o senhor Joaquim! Penso muito em me aproximar de Manuela, namorar como todo jovem, mas tenho muito medo do que pode acontecer!
Com a voz embargada pela emoção, ao perceber a profundidade dos sentimentos do irmão, Giani perguntou baixinho:
— E ela gosta de você?
— Não sei! Pelo jeito que me olha, sim!
— Olha, ela ainda não disse que ama você?
— Não! Nós nunca conversamos!
— Oh! Meu Deus! — exclamou a garota, olhando para o céu com as mãos postas. — Isso é mais complicado do que pensei!
Depois de um longo silêncio, ela voltou a perguntar:

— Se nunca conversaram, como sabe o nome dela e que tem todas essas qualidades?

— Chico Manco me disse! Ele a conhece desde que ela nasceu! Você sabia que ele vai de vez em quando até a casa do senhor Joaquim? Escondido de papai e dos dois brutamontes, claro!

— Fazer o quê?

— Ele vai visitar os trabalhadores e levar algumas ervas para Emília... Aliás, não precisa ninguém me falar sobre as qualidades de Manuela. Basta olhar em seu rostinho angelical!

— E o que pretende fazer? — perguntou a irmã.

— Nada! Não vou fazer nada! Vivemos em um clima de terror com a violência praticada por papai. Sabemos tudo o que ele fez para prejudicar o senhor Joaquim, e os horrores que faz com os escravos e até com a nossa família! E, com certeza, vai fazer ainda mais.

O rapaz, mais uma vez, calou-se por momentos. Depois, com a voz ainda mais baixa e triste, sussurrou:

— Eu não consigo entender papai...

— Nem eu!

— Por que ele tem tanto ódio do senhor Joaquim? Ele é um homem tão bom, sem orgulho, trata bem seus escravos. Aliás, não são escravos, e sim trabalhadores que ele respeita, e muito! Cada um tem sua casa para viver com a família; não é uma promiscuidade como aqui: homens, mulheres e crianças vivendo sob o mesmo teto, na mais completa imundície, com uma alimentação que mais parece comida para porcos, enquanto nós temos mesa farta. São tantas as iguarias que não conseguimos provar todas. Às vezes, quando estou à mesa, lembro-me desses negros e tenho vontade de chorar! A comida fica entalada na garganta. Penso muito em fazer alguma coisa por eles, pelo menos melhorar a alimentação, mas como? Papai me mataria!

— Tudo isso é verdade, Gianluca! Eu sinto o mesmo!

Papai tem tanto dinheiro... Por que não pensa em melhorar um pouco a vida desses coitados?

— Ele acha que vai poder levar tudo o que possui quando morrer?!

— É verdade... Gostaria de ser filha do senhor Joaquim.

— Eu também! — respondeu o irmão! Passou a mão na cabeça da garota e voltou para casa.

CAPÍTULO 20

O ATAQUE À FAZENDA SANTA TEREZA

$\mathcal{U}$m ano se passou.

Em seu percurso natural, o tempo trouxe a primavera mais uma vez, marcando doze meses desde o desenlace de Paola. Para o conde, fora um ano normal: mais dinheiro no bolso e mais escravos incursionando na tétrica "arena de tortura".

Continuava ele arquitetando um meio de comprar ou tomar de Joaquim o pequeno laticínio em Recanto das Flores; não desistira de encontrar a mina. Raro era o dia em que não "cutucava" o chão para encontrar a abertura que o levaria até ela. Cansado por não conseguir nada com o português, finalmente resolveu atacar sua fazenda.

Certa manhã, estava a condessa cuidando do jardim quando viu o marido se aproximar com Julião e Narciso. Protegida por um grande pé de folhagem, não foi vista, e o conde passou comentando:

— Julião, contrate os homens para daqui a três dias. E

você, Narciso, providencie as armas... Vamos arrasar com o *maledetto* do português e sua fazenda!

— Sim, sinhô! — responderam os algozes.

Fiorella tremeu diante de tanta maldade e teve vontade de pular na garganta do marido, mas conteve-se. Depois que eles se afastaram, entrou em casa e começou a pensar num jeito de avisar Joaquim. Tinha de achar um meio de alertá-lo, mesmo sendo muito perigoso. Caso contrário, muitas pessoas morreriam. Aproveitou a ida do marido a Recanto das Flores e mandou Olívia avisar Chico Manco para encontrá-la na capela. Enquanto se dirigia à orada, o feitor Narciso a acompanhou com os olhos e ficou mais curioso ainda quando viu Chico Manco ir na mesma direção que a sinhá. "Será qui essis dois tão tramanu arguma coisa? Achu que não... Us dois têm custumi de ir rezá, mais... us dois juntu? Isso num tá mi cheranu bem... É mió verificá!", pensou o negro.

Fiorella, entretanto, viu quando ele se esgueirou para o lado da igrejinha. Fez sinal para o escravo manquitola sentar no último banco, enquanto ela ocupou uma cadeira perto do altar.

O feitor olhou e percebeu que só havia imaginado coisas e foi embora. A condessa aproveitou para contar tudo a Chico e pediu a ele para mandar alguém de confiança avisar o senhor Joaquim, mas que tomasse muito cuidado.

— Vigi Maria, sinhá! Si issu acontecê, vai tê um riu de sangui. Achu qui vô eu memu avisá u sinhô!

— Não, Chico! Narciso pode ficar de olho em você!

— É vredade, sinhá. Podi dexá qui pretu véiu dá um jeitu!

— Tome muito cuidado, principalmente com Narciso! Ele é tão monstruoso quanto meu marido!

— Pretu véiu sabi, sinhá, mas tudu vai dá certu! U Sinhô du Céu tá du nossu ladu!

A condessa voltou para casa. Pouco depois, Chico Manco saiu da capela, sob o olhar curioso de Narciso, que ficou muito tempo sondando o escravo para ver se descobria alguma coisa.

Já estava escuro quando, na Fazenda Santa Tereza, Ismael, assustado, chamou pelo patrão.

— Sinhô! Sinhô Joaquim!

— Que foi, Ismael? Viu alguma assombração?

— Não, sinhô! É qui tem um negu aí fora querenu falá cum u sinhô! É escravu du conde!

— Do conde? E o que ele quer aqui?

— Num sei, sinhô!

— Traga-o até a varanda!

Pouco depois, o escravo, suado e cansado, mal podendo falar de tanto ter corrido pelo mato e por estar na presença de Joaquim, pediu licença e sentou-se no chão.

— Descanse um pouco, meu amigo, depois conversaremos! — chamou Emília e mandou servir um prato de comida e água fresca ao recém-chegado. O negro comeu e, mais calmo, levantou-se e disse ao generoso português:

— Sinhô... Vim a mandu da sinhá condessa avisá u sinhô qui u conde vai atacá sua fazenda, di noiti, daqui a trei dia!

Joaquim sentiu o coração bater acelerado e perguntou:

— O quê? Você tem certeza do que está dizendo?

— Sim, sinhô! Foi a sinhá qui mandô avisá u sinhô! Agora, si u sinhô pirmití, vô imbora. Tenho qui chegá anti dus feitô contá us iscravu, sinão é chibata nu lombu!

— Espere! — gritou o fazendeiro: — Por que sua sinhá mandou me avisar?

— Pruque ela é contra as mardade du conde i sabi qui u sinhô é um homi justu!

Assim falando, o escravo olhou para o lado onde estavam as casinhas dos empregados de Joaquim, e de seus olhos caíram furtivas lágrimas. Com a voz triste, balbuciou:

— Quiria morá aqui...

O português e Ismael não souberam o que dizer. O escravo acrescentou:

— Lá a genti apanha tantu... I trabaia inté a lua lumiá a mata! Licença, sinhô! — sem dar tempo para nada, embrenhou-se mata adentro. Joaquim ficou pensativo e triste, depois disse a Ismael:

— Amanhã logo cedo, veja como está o porão com provisões, água e cobertores. Providencie tudo o que for necessário e depois venha ao escritório para conversarmos. Escolha alguns empregados de confiança para fazermos um plano de defesa! Agora vá descansar, Ismael! Hoje foi um longo dia!

— Sim, sinhô!

Com as mãos nas costas, cabeça baixa e muita preocupação, o bom homem ficou muito tempo andando pela casa. Não conseguia acreditar nem achar o motivo por que o conde os atacaria. "E por que a condessa mandou me avisar? Ela deveria, como esposa, ficar do lado do marido! Qual a razão de sua atitude? Como será que ela é? Pobre mulher... Deve sofrer muito vivendo na companhia do crápula do marido." Sem achar respostas para suas perguntas, como fazia toda noite, foi ver os filhos que já estavam dormindo. Paulo, Josué, Belmira e Manuela. Depois se dirigiu a seus aposentos.

Solidão e tristeza fizeram-lhe companhia. Lembrou-se da esposa, falecida dois anos antes, depois de uma longa enfermidade. Jovem e sedutor, sentia muito a falta e o carinho de uma esposa, mas por amor aos filhos nunca lhe passou pela cabeça arrumar uma companheira. Sem querer, em seus pensamentos esboçou-se a imagem sem rosto da condessa: "Devo estar ficando louco...". E foi dormir.

Dois dias depois, o mesmo negro voltou à Fazenda Santa Tereza com outro recado da condessa:

— Sinhô, minha sinhá mandô avisá qui u ataqui vai sê

A FAZENDA DOS IPÊS

aminhã na meia noiti. U conde arrumô um bandu cum muitu homi... Licença, sinhô! — e sumiu na escuridão da noite.

Joaquim e Ismael não conseguiram dormir, tamanha era a preocupação deles.

Cinco horas da manhã!

O clarão da aurora começava a iluminar a terra, e o alvoroço dos trabalhadores da Fazenda Santa Tereza se misturava com o barulho dos animais, que no curral aguardavam a primeira refeição. Joaquim, perdido nos pensamentos, olhava pela janela quando Emília, serviçal de muitos anos, se aproximou e lhe perguntou:

— Sinhô, pru quê levantô tão cedo? Será qui pirdi a hora? Já vô prepará seu café... Discurpa u atrasu, sinhô!

— Deixe disso, Emília! — respondeu o patrão, colocando o braço em seus ombros e beijando seu rosto. —Você não perdeu hora. Eu é que levantei mais cedo... Aliás, não consegui dormir!

— U qui tá acuntecenu, sinhô? Desdi onti qui u sinhô tá percupadu! Possu ajudá?

Sorrindo, Joaquim respondeu:

— Não, Emília! Ninguém pode ajudar! Só quero que continue cuidando dos meus filhos, se eu morrer!

— Vigi Maria... Num fala im morti, sinhô. Arguma coisa tá mi avisanu qui vem muita tristeza pur aí! Ainda bem qui u Pai du Céu óia pur nóis!

As palavras de Emília deixaram o patrão ainda mais preocupado. Sabia que a velha negra tinha um sexto sentido para prever o futuro. Ela, entretanto, se arrependeu do que disse e tentou consertar:

— Sabi du qui u sinhô percisa? Si casá di novu. Arrumá uma muié bunita i qui gosti du sinhô!

Pelo pensamento do fazendeiro passou novamente a figura sem rosto de Fiorella e, para não demonstrar sua perturbação, aproximou-se mais de Emília, beijou seu rosto e disse:

— Se falar isso de novo, vou dar uma de conde e lhe dar vinte chibatadas!

— Deus mi livri, sinhô!

— Vou até o curral e já venho tomar café! — falou sorrindo o português. No entanto, Emília percebeu que uma mulher começava a ocupar os pensamentos do bondoso patrão. Não sabia quem era, mas ia procurar saber para ajudar. Ele é um bom homem e merece ser feliz.

Pouco depois, Joaquim tomava a refeição matinal quando seu capataz entrou:

— Bom dia, sinhô!

— Bom dia, Ismael! Sente-se para tomar café!

— Agradecidu, sinhô!

Apesar de estar acostumado com as gentilezas do patrão, o capataz não conseguiu conter a alegria que invadiu seu coração. Era muito difícil encontrar uma pessoa tão bondosa quanto o senhor Joaquim.

Logo depois, o capataz e Joaquim foram ao escritório esperar pelos homens que Ismael escolhera. Todos reunidos, o português explicou o plano:

— Quero evitar ao máximo o derramamento de sangue e, sobretudo, as mortes, a não ser que seja extremamente necessário para nos defender! José e Pedro, arrumem alguns homens e façam uma barreira com capim e arbustos secos o mais alto que puderem ao longo da entrada da fazenda.

Depois que escurecer, joguem alguns litros de querosene para pegar fogo rápido! Manuel, você fica encarregado de levar mulheres, crianças e idosos para o porão; antes, verifique se os animais estão bem fechados no curral para que não escapem! Dionísio, pegue alguns homens e leve a manada para o sul do pasto e fiquem lá para evitar um estouro; verifique também se a cerca está firme! Bento, você ajuda Ismael a cuidar das armas.

Todos demonstravam medo e preocupação. A vida que levavam na fazenda era tranquila e feliz; agora viviam amedrontados com o traiçoeiro dono da Fazenda dos Ipês.

Os homens estavam saindo quando Joaquim chamou um deles:

— Bento!

— Sinhô!

— Avise os empregados para trabalharem até a hora do almoço e depois voltarem para casa, aguardando ordens. Só devem cuidar dos animais que estão no curral.

— Sim, sinhô!

— Você também fique em casa de plantão, Ismael!

— Sim, sinhô!

Quando estava deixando o escritório, o patrão o chamou:

— Ismael...

— Pois não, sinhô!

O negro olhou para Joaquim e percebeu seus olhos marejados. Teve um aperto no coração, mas nada disse. O patrão levantou-se, aproximou-se de Ismael, colocou a mão em seu ombro e, com a voz embargada, disse:

— Ismael... Você trabalha comigo há muitos anos! Somos amigos desde crianças... — e Joaquim fez um grande esforço para controlar a emoção da voz; depois, mais calmo, continuou: — E eu me lembro de quando brincávamos pelos campos e nadávamos no rio! — o negro, igualmente com os olhos marejados, concordou, fazendo sinal com a cabeça. E o patrão prosseguiu: — Você continua sendo meu empregado, mas aqui dentro... — e bateu com a mão no peito; calou-se para controlar a emoção e deu prosseguimento à conversa: — Você é meu irmão! O irmão que eu nunca tive... Provavelmente, em vidas passadas, tivemos uma afinidade muito grande. Por tudo isso, meu irmão e amigo, pela confiança que tenho em você, vou lhe fazer um pedido: se alguma coisa acontecer comigo, cuide dos meus filhos. Oriente o Paulo, que é o mais velho, na direção da fazenda!

Patrão e empregado tentaram esconder as lágrimas. Com a voz trêmula de emoção pelas palavras do português, Ismael respondeu:

— Fiqui tranquilu, sinhô! Nada vai acuntecê... Mas u sinhô sabi qui podi contá cumigu. Eu tamém tenhu dois negrinhu i uma negrinha im casa... — enxugou as lágrimas e continuou: — U mais véiu, Sinésio, Deus levô pra morá cum Eli!

A tristeza tomou conta dos dois homens, que se abraçaram! Apesar da diferença de cor, um branco e um negro, era a mais perfeita união de dois seres, filhos do mesmo Deus, em que a cor da pele e o dinheiro não tinham nenhuma importância. Enxugando as lágrimas, o capataz voltou para casa. Vendo seu estado, Rosinha, sua mulher, ficou apreensiva:

— U qui acunteceu? Ocê tá choranu?

— Num é nada, não, Rosinha! Apena mi alembrei du nossu fiu i sinti vontadi di matá u conde! — e acabou contando sobre o ataque da noite.

— Meu Deus du Céu! Inté adondi vai a mardadi dessi homi! Faiz tantu tempu qui aqui si vivi im paiz. Foi só a pesti dessi homi vim pra cá qui u sussegu acabô! Num chora, meu véiu, Deus tá lá im cima pra protegê nóis!

Enquanto isso, no escritório da casa-grande, Joaquim pensava no projetado ataque e calculava o que poderia acontecer se a condessa não o tivesse avisado: "Meu Deus, por que será que não consigo tirá-la do pensamento? Deve ser pelo ato de nobreza e heroísmo que praticou! Não... não é só isso! Tem algo mais que eu não consigo descobrir! O que será?".

Perdido nos pensamentos, não percebeu a entrada de Emília, que ficou em silêncio por alguns minutos olhando o patrão: "Vejo uma muié im seu pensamentu... Quem será? Esperu qui seja tão boa cumu a finada!".

Quando a viu, Joaquim ficou temeroso de que a fiel criada tivesse lido seus pensamentos:

— Ah, é você, Emília?

— Sim, sinhô! Queru sabê u qui tá acuntecenu! Eu ajudei a trazê u sinhô pra esti mundu, dei u peitu pra mamá i mi cunsideru um pocu sua mãi! Sei qui tá percupadu i queru ajudá!

— Tem razão, minha amiga! Sente-se aqui! — foi até a porta e mandou a outra criada chamar o filho Paulo. Pouco depois, o rapaz chegou sorridente:

— Bom dia, papai! Mandou me chamar?

Enquanto esperava a resposta do pai, foi até Emília e deu-lhe um beijo. Vendo a preocupação dos dois, o moço, aflito, perguntou:

— O que está acontecendo?

— Sente-se, meu filho! O rapaz obedeceu e o pai contou-lhe do plano diabólico do conde.

— Esse crápula! Tenho vontade de torcer seu pescoço!

Emília, de vez em quando, fazia o sinal da cruz.

— Você não fará nada sem minha ordem, meu filho! Todos nós estamos sentindo a mesma raiva! Vamos ser atacados sem saber o motivo! É preciso que tenhamos a cabeça no lugar! Só usaremos de violência se for absolutamente necessário. Por isso, hoje à noite, quero você ao meu lado!

Silêncio.

— Está bem, papai!

O jovem levantou-se para sair e, na porta, perguntou ao pai:

— Como o senhor ficou sabendo do ataque? Quem o avisou?

Joaquim remexeu-se na cadeira e respondeu:

— A condessa... esposa do conde!

— O quê?! O senhor está brincando, papai? Por que ela faria isso?

— Não sei!

— Como não sabe? É um ato de coragem, ainda mais sabendo do brutamonte que é o marido dela!

Uma luz mais forte brilhou nos olhos do fazendeiro, que não passou despercebida a Emília. Paulo saiu do escritório e a negra o acompanhou. Queria pôr os pensamentos em dia: "Sinhô du Céu... Eu tenhu quasi certeza qui u patrão tá gostanu da condessa! Mais eli num cunheci ela!... Qui us bom espritu protegi nóis". Fez o sinal da cruz e foi cuidar de seus afazeres.

A tarde correu tranquila.

Por volta das seis horas, mulheres, crianças e idosos foram levados para o porão. A casa-grande fora construída havia muitos anos pelo bisavô de Joaquim, que, por sua vez, construiu o porão para uma eventual emergência.

Obedecendo às ordens do patrão, perto da meia-noite todos tomaram seus lugares. Eram homens sem cultura, mas prontos para defender o português, que tanto amavam, e sua fazenda.

Não demorou muito, ouviu-se ao longe o tropear dos cavalos que se aproximavam. A certa distância, Ismael deu ordem para atear fogo na barreira de mato que, encharcada de querosene, num instante se transformou numa fogueira enorme, levantando labaredas de muitos metros de altura. Os cavalos, assustados, empinaram e jogaram ao solo suas montarias. A confusão foi muito grande, pois os animais debandaram, deixando os homens a pé. Somente os que estavam na retaguarda conseguiram dominá-los. Até o conde caiu ao chão e precisou voltar na garupa do cavalo de um dos bandidos. Os trabalhadores da Santa Tereza deram alguns tiros para o alto, completando a balbúrdia. Joaquim estava contente com o resultado. Conseguira afugentá-los sem derramamento de sangue. Quanto ao conde, voltou para casa quebrando tudo pelo caminho.

Fiorella não conseguira dormir, preocupada com o ataque e os moradores da Santa Tereza. Fingindo, foi ter com o marido, perguntando o que estava acontecendo:

— O que foi, Cesare?

— Há um traidor entre nós e, quando descobrir quem é, vou parti-lo ao meio! Só quero saber como o *maledetto* descobriu!

— Do que você está falando?

— Estou falando do ataque à Santa Tereza, *imbecille*!!

— Ataque?

— Você não tem de saber de nada! Saia daqui! *Caspita*!!

Contente, Fiorella voltou para a cama.

Alguns dias depois, o conde mandou um empregado levar uma carta ao senhor Joaquim com uma proposta de compra do laticínio. Enquanto lia a carta, o fazendeiro mandou dar de comer ao mensageiro:

— Ora, veja só, Ismael... O conde quer comprar o laticínio... Por quê? O que você acha?

— É coisa pra si pensá bem, sinhô! Eli é um homi astutu i só pensa im dinheru... i muié! — argumentou o feitor, com um sorrisinho irônico.

— É verdade! — Joaquim pensou mais um pouco e, em seguida, chamou o portador da carta.

— Você sabe, meu amigo, por que seu patrão quer comprar o laticínio?

— Num sei não, sinhô! Eli num dissi nada, mais a cunversa é qui tá sobranu leiti i eli num cunsegui vendê! Já foi inté Santu Antonhu!

— Bom, pelo menos os trabalhadores estão tomando muito leite!

— Não sinhô! U conde joga tudu fora!

— Vigi Maria! — respondeu assustado Ismael.

— Tem certeza do que está dizendo, meu amigo?

— Tenhu sim, sinhô!

— Não é possível! Este homem é pior que um carrasco!

— É sim, sinhô! Agora u sinhô faiz favô di dá resposta pra levá pru conde, sinão a chibata comi nu lombu!

— Parece que seu patrão açoita os trabalhadores por coisas sem importância.

— É vredade, sinhô! Essi homi é u demonhu im pessoa! — disse o escravo, fazendo o sinal da cruz. Ismael também se benzeu.

Joaquim levou a conversa para o lado da condessa. Ansiava saber mais sobre a mulher que, fazia dias, permanecia em seus pensamentos, mesmo sem saber como era seu rosto, seus olhos, sua voz:

— Como é sua patroa, meu amigo?

— Ah, sinhô! É u anju di nóis tudu! A sinhá ajuda nóis iscundidu du marditu demonhu brancu! — e novamente se benzeu, acompanhado de Ismael.

Joaquim não se satisfez. Queria saber mais sobre a condessa. O que o escravo contou ele já sabia:

— Fale-me mais sobre ela, meu amigo!

— Ela é uma sinhá muitu bondosa, sinhô!

— E o que mais? — perguntou o português.

O escravo olhou para Joaquim e repetiu a mesma coisa. Vendo a impaciência do patrão, Ismael interveio:

— Fala cumu é u corpu, us zóiu i us cabelu di sua sinhá, negu! É isso qui u sinhô qué sabê!

Joaquim e o negro olharam surpresos para o capataz, que tentou se justificar:

— Discurpa, sinhô! Eu já tava nervosu di ouvi u negu falá sempri a mema coisa! Num é issu qui u patrão qué sabê! Issu eli inté sabi!

O fazendeiro não soube o que responder. Sentiu o coração aflito e envergonhado por Ismael ter intuído seus devaneios e respondeu gaguejando:

— Você está... está louco, homem!

— Discurpi, sinhô! Inté eu queru sabê cumu ela é! — e, olhando para o escravo, continuou: — Diz aí, negu, cumu é sua sinhá!

O pobre homem, sem entender nada, respondeu:

— Minha sinhá tem us cabelu doradu qui inté pareci ispiga di miiu i u zóiu é mais azur du qui u Céu adondi mora Nossu Sinhô Jesuis. É muito linda nossa sinhá... I u coração... Ah, sinhô... Pareci inté u coração da Vigi Santa...

O fazendeiro mantinha um sorriso bobo no rosto e os olhos semicerrados. Parecia ser a primeira vez que se apaixonava. Ismael o chamou:

— Sinhô... Sinhô! — o patrão não respondeu. Estava nas nuvens. O escravo se aproximou do capataz e comentou:

— Pai du Céu... achu qui seu sinhô indoidô!

Ismael colocou a mão no ombro do patrão e ele "acordou".

— Que foi, homem?!

— Nada não, sinhô! É qui u sinhô tava tão longi... tão isquisitu...

O português pigarreou e tentou justificar:

— Eu estava pensando na resposta para dar ao conde. Vou pegar papel e tinta — e foi em direção ao escritório.

"Pensanu na resposta? U sinhô tava é na Fazenda dus Ipês!", pensou Ismael com um sorriso maroto.

Joaquim entregou um papel dobrado para o mensageiro e disse:

— Aqui está a resposta: não! — o negro, ainda admirado

pelo que acontecera, pediu licença e desapareceu rapidamente no mato.

Ismael continuou com os olhos fixos no patrão, que, meio encabulado, pela primeira vez, falou mais alto com o capataz:

— Que foi, Ismael? Por que me encara desse jeito? Até parece que você nunca me viu!

— Cum tudu u respeitu, sinhô, dispois qui sinhá Amélia foi morá nu Céu, é a premera veis qui veju u sór nus seus zóiu! Tá cum um briiu... mi adiscurpa, sinhô... mais u sinhô tá apaxonadu?

O patrão, de olhos arregalados, rebateu:

— Você só pode estar louco, Ismael... Vá cuidar de seus afazeres! — e se dirigiu ao escritório, trancando a porta e dando vazão à emoção que estava sentindo: "Meu Deus, o que será que está acontecendo comigo? Por que não consigo tirar essa mulher da cabeça? Tudo é tão visível nos meus olhos que até Ismael percebeu... O que devo fazer? É um sentimento maior do que eu sentia por Amélia! Que vontade tenho de ver essa mulher de perto, de estreitá-la com força em meus braços, de olhar profundamente nos seus olhos, que, agora sei, são azuis!". Pensou muito e chegou à conclusão que deveria tirá-la da cabeça. Caso contrário correriam, ele e os filhos, perigo de morte.

Enquanto isso, o escravo chegou à Fazenda dos Ipês e entregou a resposta ao conde. Quando a leu, Cesare foi acometido de tremenda fúria, atirando no pobre escravo todo objeto ao alcance da mão.

— Maledetto!! Maledetto!! *Portoghese[1] del diavolo!!* —

---
[1] português

pegou um vaso e o jogou na cabeça do mensageiro: — Fora! Fora daqui, seu *puzzolente*!

Depois de muito tempo praguejando, começou a pensar num meio de conseguir seu intento. Pegou a carruagem e foi para Santo Antônio. Fiorella viu quando ele saiu e, tristonha, comentou com Olívia:

— Lá vai o grande homem... Fica três dias na orgia e depois volta para surrar os empregados!

Mais tarde, a condessa mandou Chico trazer o escravo que tinha ido à fazenda do Joaquim para falar com ele. Assim que o negro chegou, a senhora indagou:

— O que você foi fazer na Fazenda Santa Tereza a mando do conde?

— U sinhô qué comprá u laticinu du sinhô Joaquim, mais eli num qué vendê, não!

— Graças a Deus ele não aceitou! — respondeu a condessa, alegre. E continuou: — Tome água fresca e coma um pedaço de pão; depois pode ir!

Mas o negro não saiu do lugar.

— O que foi? Quer me dizer alguma coisa?

O escravo continuou calado. Fiorella percebeu que era algo importante e insistiu:

— Fale! Tem alguma coisa para me dizer?

Com medo, o crioulo confirmou com a cabeça.

— Então fale o que é, antes que os feitores cheguem!

— Sinhá... É qui u sinhô Joaquim feiz umas pregunta isquisita sobri sinhá!

— Sobre mim?

— Sim, sinhá!

— E o que ele perguntou? — quis saber a condessa, curiosa.

— Eli preguntô qui cor é u zóiu i us cabelu da sinhá!

Um turbilhão passou pela cabeça de Fiorella. Pouco

tempo atrás, ela também havia pensado em conhecer o senhor Joaquim, e agora o escravo lhe contava isso.

— Ele não disse por que quis saber sobre mim?

— Eli não, sinhá, mais u capataiz dissi qui eli tá apaxonadu!

— Apaixonado? Por quem?

— Num sei, sinhá!

— Está bem! Coma o pão e pode ir. Não conte para ninguém sobre isso, senão vamos os dois acabar na arena!

— Vigi Maria! Eu num vô falá nada pra ninguém, sinhá!

— Ótimo! Será um segredo nosso!

— Sim, sinhá! Licença! — e saiu ligeiro, comendo o pão.

Em seu quarto, Fiorella pôs-se a pensar: "Por que será que ele perguntou tudo isso? Não consigo achar uma resposta. O escravo disse que ele está apaixonado... por quem? É lógico que só pode ser pela esposa! Com certeza o escravo entendeu tudo errado...", e, em voz alta, garantiu para si mesma:

— Vamos esquecer esse assunto! — e foi ver o trabalho das mulheres na cozinha.

A vida na Fazenda Santa Tereza seguia calma e pródiga. Dias nefastos, porém, se aproximavam. Ainda muito irritado com o fracasso do ataque a Joaquim, o conde resolveu, mais uma vez, tentar comprar o pequeno laticínio, oferecendo o dobro do preço. Mais uma vez, recebeu um altissonante não! como resposta.

Com a carta-resposta de Joaquim nas mãos, o negro ficou olhando para Ismael, que disse:

— U qui foi? Podi i!

O escravo se aproximou do fazendeiro e perguntou:

— U sinhô num vai preguntá di minha sinhá? Pretu faiz gostu... — e sumiu mata adentro.

— Veja só a petulância desse escravo! — arrematou Joaquim, com um sorriso maroto.

— Qué qui eu dê uma chibatada neli, sinhô? — perguntou o capataz. O patrão fez cara de bravo, mas seu coração nunca esteve tão feliz. Não sabia por quê, mas era assim que se sentia. Ismael ficou sério e se afastou. Quando ficou fora das vistas do patrão, riu feito bobo. Estava tão feliz quanto Joaquim; mais feliz ainda por ter como patrão um homem com tanta dignidade e com tanto amor ao próximo. Feliz da vida, foi cumprir com suas obrigações.

Joaquim entrou em casa assobiando uma antiga canção portuguesa, o que chamou a atenção de Emília, Belmira e Manuela:

— Papai! O que foi? — perguntou Belmira.

— Nada, minha filha! Apenas estou contente!

— Puxa! Que bom vê-lo assim tão alegre! — complementou Manuela. Emília, que da porta a tudo assistia, entrou no meio da conversa. Fazia isso constantemente, já que vivia na casa desde os dezoito anos:

— Será qui u sinhô num tá apaxonadu? — disse com malícia, olhando o patrão de soslaio.

— É verdade, papai? Isso é muito bom! O senhor merece ser feliz! — respondeu Manuela.

— E muito feliz! O senhor é o melhor pai do mundo! — arrematou Belmira. O português foi em direção a Emília, dizendo com cara de bravo:

— Sabe o que vou fazer? Vou lhe dar umas palmadas para não se meter na minha vida e falar besteiras!

Chegando perto da negra, deu-lhe um abraço e a beijou

várias vezes. Belmira e Manuela fizeram o mesmo. Era muito difícil, no tempo da escravidão, ver um patrão abraçar e beijar um escravo. Josué e Paulo chegaram na hora e participaram da alegria da família. Terminada a euforia, dispersaram-se. Emília voltou à cozinha e começou a chorar de alegria e tristeza. Alegria por fazer parte de uma família tão maravilhosa como aquela e triste por saber que seu patrão estava apaixonado pela mulher de seu inimigo.

— Sinhô du Céu... Num dexa meu sinhô sofrê! U Sinhô sabi, Pai du Céu, qui eli mereci di sê feliz! Toda coisa ruim qui vié pra essa famiia joga im cima di mim, Pai! Preta veia guenta firmi! U mundu vai acabá quandu u Demonhu Brancu discubri qui meu sinhô tá apaxonadu pela sua muié! — e fez o sinal da cruz.

Aproveitando a ida do conde e Narciso a Santo Antônio, Fiorella escreveu uma carta e mandou o mesmo escravo levar, em segredo, para o proprietário da Fazenda Santa Tereza.

Ilmo. senhor Joaquim,

Venho à sua presença, através desta missiva, lhe agradecer por não ter cedido às exigências absurdas e sem fundamento de meu marido quanto à compra do laticínio de sua propriedade. Não ignoro e sei que o senhor também não está livre das infames crueldades cometidas pelo conde para conseguir o que quer!

Lamentavelmente, pouco ou nada posso fazer, caso contrário ele não titubearia em me mandar para a "arena", como uma simples escrava. Não temo por mim, mas pelos meus filhos, pois ele só reconhece como filha a Marzia, que, infelizmente, tem a índole e o caráter idênticos aos do pai.

Gostaria de lhe pedir, se me permite a ousadia, que permaneça irredutível quanto à venda do laticínio. Será uma forma de me ajudar a combater a maldade existente no coração do homem ao qual estou presa pelos laços indissolúveis do matrimônio! Quero também alertá-lo da crueldade dos feitores de meu marido, principalmente o negro Narciso!

Agradeço sua atenção e, mais uma vez, peço-lhe que me ajude!

Recomendações à sua família.

Condessa Fiorella

O português se espantou com a carta. Manuseou-a diversas vezes antes de abri-la, tão grande era sua emoção. Assim que tirou o lacre do envelope, um suave e delicioso perfume o envolveu, combinando com a bela caligrafia de Fiorella. Até o mais *inexpert* dos homens saberia tratar-se de perfeita e elegante dama. Sua emoção aumentou por saber que aquela folha de papel tinha estado nas mãos da mulher que, desde algum tempo, ocupava seus pensamentos.

O fazendeiro leu e releu a missiva, aspirando cada vez o perfume feminino dela. Pegou papel e caneta para responder, mas o bom senso e a preocupação do que poderia acontecer à bela desconhecida o contiveram. Queria agradecer sua atenção, sua gentileza, mas não sabia como. De uma coisa tinha certeza: ele jamais venderia o laticínio.

CAPÍTULO 21

O ATAQUE DOS ESCORPIÕES

Aflito, querendo encontrar a mina de pedras preciosas, Cesare achou que ela poderia estar perto da divisa com a Santa Tereza. Era um trecho com muitas árvores nativas, conservadas para climatização do ar e rodeadas de gigantescas pedras. Era o único lugar onde não havia esquadrinhado. Mandou alguns escravos remover as pedras e os dispensou. Toda vez que saía à procura da tal jazida, não queria ninguém por perto. Abaixou-se para afastar uma pequena moita de capim quando foi picado na mão pelos escorpiões venenosos de Chiquinho. Gritou desesperado e o feitor Julião correu:

— Qui foi, sinhô?

— *Aiuto*[1]!! Depressa, mande alguém buscar o médico! Fui picado por *scorpioni*[2]!

— U quê, sinhô?

— Escorpião, idiota!

---
[1] ajuda
[2] escorpiões

— Vigi Maria!

— Leve-me para casa! Oh, *Dio*[3]!!

O feitor obedeceu. Quando o médico chegou e disse que infelizmente nada poderia ser feito, a condessa quis chamar Chico Manco, mas o conde não deixou.

— Não! Não quero... esse negro *puzzolente*... no meu quarto!

— Cesare, vamos tentar as ervas que Chico conhece! Ele sabe muito sobre isso!

— Quero *acqua*[4]! — pediu o conde. Um grande medo era visível em seus olhos arregalados: — Oh, *Dio*! Não me deixe morrer!

"Agora ele fala em Deus!", pensava Gianluca, ao lado da cama.

Agitadíssimo, Cesare se remexia na cama e proferia palavrões.

— Faça alguma coisa, *caspita*! *Imbecille*!! — dizia para a esposa: — Nem para isso você presta!

Sua mão estava muito inchada e roxa, e a respiração ofegante:

— Vou mandar chamar o Chico! Ele pode lhe ajudar, Cesare! — disse a condessa.

— Não! Não quero! Não quero esse negro dentro de casa! — gritou Marzia.

— Cale a boca! Saia! Saia daqui! Você só atrapalha! — gritou Gianluca, empurrando a irmã para fora do quarto. Giani, num canto do aposento, tinha os olhos rasos de lágrimas e não dizia nada. A febre provocada pelo veneno fez com que o asqueroso conde tombasse a cabeça como se estivesse desmaiado, enquanto a cor arroxeada de sua mão aumentava, atingindo o braço. Estava com convulsões e não

---

[3] Deus
[4] água

conseguia mais mexer a mão doente. Olívia sussurrou para a condessa:

— Senhora... ele está morrendo!

— Vá chamar o Chico! Corra, Olívia! Corra!

A criada saiu rápido e contou ao negro o ocorrido. Ele se preparava para atender a condessa quando alguns escravos tomaram sua frente, tentando impedir que fosse:

— Ocê num vai, não! Nóis num vai dexá! Eli qui morra i qui vá pru infernu!

— Não, meus fiu! Eu vô atendê a sinhá! Ocêis sabi qui ela é muitu boa pra nóis!

— Vai sarvá eli pra dispois í pra arena!

Chico não respondeu. Munido de suas ervas, dirigiu-se à casa-grande; escolheu algumas e pediu que Olívia fizesse um chá. Fizeram o conde tomar a infusão, colocaram compressas em sua testa para abaixar a febre e outras sobre sua mão. Durante toda a noite, a condessa, Olívia e Chico se revezaram na troca das compressas, ministrando-lhe pequenas doses da bebida.

Quando o dia amanheceu, a febre tinha diminuído e a mão do conde, ainda inchada, perdeu a cor azulada. Ele abriu os olhos turvos e pediu água. Depois, voltou a dormir.

Gianluca entrou no quarto e perguntou pelo pai.

— A febre diminuiu, filho, mas acho que ainda é cedo para ficarmos tranquilos!

— Podi ficá sim, sinhá! Eli vai miorá!

— Obrigada, Chico! Se não fosse você, meu marido teria morrido!

— Num careci agradecê, sinhá! Nóis tem qui ajudá quem percisa... Agora vô pra senzala i vortu mais tardi!

— Chico, vá até a cozinha e peça a Justina pra lhe dar café com pão!

— Num percisa sinhá! Faiz anu qui num tomu café! Num sei mais qui gostu tem!

— Pois hoje você vai tomar café comigo! — disse Gianluca.

— Ah, sinhozinhu, qui bom seria si u sinhô seu pai fossi cumu u sinhozinhu!

A tristeza turvou os belos e ainda sonolentos olhos do jovem. Lembrou-se das crueldades do pai e chegou a sentir vergonha. Colocou a mão sobre o ombro do velho negro e os dois foram em direção à cozinha para se alimentar.

Por volta do meio-dia, o conde acordou. Estava lúcido, calmo e disse estar com fome, mas quando viu Chico num canto do quarto se alterou.

— O que esse velho nojento está fazendo aqui? E ainda dentro do meu quarto? — perguntou grosseiramente.

Marzia, com desdém, antecipou-se à mãe e respondeu:

— Ele passou a noite toda aqui em seu quarto, papai! Não está sentindo o fedor?

Fiorella pegou a filha pelo braço e disse:

— Saia daqui ou não respondo pelos meus atos! — e a colocou porta afora.

O conde, raivoso, perguntou mais alto:

— O que esse negro sujo está fazendo aqui? — Fiorella, mais nervosa ainda, respondeu:

— Este negro sujo, como você diz, salvou sua vida! É assim que agradece?

O conde, contrariado, calou-se. Logo depois, num acesso de fúria, berrou:

— Fora daqui! Todos para fora! Quero ficar sozinho! *Per carità*[5]!! *Caspita*!!

Chico Manco e Olívia saíram, ficando apenas a condessa:

— Você não tem mesmo jeito, Cesare! Mesmo doente, continua grosso e estúpido!

---

[5] pelo amor de Deus

— Fora daqui você também!

E a condessa aborrecida saiu, deixando o marido sozinho.

No dia seguinte, o energúmeno se levantou. E tudo continuou como antes. Ou melhor: pior do que antes...

CAPÍTULO 22

O ENCONTRO DO CONDE E MANUELA

Manhã de sol a pino.

Na Fazenda dos Ipês, Gianluca estava andando pelo cafezal, como sempre fazia até a hora do almoço, quando um escravo saiu rapidamente de trás de um grande pé de café e entregou-lhe um bilhete, fazendo sinal com a mão para que nada falasse, pois o feitor Julião estava por perto. Para proteger o escravo, Gianluca distanciou-se para ler, pois sabia que era de Manuela. Sempre faziam assim para se comunicar. Os bilhetes passavam de mão em mão através dos negros das duas fazendas e os feitores não percebiam.

No bilhete, Manuela pedia ao rapaz que fosse encontrá-la no dia seguinte, na igreja de Recanto das Flores. Todo contente, Gianluca voltou para casa. Sua mãe, percebendo a alegria do jovem, perguntou:

— Que foi, filho? Você me parece bem contente!

— E estou, mamãe! Manuela, a filha do senhor Joaquim,

quer se encontrar comigo amanhã depois do almoço na igreja do padre Bepim!

— Cuidado, Gianluca! Não deixe seu pai saber disso!

— Só se a senhora falar, mamãe!

E foi rindo ao quarto. Mãe e filho não perceberam que o conde ouvira toda a conversa.

As horas que se seguiram foram normais.

No dia seguinte, depois do almoço, a condessa e as filhas foram para o quarto descansar, enquanto Gianluca se arrumou para se encontrar com Manuela. Foi quando o pai o chamou.

— Gianluca... Vá até a adega e me traga uma garrafa de vinho! Escolha um vinho bom. Vou presentear um amigo!

O filho, incrédulo, ficou olhando para o pai. Era a primeira vez, em muitos anos, que se dirigia a ele em tom cordial. Achando que não tinha ouvido direito, perguntou assustado:

— Eu? Pegar uma garrafa de vinho?

— Quem mais se chama Gianluca? — retorquiu o pai, já meio nervoso.

O jovem, ainda admirado, dirigiu-se à adega, pensando: "O que será que deu nele? Nunca me pediu nada e quando fala comigo é sempre gritando; mas hoje nada me importa! Daqui a pouco estarei com minha adorada Manuela". Feliz da vida, entrou na adega à procura do vinho quando ouviu, atrás de si, a porta sendo trancada por fora. Assustado, começou a gritar:

— Ei... Eu estou aqui dentro! *Abra*! Abra essa porta! — mesmo gritando a plenos pulmões, a porta continuou fechada.

Velhaco, o conde Cesare sabia que, uma vez preso, ninguém ouviria os gritos do filho, pois a adega ficava longe dos aposentos habituais e no subsolo da casa-grande. Rapidamente, pegou sua montaria e, esporeando o cavalo, foi para Recanto das Flores.

Enquanto isso, Gianluca, cansado de bater na porta inutilmente, resolveu se dar por vencido. Lágrimas em abundância escorriam por seu rosto.

— Que velhaco meu pai é! Meu Deus, por que será que fez isso? O que será que ele pretende? Será que ficou sabendo que eu ia me encontrar com Manuela? Se for isso, a briga vai ser muito feia!

A igreja estava mergulhada na penumbra. Apenas a pequenina luz de uma candeia e os círios azulados iluminavam a casa de Deus. O lúgubre silêncio foi cortado pelos leves passos de Manuela. Quando seus olhos se acostumaram com a obscuridade, ela viu o vulto de alguém sentado ao lado do altar-mor. Para lá se dirigiu, pensando tratar-se de Gianluca. Qual não foi seu espanto quando viu o conde se levantar, agarrar fortemente seu braço e, sem respeitar o lugar sagrado, gritar com a menina, que, assustada, não soube como reagir.

— Ah, então é verdade o que desconfiei! *Ragazza*[1] *sfacciata*[2]! Quem você pensa que é para andar de namorico com meu filho? *Caspita*!! Ele não é da sua laia! Prefiro matá-lo a deixar que namorem!

Manuela chorava muito e, no desespero, bateu fortemente na cabeça do conde com a sombrinha, quebrando-a, o que fez com que ele a largasse. Passado o primeiro susto, o conde voltou ao ataque, blasfemando:

— *Imbecille*[3]... Como se atreve...

— Foi o senhor quem começou! O que eu lhe fiz para ter tanto ódio de mim?

---
[1] garota
[2] descarada
[3] estúpido

— Nada! Você apenas é filha *di quello*[4] *portoghese miserabile*[5], que eu mais odeio!

Assim dizendo, avançou para Manuela, que procurava se defender, correndo entre os bancos da igreja.

Atrás de um altar, o sacristão a tudo assistia sem acreditar no que via e, também, pelos palavrões que o conde, sem um mínimo de decência, gritava a plenos pulmões: "Meu Deus! Será que ele esqueceu que está dentro da igreja? Se ele pegar a filha do português, é capaz de estrangulá-la! Acho melhor chamar o poltrão do padre Bepim!". E correu em busca do pároco.

Quando o padre entrou na igreja, o conde já havia agarrado novamente a frágil menina pelo braço e se preparava para desferir-lhe um violento tapa.

— Senhor conde! *Pare! Pare!* O que é isso? — gritou o padre. — O senhor ficou louco? Ela é uma criança e esta é a casa de Deus!

Cesare largou a menina, que correu para se refugiar junto ao pároco e ao sacristão.

— O senhor está procurando encrenca! Esta menina é filha do senhor Joaquim! O senhor já vive às turras com ele sem motivo. Já imaginou se ele souber que bateu em sua filha caçula?

Com grande ódio no coração e os olhos vermelhos de fúria, o conde olhou para a menina, para o padre e, de novo, para a menina, berrando:

— Fique longe do meu filho!

O reverendo, percebendo que o incidente poderia acabar em lamentável tragédia, tentou acalmar o agressor, sugerindo-lhe:

— Espere! Vamos conversar um pouco! O senhor precisa se acalmar!

---
[4] aquele
[5] miserável

O conde parou, olhou com ódio para o padre e gritou:

— *Andate al diavolo[6], maledetto!!*

Os dois religiosos se benzeram e o padre Bepim perguntou a Manuela:

— O que está fazendo aqui?

Acuada, a menina resolveu falar:

— Vim para conversar com Gianluca, padre... e encontrei o pai dele! Não sei como ele descobriu! Tenho certeza de que não foi Gianluca quem contou!

— E o que queria falar com o filho do conde? — perguntou o pároco, curioso. Diante do espanto de Manuela, o reverendo, com cinismo, arrematou: — Namorico, não é? Seu pai sabe disso?

— Não, padre! E gostaria que o senhor não comentasse nada com ele! Meu pai não pode saber nada sobre isso!

A cabeça do vigário vivaldino começou a funcionar, procurando tirar proveito da situação.

— Não vou falar nada com seu pai, mas prometa que não fará mais isso! Aqui não é lugar para encontros amorosos!

Manuela reagiu e, prontamente, respondeu:

— O senhor sabe que tenho muito respeito pela casa de Deus... E, depois, não era um encontro amoroso, e sim uma conversa como esta que estamos tendo!

O sacerdote não soube o que responder. Manuela fez o sinal da cruz e disse:

— Sua bênção, padre! — e foi embora.

Irritadíssimo pela resposta da menina, o religioso começou a arquitetar um plano: ir até a Fazenda Santa Tereza, falar com o português, contar-lhe o ocorrido e, claro, pedir algo em troca.

Olhando disfarçadamente para o reverendo, o sacristão pensou: "É bem velhaco esse padre Bepim! Quero ser uma

---
[6] Vão pro diabo

mula puxando uma carroça carregada de pedras se ele não estiver pensando em tirar proveito da situação! É bem da índole dele". Fez o sinal da cruz e saiu, deixando o vigário perdido em pensamentos.

Enquanto isso, Gianluca continuava preso na adega. Seu desespero era muito grande, mas não tanto por se sentir preso. Sabia que, mais cedo ou mais tarde, alguém o encontraria. Mas temia pelo que poderia acontecer com Manuela, se o pai fosse ao encontro dela. Conhecia muito bem o cafajeste que era seu pai. Ele seria capaz até de violentá-la. Cansado de tanto gritar para que alguém o tirasse da adega, chorando, ia sentar-se no chão, mas, ao se mexer, pisou em falso e tentou se apoiar num pequeno candelabro preso à parede. Este se moveu e um barulho, parecendo um estalo, se fez ouvir. O rapaz se afastou assustado, tendo a impressão de que a parede se partira. Mas ela apenas se movera, deslocando uma prateleira cheia de garrafas e alguns barris com bebida, dando abertura para uma pequena porta, tão estreita que uma pessoa com o corpo avantajado não conseguiria passar. Curioso, com um coto de vela o jovem iluminou a entrada e viu alguns degraus. O ar quente e úmido e o forte cheiro de mofo atingiram suas narinas e fizeram tremular a pequenina chama da vela, deixando o pouco que se enxergava muito mais medonho. As teias de aranha eram tantas que formavam uma pequena cortina na porta. Recuou e, ao mexer de novo no candelabro, a portinhola se fechou: "Meu Deus! O que será isso? Onde será que vai dar essa escada? Por que ela existe?".

Mil perguntas enchiam sua cabeça, todas sem resposta. Lembrou-se de Manuela e, desesperado, voltou a bater na porta para que alguém a abrisse. Ninguém ouviu. Depois de muito chamar, cansado, sentou-se no chão encostado na porta. Lágrimas ardentes escorriam pelo seu rosto enquanto procurava respostas para as perguntas que o azucrinavam: "Só pode ter sido meu pai quem me trancou aqui! Por quê, meu Deus? Por quê? O que pretende com isso? Ele deve ter ouvido minha conversa com mamãe e, como odeia o pai de Manuela, planejou se vingar...". Nem bem terminou o pensamento e voltou a gritar:

— Mamãe! Giani! Estou preso na adega! Abram essa porta! Olívia!... Alguém, pelo amor de Deus, abra essa porta! Preciso salvar Manuela!

Marzia chegou perto da adega, ouviu o irmão gritar e, com um risinho sarcástico, afastou-se sem socorrê-lo.

Algumas horas depois, Giani perguntou onde estava o irmão. A condessa deu um leve sorriso e respondeu:

— Ele saiu após o almoço para se encontrar com Manuela na igreja do padre Bepim.

— A senhora não acha que ele já deveria estar de volta? É tão tarde!

— Tem razão, minha filha! Mas sabe como são os apaixonados... Eles se esquecem do mundo!

— É... É verdade, mas...

— Mas...?

— O senhor Joaquim não permitiria que a filha ficasse fora de casa até tarde, mamãe!

A jovem senhora ficou pensativa e depois respondeu:

— Seu irmão deve estar por aí na lavoura, logo aparecerá!

— Não sei, não! Algo me diz que...

— Deixe disso, filha! — interrompeu a mãe, aflita.

— Eu vou procurá-lo! — respondeu Giani, e saiu atrás do irmão. Meia hora depois, voltou mais preocupada ainda.

— Mamãe, ninguém viu Gianluca depois do almoço. — A mãe, nervosa, exclamou:

— Meu Deus! Será que aconteceu alguma coisa?

Chamou Olívia e juntas foram falar com os escravos:

— Não, sinhá, u sinhozinhu num pegô seu cavalu! Eli tá aqui!

— Ele deve ter pegado outra montaria...

— Tamém não, sinhá! Só u conde saiu cum cavalu!

Fiorella chamou Chico Manco e contou-lhe o que havia acontecido. O velho escravo fechou os olhos e garantiu:

— Eli tá pur pertu sinhá, mais eu num consigu enxergá adondi!

— Onde será que ele está, meu Deus? Já está escurecendo! — chamou Julião e lhe deu ordens para que mandasse alguns negros procurar pelo filho. Voltou à casa-grande chorando, sendo consolada por Olívia, que mandou Jovina fazer um chá para acalmá-la. Quando a escrava a serviu, Olívia perguntou se ela tinha visto o jovem sinhozinho:

— Vi eli cunversanu cum u sinhô!

— Meu Deus! — gritou Fiorella, levantando-se e deixando a chávena cair no chão: — Você ouviu o que conversaram?

— Só iscuitei quandu u sinhô pidiu pra eli pegá vinhu!

— Vinho? Que vinho, Jovina? Responda!

— Num sei, sinhá! Foi só u qui iscuitei!

— Tenha calma! Logo vamos encontrar Gianluca! — falou Olívia, tentando acalmar a patroa.

— Estou com tanto medo, Olívia! Por que será que Cesare o mandou pegar vinho? Eles nem se falam! Tem alguma coisa errada nessa história!

Algum tempo depois, Julião, acompanhado dos negros que o ajudaram a procurar Gianluca, comunicou que não o haviam encontrado. Fiorella se desesperou ainda mais.

— Não sei mais o que pensar! Meu Deus! Ajude-me! Preciso encontrar meu filho!

Marzia se aproximou e perguntou o que estava acontecendo.

— Gianluca desapareceu! Por acaso você o viu? — perguntou Giani.

— E nem quero ver!

— Víbora! Hipócrita!

Com um sorrisinho que lhe era característico, Marzia foi para o quarto pensando: "Tomara que quando o encontrarem ele esteja morto".

A noite chegou depressa, aumentando o desespero de Fiorella e Giani. Marzia, alheia a tudo, continuava em seu quarto, o que irritava ainda mais a mãe.

A casa-grande estava mergulhada no silêncio quando a fiel criada perguntou se poderia servir o jantar:

— Eu estou sem fome, Olívia!

— Eu também! — respondeu Giani.

— Pois eu estou faminta e quero jantar! — disse Marzia, descendo a escada.

— Meu Deus, Marzia! Até parece que você não faz parte da família! Como pode ficar tão indiferente a tudo o que está acontecendo? Você não vê meu desespero e o de mamãe?

— É problema de vocês! Eu não tenho nada com isso! E me deixe em paz! Agora vou jantar!

— Como você é cruel! Gianluca é seu irmão!

— Já disse que não quero saber de nada! Ainda bem que papai não está aqui para ver todo esse escândalo, essa baixaria!

— Escândalo? Baixaria? Nosso irmão desaparece e você chama de escândalo e baixaria? Como você é má, Marzia!

— Parem com isso, vocês duas! Estão me deixando mais nervosa! — gritou a mãe.

Marzia levantou-se da mesa e, com ironia, exclamou:

— Vou para meu quarto! Não me chamem para nada! Para nada, ouviram?

— Sua bruxa! Você é igual a papai!

Depois da discussão, a casa-grande novamente mergulhou no silêncio.

De repente, Fiorella e Giani ouviram pancadas abafadas e distantes.

— O que é isso, mamãe? — perguntou a menina.

— Não sei, filha!

— Estou com medo!

— Olívia!

— Chamou, senhora?

— Ouça... Você sabe que barulho é esse?

A criada prestou atenção e respondeu:

— Não! Não sei! Parece que vem de longe!

Todos ficaram em silêncio. Minutos depois, as pancadas novamente se fizeram ouvir.

— Senhora... Tenho a impressão de que essas pancadas estão dentro de casa... Parece que vêm de baixo... mais precisamente... da adega...

— *Na adega!! O vinho!!* Gianluca!! Gianluca!! — gritou Fiorella, e foi correndo em direção ao subterrâneo, seguida por Giani e Olívia. Pararam na porta. As batidas, agora enfraquecidas, estavam rentes ao chão. Criando coragem, Fiorella abriu a porta e encontrou o filho desmaiado.

— Filho! Fale com a mamãe! Gianluca! — gritava a condessa.

Olívia chamou Jovina e as duas carregaram o jovem para seu quarto. Alguns minutos depois, ele acordou.

— Mamãe! — disse chorando: — Papai me trancou na adega... canalha...

— Acalme-se, meu filho! Agora está tudo bem! Tome o chá e depois você me conta o que aconteceu!

O rapaz obedeceu. Mais calmo, perguntou à mãe se ela havia comentado com o pai sobre seu encontro com Manuela.

— Claro que não, meu filho! Por que falaria?

— Então ele ouviu quando conversei com a senhora! Ele me mandou pegar uma garrafa de vinho para dar a um amigo e trancou a porta por fora! Meu Deus! O que será que ele fez com Manuela?

A mãe não soube o que responder. Também estava apreensiva, pois sabia quão patife era o marido. Ficou algum tempo ao lado do filho, até ele se acalmar e adormecer. Na sala, Giani perguntou à mãe o que ela pretendia fazer.

— Não sei, filha! Se eu pedir explicações a seu pai, acabaremos brigando e discutindo como sempre! E eu estou farta de brigas, discussões e das coisas erradas que seu pai faz! Não sei o que acontecerá se ele molestou Manuela!

— Se isso aconteceu, o pai dela não vai ficar quieto!

— E com razão!

— Não sei por que estão se preocupando tanto com essa idiota! O bobo do meu irmão tinha de se apaixonar justamente por essa garota? — disse Marzia, entrando na sala.

— O que é isso, Marzia? Você não conhece Manuela para falar assim! Ela é um amor de menina!

— É uma idiota, isso sim!

— Parem, meninas! — interveio a mãe.

— Você tem é muita inveja porque ela é bonita, charmosa e educada, e você parece uma múmia!

— Você é que é uma múmia! — e assim falando, Marzia pegou um pequeno vaso de vidro e jogou-o com força na direção de Giani, espatifando-o contra a parede. A mãe, nervosa, entrou na discussão das filhas, que estavam a ponto de se agarrar.

— Parem com isso! Já temos problemas suficientes!

— Foi Marzia quem começou tudo, mamãe! Ela nem conhece Manuela e a odeia!

— Você também não a conhece e a defende!

— Que coisa feia! Duas irmãs brigando por bobagem! Até parece que eu não soube educá-las!

— Bobagem não, mamãe! Não se pode ter uma conversa saudável com Giani! Ela não entende nada! Também pudera, ela é igual à aleijada que só gostava dos negros fedorentos!

— Cale a boca, Marzia! — gritou a mãe, enquanto Giani, rápida, foi para cima da irmã, desferindo-lhe tapas. Fiorella gritou por Olívia e ambas correram para separar as irmãs.

— As duas *já* para o quarto ou ficarão de castigo por uma semana!

As meninas obedeceram e a condessa deu vazão às lágrimas.

— Meu Deus, Olívia! Depois que me casei com Cesare, não tive um só dia de paz e tranquilidade. Sempre há problemas para me atormentar! E todos eles vêm de Cesare e Marzia! Às vezes, acho que vou ter uma síncope de tanta preocupação! Não aguento mais! — e, chorando, refugiou-se nos braços da fiel criada como uma criança em busca de proteção. Um pouco mais tarde, Olívia trouxe um prato de sopa para a patroa, que, mais animada, foi ver os filhos.

Gianluca continuava dormindo e seu semblante estava calmo. A mãe ajeitou as cobertas, depositou um beijo em seu rosto e foi ao aposento de Marzia, que estava deitada, emburrada e nervosa.

— Como está, minha filha? Mais calma?

— Não! Não estou mais calma! Pelo contrário, estou cada vez mais nervosa!

— Não fique assim, Marzia! Tudo já passou! Eu sei que entre os irmãos sempre há discussões, mas eu não gosto!

— Se a senhora tivesse me dado irmãos menos idiotas,

nada disso aconteceria! Paola era uma aleijada! Gianluca, um idiota por gostar de outra idiota, e Giani, além de bruxa, é burra!

Demonstrando calma, a condessa abaixou-se para dar um beijo na fronte da filha, mas ela se esquivou e respondeu:

— Não gosto da senhora, mamãe!

— Mas eu gosto de você! Boa noite! — disse, saindo do quarto. Assim que fechou a porta, deu um longo suspiro e, segurando as lágrimas, foi até o quarto de Giani:

— Mamãe! Que bom que a senhora veio! Quero pedir perdão por ter brigado com minha irmã! Ela tem o coração ruim! Faz-me muito mal!

— Eu sei, minha filha! Mas não esqueça nunca que ela é sua irmã!

— Ela é muito má, mas eu não tenho raiva dela!

— Claro, filha! Você tem um coração de ouro! Agora procure dormir que hoje o dia foi exaustivo! — e depositou um beijo na filha.

Assim que chegou a seu quarto, jogou-se na cama e chorou muito: "Meu Deus! Que angústia e tristeza estou sentindo! Tenho tanto medo do comportamento de Marzia... Às vezes, me parece que está enlouquecendo! Em outras vezes vejo muito ódio em seus olhos... Onde será que errei na educação dessa menina?". E por muito tempo a jovem senhora chorou, acabando por adormecer.

No dia seguinte, logo cedo, Fiorella foi ao quarto do filho para conversar.

— Gianluca! Não quero que toque no assunto da adega com seu pai! Gostaria que ignorasse tudo o que aconteceu!

— Eu estava justamente pensando nisso, mamãe! Se tocar no assunto, vai ter briga de novo... E para falar a verdade, estou farto de viver discutindo com papai! Às vezes, penso em ir embora daqui!

A mãe abaixou a cabeça, tristonha, e nada disse. Ela também sentia essa mesma vontade, mas tentou dissuadir o filho de tal propósito.

— Filho, você teria coragem de ir embora?

— Tenho coragem, sim, mamãe! Só não vou por causa da senhora e de Giani!

— Você ainda não fez dezoito anos... Não pode fazer isso!

— A senhora percebeu que papai só nos traz problemas e aborrecimentos? Ainda me lembro, há muitos anos, quando Paola ainda vivia conosco, de que ele chegou a bater na senhora por causa do piano. Eu era criança, mas ainda está claro em minha memória quanto discutiam... Eu fiquei muito feliz porque a senhora o enfrentou de igual para igual!

O jovem calou-se e depois perguntou:

— Mamãe... Sei que não gosta de falar sobre esse assunto, mas diga com toda a sinceridade: foi papai quem deixou Paola inválida?

A condessa enxugou os olhos e respondeu:

— Sim, Gianluca! Foi seu pai!

Muito triste, a mãe contou, pela primeira vez, tudo o que acontecera no passado e o motivo que deixou a filha paralítica. O jovem soluçou por alguns momentos e depois confessou:

— Ao longo desses anos, eu sempre ouvi a senhora discutindo com ele, mas não conseguia entender direito o que era.

— Você era muito criança para entender. Por causa disso, Paola passou sua vida numa cadeira de rodas...

— E quando ela morreu, por que ela escreveu a carta a papai?

— Foi mais uma carta de despedida, filho!

— O que ela dizia na carta?

Fiorella abaixou a cabeça e lágrimas ardentes inundaram seus olhos; com a voz embargada de emoção, respondeu à pergunta do filho:

— Ela reclamava porque o pai nunca lhe dirigiu a palavra durante esses anos todos e nem sequer a olhou... e, de meus filhos, era a que mais se parecia com o pai! Alguns dias depois do enterro de Paola, eu o vi lendo a carta... Tive a impressão de que ele ficou triste, mas, depois de ter lido, jogou-a no lixo! Eu a peguei e guardei!

— Graças a Deus, mamãe, que sou parecido com a senhora!

— Quando Paola morreu, ela mandou dizer que perdoava Marzia... e até agora não sei por quê! Às vezes quero lhe perguntar, mas tenho medo da resposta...

— A senhora não deve ligar para Marzia; é igual a papai!

— Tem razão, filho! Agora descanse até Olívia trazer seu desjejum e depois vá procurar Manuela!

— Está bem!

Pouco depois, o rapaz foi saber noticias de Manuela com a ajuda dos escravos. O bilhete foi passando de mão em mão até chegar à jovem. Algum tempo depois, recebeu a resposta: estava tudo bem e conversariam sobre o assunto pessoalmente tão logo fosse possível. Feliz da vida e tranquilo por saber que nada acontecera a Manuela, o jovem foi dar a notícia à mãe.

CAPÍTULO 23

O PADRE BEPIM

Uma semana depois, o padre Bepim foi à Fazenda Santa Tereza para falar com Joaquim.

Em seu quarto, Manuela, ainda preocupada e aborrecida por não ter conseguido falar pessoalmente com Gianluca, ouviu o barulho desengonçado da velha charrete do reverendo: "Será que ele vai contar a papai o que aconteceu na igreja? Apesar de ter prometido não dizer nada, eu não confio nesse padre!".

O vigário foi logo levado à presença do fazendeiro, que o recebeu amigavelmente.

— Como vai, padre Bepim?

— Vou bem! Vou bem! E aqui, como vai a luta?

— Tudo em paz! Quando o conde não dá o ar da graça, tudo corre muito bem!

Sem querer, o português deu abertura para o padre se manifestar.

— É sobre ele que quero lhe falhar!

Um aparente aborrecimento turvou o semblante do rico fazendeiro. Sabia que só o nome do conde já trazia problemas e era encrenca na certa. Convidou o padre a se sentar e lhe serviu um café. Esperou que terminasse e, a contragosto, perguntou:

— De que se trata, reverendo?

O religioso, para ganhar tempo, olhou para Ismael e o cumprimentou com um aceno de cabeça. O negro respondeu:

— Sua bença, padri!

— Deus o abençoe!

— Então, padre Bepim, de que se trata? — repetiu Joaquim. O pároco olhou dos lados e o português lhe garantiu:

— Estamos a sós!

— Sabe, senhor Joaquim, que há uns dez dias encontrei na minha igreja sua filha caçula e o conde e...

Foi interrompido bruscamente pelo fazendeiro, que se levantou acompanhado de Ismael e, nervoso, indagou:

— Manuela com o conde? O que significa isso, padre?

O sacerdote pigarreou forçosamente e, gaguejando, respondeu:

— Ah, nobre se... senhor! Essa... informação vai lhe custar uma gor... gorda prenda para minha quermesse!

Dando um soco na mesa e visivelmente nervoso, quase gritando com o padre, o português respondeu:

— O senhor sabe que eu ajudo sua igreja e as muitas festas que promove para arrecadar dinheiro! Agora me diga: o que aconteceu com minha filha e o conde? Se aquele sujeito lhe faltou com o respeito, eu o mato com minhas próprias mãos! — aflito e também muito medroso, o pároco respondeu:

— Não! Não, senhor Joaquim... é... é que...

E o padre não sabia como sair da situação constrangedora em que se metera, criada por ele mesmo.

Nesse momento, ouviu-se uma leve batida na porta e Manuela pediu licença para entrar:

— Foi muito bom aparecer, minha filha! Estávamos falando de você!

— Eu sei, papai! Ouvi o barulho da charrete do reverendo, sabia que ele ia dar com a língua nos dentes e...

— Manuela, isso são modos de falar? — interrompeu o pai.

— Desculpe! É que pedi ao padre Bepim para não comentar nada com o senhor!

O português olhou para o vigário, que, envergonhado, abaixou a cabeça, enfiou a mão no bolso da puída batina, pegou um lenço surrado e enxugou o suor que lhe escorria pelo rosto rubicundo.

Silêncio sepulcral.

Joaquim, ainda mais nervoso, perguntou:

— Então? Quem vai me contar o que aconteceu?

— Papai... — começou a jovem, procurando os argumentos certos para não complicar ainda mais o vexame do sacerdote: — O senhor sabe que eu gosto de Gianluca e ele de mim! — o pai fez sinal com a cabeça confirmando. E a garota continuou: — Não faz muito tempo, fiquei sabendo que ele é filho do conde! Isso me deixou muito triste, porque o senhor e ele jamais consentiriam nesse namoro! Então, marquei para conversarmos na igreja, que é um lugar seguro. Mas, quando cheguei, era o pai dele quem estava em seu lugar. Ele pegou-me pelo braço e... — o pai a interrompeu furioso, socou a mesa e berrou:

— Canalha!

E Manuela mostrou ao pai as marcas deixadas pelas mãos de Cesare. Depois prosseguiu:

— Queria falar com Gianluca primeiro para depois falar com o senhor. O padre Bepim me acudiu a tempo, porque o conde se preparava para me dar uma bofetada!

— Ele vai se ver comigo, minha filha!

— Não, papai! Esqueça tudo, senão a situação ficará mais complicada ainda! Eu já esqueci! Primeiro vou falar com Gianluca... depois... veremos! — disse Manuela com tristeza. Pediu licença para sair e, quando chegou à porta, falou:

— Papai, vou precisar de uma sombrinha nova; a minha, eu quebrei na cabeça do conde!

— Você *o quê*? — perguntou o pai, incrédulo, mas Manuela já havia saído. E, sob as gargalhadas de Ismael, o padre confirmou.

— É verdade, senhor Joaquim! Sua filha deu uma violenta sombrinhada na cabeça do conde! Agora, se me dão licença, tenho mais o que fazer!

— Mando entregar sua prenda na igreja, reverendo!

— Obrigado! — respondeu o padre, saindo satisfeito.

O português olhou para Ismael, que continuava rindo.

— Discurpi, sinhô! Gostaria muitu di presenciá essa cena pra vê a cara du conde!

Joaquim também sorriu, mas seu semblante revelava imensa preocupação.

Ismael saiu e o rico fazendeiro trancou a porta do escritório por dentro para não ser importunado. Precisava pôr os pensamentos em ordem.

CAPÍTULO 24

A MORTE DE ALÍPIO

$\mathcal{M}$ais um dia iluminado pelo sol de outono.

Na Fazenda dos Ipês, tudo estava como o crápula do conde queria: dinheiro correndo solto em seu bolso e sua fortuna aumentando. Mas ele ainda não estava satisfeito. Queria a mina de pedras preciosas, e sentia que quando a encontrasse seria o todo-poderoso da região e muito mais respeitado. Por anos a fio, procurara a mina em suas terras, sem resultado. Sua mente diabólica começou a imaginar que ela estaria nas fazendas que faziam divisa com a sua: "Essa mina só pode estar nas terras *di quello maledetto portoghese*! Suas terras são produtivas, mas são menores que as minhas. Toda a sua fortuna não pode vir só daí! Ele tem centenas de vacas leiteiras e comercializa seus cavalos de raça, mas isso não é suficiente para gerar sua imensa riqueza! Ela deve vir realmente das minas. O que terei de fazer para me apossar delas?". Enquanto pensava, sentia que seu ódio por Joaquim aumentava.

— *Maledetto*!! *Mille volte*[1] *maledetto*!! Vou conseguir! Tenho de conseguir! Essa mina será minha, nem que tenha de matar!

E sua mente assassina ia pensando num meio de tomar posse da Fazenda Santa Tereza. Teria de ser muito astuto e cauteloso, porque Joaquim era um homem bastante esperto. No entanto, nem cogitava tomar outra atitude contra ele, já que não conseguira nada com o laticínio. O bruxo também nada pôde fazer. Então, ele teria de se virar sozinho.

De repente, lembrou-se do Sítio Santa Filomena. Era pequeno, mas muito valorizado pelas nascentes de água em suas terras, que serviam todas as fazendas vizinhas, inclusive a sua. Se conseguisse adquiri-lo, daria um jeito de desviar a água que servia as fazendas e, por uma ninharia, compraria todas elas. Encontraria, enfim, a mina que tanto almejava. Eufórico, deu um grito.

— *Ora, viva! Achei a solução!* Primeiro passo: fazer amizade com o senhor Alípio, dono do sítio!

Planejou tudo nos mínimos detalhes e, dias depois, o encontrou em Recanto das Flores conversando numa taberna com dois homens elegantemente vestidos, que demonstravam ter posses. Tudo estava correndo a seu favor; aproximou-se e cumprimentou-os com um aperto de mão.

— Como vão, senhores? Moram aqui mesmo?

Um dos homens que acompanhavam Alípio respondeu:

— Não! Somos da capital. Temos uma grande fazenda e viemos comprar alguns cavalos de raça da Santa Tereza! O senhor conhece?

— Claro! Claro! Joaquim é um grande homem e é meu amigo! — mentiu o patife.

— E o senhor, quem é? — perguntou o outro.

Cesare titubeou. Pensou em mentir, porque eles não o

---
[1] mil vezes

conheciam, mas Alípio sim. Resolveu falar a verdade: — Eu sou o proprietário da Fazenda dos Ipês!

— Já ouvimos falar... Dizem que é muito bonita e a mais próspera da região!

O conde ficou feliz com o galanteio, mas percebeu que Alípio estava muito sério, olhando-o desconfiado. Queria afastar-se rápido dali, mas temeu não ter outra oportunidade para se aproximar e resolveu ficar. Pediu licença e sentou-se ao lado dos três. Conversaram animadamente sobre vários assuntos e, quando os dois homens resolveram se despedir, o conde, astutamente, jogou uma cartada.

— Estão convidados para conhecer minha propriedade... e o senhor também! — e olhou em direção ao sitiante. Depois continuou: — Por falar nisso, senhor Alípio, vou aproveitar para agradecer-lhe pela água que vem do seu sítio e que abastece minha fazenda. Há tempos venho tentando agradecer-lhe, mas os compromissos são muitos e a correria é muito grande. Sabe como é a vida de um homem de negócios.

— É verdade! A minha também é tão intensa quanto a sua, senhor conde! Quase não me sobra tempo para as mulheres! — todos riram, e o conde continuou:

— Senhor Alípio, se me permite vou lhe mandar uma caixa de vinho de primeira. A cada dois meses, recebo algumas caixas da Itália, e gostaria de lhe dar uma de presente! É claro que não é em troca da água! Isso não tem preço! É só para fortalecer nossa amizade, já que estamos nos conhecendo pessoalmente!

Ao ouvir falar do vinho, o homem se animou.

— Adoro um bom vinho! Vinho... mulheres... e jogo! Essa é a minha paixão! Só espero que minha mulher nunca saiba disso! — novamente, todos sorriram. Pouco depois, os dois homens saíram e o conde, animado, pensou: "Pronto! Já enfiei minhas garras nele! Esse não me escapa mais!".

Pediu mais vinho, conversaram sobre diversos assuntos e algumas horas depois se despediram.

Alípio bebera além da conta e precisou ser colocado na charrete com o auxílio do empregado que o acompanhava. Maquiavélico, o conde bebera apenas o suficiente para ficar sóbrio e continuar com seu plano sórdido.

Contente, foi para casa pensando no ocorrido: "Não consegui comprar a fazenda do senhor Vicente, que faz divisa com a Santa Filomena, mas logo serei dono das águas e todos da vizinhança estarão em minhas mãos. Esse Alípio me parece um grande *citrullo*[2]! Ah! Ah! Ah! Será muito fácil lhe tomar o sítio. Assim que conseguir, vou cortar a água que vai para as outras fazendas, inclusive a do português! Ah! Ah! Ah!". Estava tão contente que começou a cantar uma velha canção napolitana, ao mesmo tempo em que rememorava seu plano diabólico, sentindo-se o maior por ser tão inteligente.

Enquanto isso, Alípio chegava em casa, mal conseguindo descer da charrete. Sua esposa, aflita, veio ao encontro dele.

— O que aconteceu?

— Num é nada, sinhá! U sinhô bebeu um pocu dimais!

Ajudando o marido a descer da condução, Noêmia mostrava ares de preocupação.

— Espero que não tenha feito nenhuma bobagem!

— Feiz não, sinhá!

— E com quem ele estava, Agripino? Você viu?

— Vi, sinhá! Mais a sinhá num vai gostá di sabê!

Noêmia olhou para o negro preocupada e curiosa:

— Com quem, Agripino? Com algum rabo de saia?

— Pió, sinhá!

---

[2] bobo

— O que pode ser pior que outra mulher, homem de Deus?
— U conde!

Noêmia olhou para Agripino com os olhos arregalados.

— Meu Deus! Você tem razão! É muito pior que um rabo de saia! Você ouviu o que conversaram?

— Não, sinhá! Mais elis ficô juntu muitu tempu!

A preocupação aumentou no semblante da esposa. Sabia da fama de canalha e da esperteza do conde para conseguir o que queria para encher mais ainda o bolso: "Alípio é uma pessoa de bom coração, simplório e sem malícia, e o velhaco do conde tem condições de tapeá-lo como quiser. Essa água da nascente de nossas terras vale muito e ele poderia cobrar um pouco... todos têm condições de pagar! No entanto, deixa que a usem como bem entendem! Esse dinheiro daria para montar o escritório de Aluísio em Recanto das Flores, já que ele se forma no próximo ano... Mas agora, com o conde entrando em nossas vidas, é preciso ficar de olhos bem abertos!", pensava Noêmia.

A pouca paz que ainda reinava no Sítio Santa Filomena foi quebrada quando, alguns dias depois, seus proprietários receberam a visita do conde com uma caixa de vinho.

— Bom dia! Como vai, senhor Alípio! — cumprimentou-o todo sorridente.

— Estou bem, e o senhor? Entre! A casa é sua! — respondeu o sitiante, todo contente pelo presente.

"Logo será minha, sim, *imbecille*", pensou o conde.

— Tem um bonito sítio, senhor Alípio! Suponho que nunca o venderá!

— É verdade! Tenho um amor muito grande por estas terras! Elas pertenceram ao meu bisavô! Foi ele quem desbravou e deu início a tudo o que o senhor está vendo; uma casa-grande, confortável, arejada! Uma bela horta, pomar, curral com algumas vacas leiteiras, café para o gasto, milho, porcos de engorda que são vendidos em Santo Antônio e outros animais e plantações, de onde sai o sustento da família. E a escola, onde meus filhos estudam!

— E quantos filhos o senhor tem?

— Tenho dois, senhor conde! Aluísio, o mais velho, tem vinte e um anos e vai se formar advogado no ano que vem; Heitor tem dezenove e vai ser veterinário.

Era uma família pacata, honesta e de moral elevada; porém Alípio, apesar de benquisto na região, tinha um fraco pelo jogo de cartas e pela bebida. Vivia perdendo pequenas somas em dinheiro, o que resultava em briga com a esposa e os filhos, principalmente com Aluísio. O conde descobrira esse ponto fraco e começou a jogar com ele, deixando-o ganhar diminutas importâncias; isso o animou a continuar jogando. Ficaram amigos, e o astuto Cesare, vez ou outra, mandava vinho *para o sitiante*.

Algum tempo depois, Aluísio e Heitor vieram passar uns dias em casa e a mãe contou-lhes o que estava acontecendo. Muito triste, o primogênito resolveu falar com o pai.

— Papai, por que essa amizade repentina com o conde? O senhor nunca gostou dele!

— Não é repentina, filho! Faz algum tempo que somos amigos!

— Amigos? Papai, ele só é amigo do dinheiro!

— Não é nada disso! É um homem muito bom e, além do mais, um péssimo jogador! Já ganhei muito dinheiro dele! — e riu satisfeito.

Heitor ouvia a conversa do irmão com o pai, triste e de cabeça baixa. Com medo de tudo o que estava acontecendo, resolveu entrar na conversa para dizer ao pai o que ouvira falar sobre o conde. Aproximou-se do genitor com receio e disse:

— Papai, eu já ouvi muita coisa ruim a respeito desse homem! Acho que Aluísio tem razão! Ele deve estar preparando algum golpe contra o senhor!

— Ora, pirralho! — retorquiu o pai quase gritando: — Quem você pensa que é? Você não tem de achar nada! Como ousa me dar conselhos se nem suas ceroulas pode comprar?

— Mas papai...

— Cale a boca, moleque! Não quero que falem mal do conde! Ele é meu amigo! Um ótimo amigo! — e, olhando para a esposa e Aluísio, gritou mais alto ainda: — E vocês também! Não quero que falem mal dele! Quando vier nos visitar, quero que seja bem recebido, senão vão se ver comigo! — resmungando, saiu para o quintal. Mãe e filhos ficaram mudos. Noêmia, com os olhos cheios de lágrimas, disse aos filhos:

— Não vejo boa coisa nessa amizade! Tenho certeza absoluta de que o safado está planejando alguma coisa! Acho até que sei o que esse bandido quer!

— O quê, mamãe? — perguntaram Aluísio e Heitor ao mesmo tempo:

— Ele quer o sítio por causa das nascentes!

— O que a senhora está dizendo é muito grave! E o que faremos, se isso acontecer? — disse Heitor, imaginando como sobreviveriam sem o sítio.

— Vamos ficar calmos e não pensar no pior! Precisamos ter a cabeça no lugar e esperar os acontecimentos! — disse Aluísio.

— Não podemos esperar. E se perdermos o sítio? Ele é muito astuto e pode até tapear papai! — completou Heitor.

— É verdade, filho! — disse a mãe, com lamento.

— Está bem, mamãe! À noite falaremos com papai, com calma.

E assim fizeram.

Logo após o jantar, os quatro reunidos na sala de visitas, Aluísio perguntou ao genitor:

— Papai, o senhor pretende vender o sítio ao conde?

— De onde você tirou essa besteira, Aluísio? É claro que não vou vender, nem para ele, nem para ninguém! Estas terras, meus filhos, serão dos meus netos, portanto, vão pensando em se casar que eu quero ver esta casa cheia de crianças!

Alegremente, Aluísio respondeu:

— Eu e Heitor ainda não escolhemos nossas futuras esposas, mas, com certeza, não vai demorar muito!

Heitor aproximou-se do pai e, gracejando, disse:

— Minha esposa, papai, será muito mais bonita que a do Aluísio!

Riram despreocupados e tomaram uma taça do vinho que o conde lhes presenteara. A calma voltara ao seio da família, mas Noêmia estava aflita, embora tentasse esconder esse estado de espírito inquieto.

Os dois irmãos voltaram para a capital do estado para reiniciar os estudos, e as semanas seguintes foram de muita paz.

Alípio sempre se encontrava com o conde para o habitual joguinho de cartas, mas não comentava com a esposa para evitar brigas. Satisfeito por ter amizade com um homem de prestígio como ele e sempre ganhar alguns trocados, Alípio, em parte, abandonara o sítio, deixando tudo ao encargo dos três únicos empregados que mantinha para ajudá-lo. Sua esposa vivia triste e temerosa, mas guardava para si a preocupação, nada demonstrando ao marido.

O ataque final chegou...

Era uma tarde quente de verão quando o conde chegou de carruagem ao Sítio Santa Filomena e convidou Alípio para ir até Santo Antônio tomar um bom vinho e fazer um joguinho de cartas.

O sitiante vibrava por andar no luxuoso veículo do conde.

Assim que se afastaram da casa, Noêmia, cismada, mandou Agripino ir atrás a cavalo para tomar conta do marido e evitar qualquer golpe do conde, pois seu coração estava inquieto.

Assim que chegaram ao cassino, os dois pediram vinho. Com muita lábia, Cesare bebeu pouco, pois precisava estar lúcido para o grande golpe que daria. Em compensação, o pobre e ignorante do Alípio já mostrava sinais de embriaguez.

Começaram a jogar. A princípio, o conde deixou que o sitiante ganhasse pequenas quantias; depois foi aumentando, até chegar a uma fortuna. Fingindo estar nervoso com o dinheiro perdido, lamentou:

— *Al diavolo*! Perdi muito *denaro*[3] hoje! Está com sorte, senhor Alípio! Essa importância dará para comprar uma pequena fazenda!

— É verdade, amigo!

O pobre homem não aguentava nem ficar com a cabeça erguida, de tão bêbado. Sua voz soava pastosa pelo efeito do vinho.

— Perdi muito dinheiro, senhor Alípio! Agora vamos à revanche!

— Não vou... jogar mais... meu velho... amigo! Esse di... dinheiro... tá bom... pra mim! Agora só... quero dormir...

— Nada disso, senhor Alípio! Tenho direito a uma revanche! Vamos fazer o seguinte: o senhor entra com esse dinheiro e seu sítio e eu entro com minha fazenda! Quem ganhar levará tudo!

---

[3] dinheiro

— Sinhô! — interferiu o empregado de Alípio, com medo de que o patrão aceitasse o desafio: — É mió í imbora qui a sinhá tá esperandu nóis!
— Cale a... boca! Saia daqui, Agripino! — gritou o sitiante.
— Sinhô... vamô imbora!
— Já... mandei... você embora!
— Saia daqui, negro fedido! Não vê que está atrapalhando nossa conversa? — vociferou o conde, no linguajar tão a seu gosto. De um instante para outro, perdera completamente a educação e a gentileza que mostrara com Alípio. Voltara a ser o crápula ávido por dinheiro.

Muito trêmulo, o negro Agripino pedia baixinho a Deus:

"Meu Pai du Céu... num dexa meu sinhô jogá... si eli perdê u sítio, vai tê morti na famiia! Protegi meu sinhô!..."

Voltaram a jogar.

O dinheiro rolava solto na mesa de jogo, atraindo os fazendeiros que estavam no local. Em poucos minutos, o maquiavélico conde dera o xeque-mate. Ao se levantar, a cadeira onde estava sentado tombou para trás. A plenos pulmões, gritou:

— *Ganhei!! Ganhei!!* Ganhei o Sítio Santa Filomena! *Hurra!! Ganhei!! Questa*[4] *rodada de vino*[5] *é por minha conta!* — e abraçou, uma a uma, as pessoas que estavam a seu lado.

Num canto do cassino, o fiel empregado do sítio estava desesperado e não sabia o que fazer.

— Meu Sinhô du Céu! I agora, u qui nóis vai fazê?

Feliz da vida, o velhaco conde Cesare tomou a carruagem e foi para casa. Estava concluído seu plano diabólico; mais uma vítima de suas artimanhas.

Agripino alugou uma charrete para levar o patrão para

---
[4] esta
[5] vinho

casa. Alípio estava tão bêbado que ainda não se conscientizara de que perdera o sítio. Quando ouviu o barulho dos cavalos, Noêmia foi a seu encontro na porteira de entrada, prevendo que alguma coisa ruim tinha acontecido. Quando Agripino lhe contou o ocorrido, ela teve uma queda de pressão e começou a se sentir mal. O negro chamou sua mulher e mandou que tomasse conta da sinhá.

Quando melhorou, Noêmia, chorando, quis saber direito o que aconteceu, e o criado lhe repetiu tudo.

— Meu Deus, Agripino! O que vamos fazer agora? Como ele pôde fazer isso? Do que vamos viver? E quando meus filhos souberem?

— Num sei, sinhá! Eu inté tentei falá cum u sinhô, mas eli i u conde mi ixpursaru di pertu!

No dia seguinte, um pouco melhor da bebedeira e mais lúcido, Alípio tomou conhecimento do que acontecera e não acreditou.

— Não! Não pode ser, Agripino! Por que você não me impediu de fazer tamanha besteira?

— Eu inté qui tentei sinhô, mas fui ixpursu!

— E agora, Alípio? Como vamos resolver a situação?

— Eu vou falar com o conde!

— Não! Não vai, não! Ele é capaz de matá-lo! Tanto que eu avisei para você não ter amizade com esse canalha!

Dois dias depois, Julião apareceu no sítio trazendo um recado do conde.

— U meu sinhô pédi pru sinhô disocupá a casa inté dispois di aminhã!

— Fala para seu dono que não vou desocupar nada! Ele me embebedou e me enganou! Portanto, não vou desocupar nada! Se ele vier aqui, será recebido a bala! — e, chorando, continuou: — Meu Deus! Como pôde acontecer tudo isso? O que vou dizer aos meus filhos? Como vou pagar seus estudos? — soluçou alguns minutos, amparado por Agripino, e depois disse a Julião:

— *Fora daqui!!* Diga a seu patrão que não vou desocupar nada! Que vou continuar morando aqui! Estas terras eram do meu bisavô e um dia serão dos meus netos! Fora daqui!

Calmamente, ainda montado, Julião respondeu:

— Sinhô... U sinhô sabi qui eu obedeçu ordi i qui nada tenhu contra u sinhô, mais... é mió disocupá, sim, cum meu donu num si brinca! Eli é capaiz inté di matá u sinhô!

— Pois eu também sou capaz de matá-lo! Fora daqui!

— Sim, sinhô! U qui eu falu pru conde?

— Que eu não vou sair do que é meu! E que ele não se atreva a vir aqui!

Julião, nervoso, bateu com o relho na garupa do cavalo, que relinchou de dor e arrancou com força.

Alípio, muito triste, foi ter com a mulher, que, sentada na cama, chorava copiosamente.

— Noêmia... me perdoe! Não sei como fui fazer uma atrocidade dessas!

E sentou-se, abraçando a companheira de muitos anos.

Quando se casaram, há três décadas, tiveram uma filha que morreu com cinco anos. A menina brincava no quintal perto de sua casa e o pai, bêbado, cuidava de algumas vacas no curral. Num pequeno descuido, motivado pela bebida, Alípio esqueceu de fechar a porteira; os animais escaparam e, assustados, atropelaram a garotinha, que teve morte instantânea. Foi muito difícil para o casal suportar a ausência daquele anjinho, que era a alegria do lar.

O tempo, porém, fazia os dias correr ligeiros, dando lugar às noites e a todas as coisas do universo.

Depois de alguns anos da morte da menina, a relação entre Alípio e Noêmia voltou a se consolidar com o nascimento de Aluísio e, dois anos depois, com a vinda ao mundo de Heitor. Vinte e um anos de alegria com o crescimento dos filhos num mar de felicidade. Alípio ficara muito tempo sem beber, colaborando com a tranquilidade da família... e agora perdia tudo o que possuía, novamente por causa da bebida.

Estava muito apreensivo com os filhos, principalmente com o primogênito: "Meu Deus! Insisti tanto para Aluísio se formar advogado e agora ele vai ter de interromper os estudos... Como vou resolver esse problema?". De fato, o rapaz sabia que um grupo de homens honrados e corajosos lutava contra a escravidão, o que o deixava eufórico e com muita vontade de ajudá-los. Mas para isso precisava estudar as leis. Aceitou então o conselho do pai e matriculou-se na tradicional e famosa Faculdade de Direito do Largo São Francisco, fundada pelo imperador dom Pedro I, em 1827.

Alípio chorava muito, dizia estar arrependido e não sabia como dar a notícia aos filhos.

Não queria cumprir as ordens do conde para desocupar o sítio e, ao mesmo tempo, estava com medo da reação do inescrupuloso homem. Sabia que ele teria, sem dúvida, coragem de matá-los, e também a seus empregados. Resolveram entregar tudo nas mãos de Deus e obedecer. Afinal, dívida de jogo tem de ser paga, pois a lei estava do lado do conde.

Alugaram uma pequena casa na periferia de Recanto das Flores. Dois dias depois, estavam arrumando seus pertences quando ouviram na estrada da colina o tropel de cavalos e a poeira que levantavam do chão batido. Ficaram ansiosos para saber quem seria.

— Só pode ser o miserável do conde vindo ver se estamos mesmo mudando! — disse Noêmia

— Ele não se atreveria a tanto! — completou o marido.

— É uma charrete! Não pode ser o conde! Ele só anda de carruagem luxuosa!

— É verdade, Noêmia! Quem será?

Mais alguns minutos e descem da charrete alugada Aluísio e Heitor.

— Meu Deus! São nossos filhos, Alípio! Será que aconteceu alguma coisa?

Rapidamente foram ao encontro dos meninos.

— Mamãe! Papai! Como vão? — perguntou Aluísio.

Depois dos abraços, a mãe, aflita, indagou:

— O que aconteceu? Por que voltaram tão rápido?

— Não se aflija, mamãe! Nada de ruim aconteceu! A faculdade dispensou os alunos por três dias para a eleição da diretoria. Juntando com o fim de semana, são cinco dias sem aulas... Então viemos visitar nossos pais queridos!

— E respirar um pouco de ar puro destas terras tão lindas! — disse Heitor, enchendo os pulmões de ar.

Aluísio percebeu que os pais estavam diferentes e apreensivos. Olhou para a mãe e viu seus olhos inchados. Aflito, perguntou:

— O que foi, mamãe?

Noêmia voltou a chorar e entrou em casa seguida pelos filhos, curiosos em saber o que estava acontecendo. Na sala, viram que tudo estava preparado para mudança.

— O que foi? O que está ocorrendo aqui? Parece que estão se preparando para mudar! — disse Heitor.

— É isso mesmo, meu filho! Seu pai perdeu o sítio no jogo para o conde!

— *Não!!* Não, meu Deus! Não pode ser! O que significa isso, papai? — gritou Aluísio.

O pai chorava sem parar e não conseguiu responder à pergunta, enquanto o filho mais novo se sentou num canto e ficou de cabeça baixa.

Passada a estupefação, Aluísio aproximou-se do pai e perguntou:

A FAZENDA DOS IPÊS

— E agora, papai? O senhor tem alguma solução para esta enrascada em que nos meteu? Tem uma solução de como vamos sobreviver e pagar o aluguel de uma casa na cidade? Tem solução para o problema dos empregados que estão conosco há mais de trinta anos?

Quanto mais o filho falava, mais o pai chorava, sem condições de responder.

— Responda as minhas perguntas, papai!

Silêncio.

Aluísio, irritado, colocou a mão no ombro do pai e falou ainda mais alto:

— Responda, papai!

O velho deu um salto da cadeira e replicou:

— Não grite comigo! Ainda sou seu pai!

— Eu sei, e respeito profundamente como meu pai, mas o senhor nos colocou numa situação catastrófica por causa do maldito vício! Agora temos de achar uma solução! E chorar não vai adiantar nada! Nada!

O silêncio voltou a tomar conta de todos. Cada um perdido nos próprios pensamentos e enxugando lágrimas.

Era uma das últimas manhãs de outono.

O inverno já se fazia presente na brisa gelada que adentrava pela porta entreaberta. O sol, enfraquecido pelas nuvens que passeavam pelo infinito, deixava o dia ainda mais triste.

Momentos que pareceram eternos. Depois, Aluísio, que estava na varanda, enxugou as lágrimas e voltou à sala. Aproximou-se do genitor e disse carinhosamente:

— Papai... desculpe se eu gritei! Fiquei desesperado! O senhor entende? — o homem concordou com um movimento de cabeça e o filho continuou:

— Levante-se agora e vamos arrumar a mudança! E depois resolveremos o que fazer! Afinal... estamos vivos... daremos um jeito!

Procuraram deixar a tristeza de lado, mas ela se aninhara no coração de todos como se fosse um punhal de duas pontas. E como fazia sangrar... De uma hora para outra, perderam tudo o que possuíam de material, mas o que mais doía era ter perdido a esperança de uma vida melhor.

Acabaram de encaixotar os pertences de uso pessoal e Noêmia os chamou para o almoço.

— Nossa última refeição nesta casa que amamos e que foi nossa morada durante tantos e tantos anos...

Estava arrumando os pratos de comida para os filhos quando ouviram um estampido vindo do quarto.

— O que foi isso? — e correram todos para o quarto onde Alípio estava. Abriram a porta e o viram caído no chão. O sangue jorrava de um de seus ouvidos.

Pobre homem! Não aguentara o desespero de perder tudo o que tinha e deixar a família abandonada. Sua esposa desmaiou e foi amparada por Heitor. Agripino correu quando ouviu o tiro e começou a chorar:

— Meu Pai du Céu! Quanta desgraça numa só famiia! — gritou para a esposa, que correu para ajudar a sinhá. Aluísio, soluçando, pediu ao empregado para mandar alguém buscar o doutor Odilon, delegado de polícia. Ele chegou uma hora depois, constatou o suicídio e liberou o corpo para ser sepultado.

À tardinha, via-se um estranho cortejo. Na frente, uma carroça mortuária levava o corpo de Alípio. Atrás, uma charrete com a mãe e os dois filhos; logo depois, mais duas carroças com seus pertences. O rangido das rodas dos veículos arrastando-se pelo caminho íngreme parecia mais um lamento. Mãe e filhos, cabisbaixos, não falavam... não choravam... não lamentavam... Seus corações pulsavam dolorosamente e inconsoláveis, mas a tristeza os tornava seres estranhos, aos quais nada mais importava. O corpo de Alípio baixou à sepultura. Apenas cinco pessoas tristonhas lhe ofereceram uma prece. Os amigos? Ninguém apareceu. Pouco depois, a família seguiu em direção à nova morada... pobre... sem aragem... sem conforto...

Os dias passaram tristes e melancólicos.

Noêmia chorava pela casa, inconformada com a tragédia que tomara conta de sua vida. Heitor era o mais calmo e Aluísio pensava em arrumar um emprego para sustentar a família. Percorreu diversos lugares, mas a cidade de Recanto das Flores não precisava de mão de obra; os poucos comerciantes lutavam para manter em atividade seu pequeno negócio e, para não gerar despesas, empregavam os familiares.

A situação piorava a cada dia; já não tinham mais o que comer e os poucos móveis que haviam conseguido trazer foram vendidos.

No dia seguinte à saída da família de Alípio do sítio, o conde foi dar algumas ordens para Agripino tomar conta de tudo sem mexer em nada. Estava feliz da vida por ter conseguido trapacear e ganhar Santa Filomena: "É um belo sítio! Não me dará muito lucro, mas terei a Santa Tereza nas mãos e acharei a mina! Se tudo sair como estou planejando, com essas pedras preciosas acho que terei condições de comprar todas essas fazendas. Primeiro, quero a Santa Tereza, então terei um império! Serei o homem mais rico das redondezas! Ah, como sou inteligente! Não há ninguém como eu! Que jogada de mestre! Ah! Ah! Ah! Que *imbecille* foi o senhor Alípio! Não desconfiou de nada! E, para me ajudar mais ainda, acaba com a vida! Ah! Ah! Ah! Que vão, ele e a família nos quintos *del diavolo*! E o bruxo, então... outro idiota que não sabe nem onde tem *il naso*[6] adunco! Ah! Ah! Ah!".

Contente, voltou para casa.

---

[6] nariz

CAPÍTULO 25

O PORTUGUÊS JOAQUIM

Quantas foram as noites de insônia de Fiorella! Na maioria das vezes, entrava nos quartos onde os filhos dormiam; beijava-os, ajeitava as cobertas com carinho como que para protegê-los. Em outras vezes, vagava pela casa como um ser irreal, deixando atrás de si um caminho de lágrimas. Seus pais já estavam, fazia algum tempo, na espiritualidade. Ela imaginava o que teria acontecido com Dacia, a velha ama que tanto fizera por ela quando era criança. Lembrava-se, também, de Giuseppe, que ainda amava, e de quem nunca mais tivera notícia. Escrevera algumas vezes, mas não obtivera resposta, o que a fez pensar que ambos poderiam ter morrido; porém soube, mais tarde, que as missivas foram interceptadas por seu cruel marido. Então, uma pequenina luz de esperança nascera em seu coração e ela ansiava em saber se ainda estavam vivos. Precisava achar um meio de descobrir.

Estava tão distraída em seus pensamentos que não percebeu o conde atrás de si.

— O que está fazendo? — ele perguntou grosseiramente.

— Nossa! Que susto você me deu, Cesare! Não ouvi seus passos!

— Será que preciso me anunciar para andar na minha própria casa, ou você estava com o pensamento numa certa pessoa da Itália?

— Espere pelo menos o dia clarear para me aborrecer!

— O que a fez levantar-se tão cedo? — resmungou o conde, ignorando as palavras da esposa.

— Estou pensando em ir a Santo Antônio!

— Eu irei dentro de meia hora!

A contragosto, Fiorella resolveu acompanhar o marido. De certa forma, tinha receio de ir só com Olívia e o cocheiro.

Assim que chegou a Santo Antônio, resolveu entrar na igreja para fazer orações, enquanto o marido terminava de resolver seus negócios.

A nave era muito bonita. Suas torres altas em estilo gótico chamavam a atenção. Perto do teto com lambris de mármore, vitrais com pintura de santos espargiam pelo interior do templo múltiplas cores com os raios do sol. Era um espetáculo magnífico de admirar. Abaixo, enormes quadros representavam o martírio de Cristo em seu caminho para o Calvário. Pequenos altares laterais com enormes velas acesas contrastavam com o clarão do dia. No centro, no altar-mor, num nicho todo entalhado em madeira, uma linda estátua em bronze de Santo Antônio, padroeiro da cidade que levava seu nome.

Fiorella entrou, fez o sinal da cruz e colocou sobre a cabeça uma mantilha com renda em toda a sua volta. Encaminhou-se em direção ao grande altar e ajoelhou-se na primeira fila de bancos. Um pouco mais atrás, um homem, ajoelhado, também fazia suas orações. Assim que Fiorella passou, ele levantou a cabeça e pensou: "Esse perfume... que delícia! Já o senti em algum lugar! Onde?". Puxou pela memória e quase deu um grito: "Meu Deus! A condessa! É o mesmo perfume da carta! Parece que meu coração vai escapulir pela boca! Será que devo me aproximar?". Olhou ao redor para ver se o marido dela estava por perto. Ela estava só. Resolveu então, falar-lhe. Trêmulo, aproximou-se.

— Senhora!

Lentamente, ela moveu o rosto em sua direção e ele pôde contemplar, pela primeira vez, dois lindos olhos azuis, que o fitavam admirados. Uma luz, tão brilhante como os raios coloridos do Sol, foi ao encontro dos olhos cor de mel de Joaquim.

Nada foi dito. Apenas ficaram se olhando.

E a condessa ouviu o cocheiro atrás de si:

— Sinhá... U sinhô ispera na carruagi!

Ela levantou-se vagarosamente e, ao repassar pelo simpático cavalheiro, fitou-o gentilmente. E saiu... À porta da igreja, voltou-se e o contemplou de novo. Um estranho brilho inundou seus olhos, deixando-os mais azuis... Ele continuava no mesmo lugar, olhando para ela. Parecia uma figura irreal! "Quem será esse homem? Como é lindo! Há muita bondade em seus olhos. Até parece que queria me dizer alguma coisa e não teve coragem! Quem será, meu Deus?" Num lampejo, sem saber por quê, passou por sua cabeça que talvez fosse o proprietário da Fazenda Santa Tereza; porém, logo o esqueceu: "Não! Ele não teria coragem de fazer alguma desfeita à esposa! É muito correto!". E tratou de esquecer o episódio.

Enquanto isso, Joaquim continuava no mesmo lugar, olhando para a porta de entrada. "A condessa... meu Deus! Como é linda! Quanta bondade e amargura vi em seus olhos! Finalmente eu a conheci! E se não for ela? Mas a coincidência é muito grande: cabelos da cor de milho e olhos da cor do céu!" — disse baixinho, repetindo as palavras do escravo. Seu coração acelerava. Parecia que o ar estava faltando em seus pulmões. De repente, alguém tocou levemente seu ombro:

— Senhor... algum problema?

O fazendeiro se voltou assustado, como se alguém tivesse lido seus pensamentos:

— Co... como?

— O senhor está bem?

— Sim, sim! Estou bem, obrigado!

— É que o senhor está de costas para o altar! — disse o sacristão.

— Oh! Desculpe! Desculpe! Com licença!

E saiu atordoado com os acontecimentos.

Na rua, encontrou Ismael:

— Qui foi, sinhô? Acunteceu arguma coisa?

— Não, não! Não aconteceu nada!

Ismael ficou olhando o patrão sem entender coisa alguma.

— Por acaso você viu o conde e sua esposa por aí?

— Não, sinhô! Num vi ninguém!

— Está bem! Vamos embora!

Ismael compreendeu a aflição do patrão e pensou: "Achu qui u sinhô viu a sinhá condessa ou arguém parecida cum ela! Pai du Céu tem qui ajudá pra num dá mais pobrema!".

CAPÍTULO 26

O BAILE DE MÁSCARAS

Um mês depois, o conde começou os preparativos para um grande baile de máscaras, que seria realizado no amplo e luxuoso salão de festas da casa-grande, dando sequência ao plano diabólico para encontrar a mina de pedras preciosas.

Queria tudo do bom e do melhor; e pela primeira vez não se importou com os gastos. Queria mostrar aos convidados como, através do dinheiro, era o senhor absoluto das redondezas. Precisava agir dessa forma para dar o golpe final nos fazendeiros, assim como fizera com o pobre Alípio.

Fiorella insistiu quanto pôde para que esse baile não se realizasse. Pressentia que o marido estaria planejando algo, mas não sabia o que era. Foi informada, apenas dois dias antes da festa, que ele era o novo proprietário do Sítio Santa Filomena; só não sabia qual poderia ser seu interesse na fazendola. Normalmente, ele só se interessava por grandes áreas para plantio. Resolveu aguardar os acontecimentos.

Na semana do baile, que seria realizado no sábado, a condessa ouviu quando o conde mandou Julião entregar os convites e este ficou muito admirado quando o patrão, rindo, disse que o primeiro seria para o português.

— Pru sinhô Juaquim? U purtuguêis da Santa Tereza? — perguntou Julião espantado.

— Ah! Ah! Ah! Ele mesmo! Só quero ver a cara dele no baile!

Julião, sem entender nada, obedeceu. Fiorella foi para seu quarto e ficou tentando descobrir o que o marido estava pretendendo realmente.

Uma leve batida na porta e Gianluca entrou.

— Oi, mamãe! Algum problema?

— Foi bom você chegar, Gianluca! Precisamos conversar!

— A senhora me parece aflita! O que aconteceu?

— Ainda não aconteceu nada, mas, conhecendo seu pai como eu conheço, boa coisa não virá desse baile tão fora de época!

— É... Com papai não se pode brincar! Mas o que a senhora quer dizer com isso?

— Que seu pai está, com toda a certeza, preparando algum golpe!

— Será?

Gianluca ficou pensativo por instantes e continuou:

— Eu estou preocupado com outra coisa, mamãe! Papai comprou o Sítio Santa Filomena e alguns dias depois o senhor Alípio, que era o dono, suicidou-se com um tiro no ouvido!

— Meu Deus! Eu não sabia... Você tem certeza, filho?

— Claro que tenho! Estou vindo de lá! Temos de descobrir por que papai comprou esse sítio tão pequeno e por que o senhor Alípio cometeu um ato tão violento! Tenho certeza absoluta de que papai fez alguma trapaça! Só não sei o quê!

A mãe fitou o rapaz admirada, mas nada falou. Estava perdida em seus pensamentos. O filho se aproximou, deu-lhe um beijo e saiu dizendo:

— Mas eu vou descobrir!

No dia do baile, a casa-grande parecia outra, toda iluminada. O salão de festas, onde a reunião social se realizaria, estava todo enfeitado com flores; grandes lampadários de prata estavam acesos, ressaltando a beleza do recinto.

No exuberante jardim, carruagens luxuosas com o nome dos proprietários e de suas fazendas iam chegando e estacionando. Os homens, ricamente trajados, e as mulheres, com seus vestidos muito decotados e a imensidão das saias rodadas, farfalhavam, enquanto a dama anfitriã recebia todos gentilmente, apesar de estarem com máscaras. Um negro alto, de cabelos compridos e vestido a caráter, contratado especialmente para recepcionar os convidados, anunciava em voz alta o nome da fazenda, do proprietário e de sua esposa. No fundo do salão, num tablado de madeira trabalhada, estava a orquestra mais famosa da capital. Outros criados serviam vinhos finos e iguarias deliciosas, feitas por cozinheiros renomados de Santo Antônio. A condessa, ao lado de Giani e Gianluca, visivelmente aborrecida, esforçava-se para cumprimentar os convidados. Seu olhar estava sempre na entrada do salão, e seu coração, disparado, ansiava pelo momento em que conheceria o senhor Joaquim. Mas as horas passaram e ele não aparecia: "Essa foi a única oportunidade que tive de conhecê-lo. Teria sido a melhor coisa deste nefasto baile!". Assim pensando, veio-lhe à memória o homem que encontrara na igreja.

Quando o baile estava no auge, o conde, nervoso

pela ausência do português e sempre com sua filha Marzia ao lado, mandou parar a orquestra e pediu a atenção dos convidados.

— Chegou a hora do golpe! — cismou a condessa.

— Que golpe, mamãe? — perguntou Giani.

— Por que você acha que papai está promovendo este baile sinistro? — respondeu Gianluca em vez da mãe. Depois continuou: — Só o fato de Marzia estar ao lado dele já é um golpe, sim!

— Não diga isso, meu filho! Seu pai é bem capaz mesmo, mas Deus queira que estejamos enganados!

— Podem me dar um tapa na cara se por trás deste baile não existe um golpe!

O conde prosseguiu:

— Senhoras e senhores... *grazie*[1]... Em primeiro lugar, quero agradecer a presença de todos que vieram abrilhantar minha festa! Peço que tirem as máscaras e ouçam com atenção o que tenho a lhes dizer! Dirijo-me especialmente aos fazendeiros cujas terras fazem divisa com minha fazenda e também com o Sítio Santa Filomena, que agora é de minha propriedade!

Chamou um criado, deu-lhe vários envelopes e pediu que os distribuísse aos destinatários presentes. Depois continuou:

— Nesse envelope que estão recebendo está o valor da água que começarei a cobrar daqui a dois dias para que ela chegue até suas terras! Depois desse prazo, a água será desviada! Se não puderem pagar, estou disposto a comprá-las!

— Mas o senhor Alípio não cobrava nada, senhor conde! Esse preço é uma fortuna para mim! — gritou um fazendeiro no meio do salão.

---

[1] obrigado

— Esse é um problema que o senhor tem de resolver! E não eu! — respondeu grosseiramente o conde.

Começou a discussão que logo após se generalizou. Todos falavam e gritavam ao mesmo tempo.

— Mamãe! Que pai velhaco eu tenho! — disse Gianluca com tristeza e voltando-se para a mãe, cujos olhos estavam marejados de lágrimas.

— Eu não gosto de ver essa patifaria! — concluiu Giani, saindo do salão e indo para o jardim.

Lá chegando, viu um desconhecido bem vestido, com o semblante tristonho e que se esforçava em espiar pela janela o que estava acontecendo no salão de festas. Giani ficou parada alguns minutos e depois foi para perto do jovem.

Aluísio era moreno, com cabelo levemente encaracolado e grandes olhos verdes. Quando a viu, seus olhos brilharam, intensificando sua cor. Foram apenas alguns segundos, mas o suficiente para Giani perceber uma enorme tristeza em seu rosto. O rapaz a olhou atônito e se afastou em disparada.

Giani o chamou:

— Espere! Por favor, espere! Quero falar com você!

O desconhecido, rápido, montou num cavalo e desapareceu.

Enquanto isso, no salão do baile, a discussão seguia acirrada. Em dado momento, a voz do conde se fez ouvir acima de toda a bagunça:

— *Silenzio[2]!! Caspita!! Attenzione[3]!!* Os senhores comeram, beberam, divertiram-se e eu já lhes disse tudo o que tinha para dizer! Agora, por favor... *Saiam da minha casa, senão mando enxotá-los!!*

O silêncio que se fez após as palavras do conde foi

---

[2] silêncio
[3] atenção

sepulcral! Como ninguém teve coragem de sair, Cesare prosseguiu afirmando o que já dissera:

— Não se esqueçam: os senhores têm até depois de amanhã para tomar as decisões cabíveis! Caso contrário, precisarão de muita mão de obra para enterrar seu *bestiame!!*[4] E agora saiam...

Chamou um criado e gritou:

— Retire toda a comida, a bebida e, dentro de dez minutos, apague as luzes e feche as portas!

Pasmo, o criado achou que não tinha entendido direito; ficou olhando assustado para o conde, que gritou mais alto ainda:

— Dei-lhe uma ordem! *Obedeça!!* — e saiu, sem dizer nada.

— *Canalha!!* — gritou um conviva.

— *Patife*, vou mandar matá-lo! — gritou outro.

— Vou acabar com esse miserável com minhas próprias mãos! *Infame!*

— *Italiano dos diabos!!* Vou dar um tiro na cara dele para que aprenda a respeitar os outros! *Maldito!!*

E todos proferiam palavrões adequados para o cruel anfitrião...

Os fazendeiros saíram do salão às escuras, xingando e fazendo juras de morte, tamanho era o ódio que estavam sentindo do crápula.

— Meu Deus! — disse a condessa ao filho: — Como seu pai teve coragem de um procedimento tão sórdido?

Nisso, Giani volta para a casa e conta sobre o rapaz que vira no jardim.

— Que coisa esquisita! Você não sabe quem era?

— Não, mamãe! Não sei quem era!

— Deve ser filho de algum convidado de seu pai, Giani!

---
[4] besta

— Então, por que saiu correndo quando me viu? Ladrão também não era! Ele estava bem trajado... mas...

— Mas o quê, filha?

— Ele tinha um olhar tão triste... e eu diria até que estava chorando... de seus olhos marejavam lágrimas...

— Chorando? Por que será?

Os três ficaram cismados. Mas, logo depois, a condessa os convidou a se recolher.

Dois dias depois, bastante aborrecidos e renovando os votos de vingança, os fazendeiros mandaram pagar a fortuna que o conde exigia pelo fornecimento da água das nascentes. Apenas a Santa Tereza não se manifestou, o que o deixou louco da vida! Na realidade, tudo fizera para atingir Joaquim, o único que não conseguira dominar.

Exasperado, gritava palavrões a plenos pulmões e quebrava tudo pela frente.

— Meu Deus! — dizia a condessa aos gêmeos: — O que será que este homem tem contra a Santa Tereza? Dizem que o senhor Joaquim é um homem muito bom e trata seus escravos com igualdade! Por que tanto ódio?

— Seus escravos, mamãe, não são escravos! O senhor Joaquim os chama de empregados! — falou o rapaz para a mãe. Depois completou: — Gostaria que meu pai fosse assim!

— Eu também! — concordou Giani.

Algum tempo depois, a água que servia à Santa

Tereza foi desviada a mando do conde, que, na expectativa, aguardava a visita de Joaquim.

— *Adesso*[5] vou pisar no *imbecille di quello maledetto* com todas as forças, e o preço da água será o dobro da dos outros; o dobro não, o triplo, e se ele não concordar terá de me vender a fazenda por uma *bagatella*[6] e eu serei dono da mina de pedras preciosas que deve estar em suas terras!

Sua mente diabólica antegozava a felicidade de ficar por cima do português. Durante uma semana, não saiu de casa, aguardando a visita do proprietário da Santa Tereza.

Os dias se passaram e Joaquim não se manifestava, o que o deixava muito irritado.

Certa manhã, chamou Julião e perguntou:

— Você está aqui há muitos anos, sabe como a Santa Tereza está se virando sem a água?

— Faiz muitu tempu qui na terra du homi tinha uma mina piquena, mais...

— *Maledetto*!! — interrompeu o conde.

— Mais eu num ovi falá mais nada, sinhô! Num sei si inda ixisti!

— Pois procure saber o mais rápido possível! Vá! Agora!

E o feitor saiu para cumprir a ordem.

Sem saber como fazer para descobrir se havia água na Santa Tereza, Julião ficou preocupado. Sabia que de qualquer jeito teria de levar uma resposta convincente ao patrão, caso contrário até ele seria amarrado na "arena":

— É mió num abusá! Du jeitu qui u homi tá brabu é capaiz de tudu!

E começou a pensar num meio de resolver o problema.

De repente, lembrou-se de que do outro lado da Santa Tereza havia uma pequena fazenda cujos escravos eram mal alimentados como a dos Ipês e iam para o tronco. Comprou

---
[5] agora
[6] ninharia

no armazém de Recanto das Flores algumas guloseimas e foi concluir o diabólico plano. Ficou escondido numa moita, esperando a oportunidade para abordar algum escravo. Não esperou muito: um crioulo passou por ali e o feitor assobiou para ele. O escravo, desconfiado, ficou parado olhando. Julião fez sinal com a mão para que se aproximasse. Ressabiado, o negro deu alguns passos em sua direção, mas parou longe o suficiente para não ser agarrado.

— Óia... Aqui drentu tem cumida! Si ocê mi dé uma informação, tudu issu é di ocê!

— U qui ocê qué sabê?

— Si na fazenda du portugueis tem água!

— E pru quê ocê qué sabê?

— Meu donu qui qué sabê!

— I quem é seu donu?

— U conde...

— Vigi Maria! — respondeu o escravo, fazendo o sinal da cruz, e continuou: — Num queru sabê du seu donu... eli é pió qui cobra cascavé!

— É... mais eli num tá aqui! Eu só queru qui ocê mi leva inté a divisa cum u portugueis pra eu oiá a água; dispois eu vô imbora i ocê fica cum a cumida!

O negro pensou, passou a mão no cabelo pixaim e respondeu:

— Ispera aqui... eu vortu!

Algum tempo depois, ele voltou. Julião já estava impaciente; não podia regressar sem levar uma resposta para o conde.

— Ocê tem sorti! Meu feitô i u sinhô foi pra Santu Antonhu i só vorta aminhã! Vem cumigu!

Atravessaram alguns metros de mato espesso e logo depois uma cerca alta, feita com grossas toras de carvalho e arame farpado, impossibilitava qualquer pessoa de entrar. Do outro lado da cerca, um roçado de mais ou menos dois metros de largura. Dir-se-ia que era para passar uma montaria de fiscalização, o que foi confirmado depois pelo escravo. Após a clareira, uma cerca viva densa, formada de arbustos e vegetal lenhoso ramificado desde a base, apresentava enorme dificuldade para se enxergar do outro lado:

— Ô diachu... Pareci inté uma prisão! Adondi tá essa bendita água? — resmungou o feitor.

— Iscuita...

Julião prestou atenção e ouviu seu barulho. Queria ver e saber de onde ela vinha, pois o rio mais próximo estava a pouco mais de um quilômetro de distância...

— Adondi tá essi riu qui num tô venô?

— Num tem riu!

— Ô negu... ocê tá brincanu cumigu?

— Tô não...

Nervoso, Julião olhou ao redor e viu, a alguns metros fora da cerca, um frondoso pé de jequitibá. Sem titubear, parecendo um macaco, trepou com extrema agilidade na árvore e ficou boquiaberto com o que viu:

— Vigi Maria i Jesuis! U qui é issu?! — gritou o feitor, benzendo-se.

A bica, ali perto, girava a roda do monjolo, trazendo aos ouvidos um lamento fastidioso e triste, levando um tênue fio de água que caía de grandes pedras sobrepostas para um tanque arredondado, volumoso o suficiente para saciar um grande rebanho. Uma espécie de calha, de muitos metros de comprimento, enchia outro tanque nas mesmas proporções, situado na coudelaria. Era água suficiente para saciar muitos animais durante meses.

O recanto era agradabilíssimo. Limpo, com algumas árvores de baixa estatura, flores e uma cerca de arbustos altos que impedia que os animais invadissem a pequena área. Dois empregados da Santa Tereza se empenhavam na limpeza do local e dos tanques.

O feitor ficou algum tempo pasmo, olhando sem acreditar no que via. Quando avistou um trabalhador que fazia vigilância se aproximar, rapidamente desceu da árvore e foi embora com o negro.

Sem dizer nada, entregou ao comparsa o saco com as guloseimas e foi relatar ao conde o que havia descoberto. Mas não sabia como fazer. Teria de tomar muito cuidado, porque, com certeza, ele ficaria meio, ou louco por inteiro.

Nem Julião terminou de narrar o que vira e seu senhor já estava jogando tudo pelos ares.

— *Maledetto*!! Como que ele pôde fazer tudo isso, Julião? Você tem certeza do que está me contando? *Caspita*!!

— Tenhu, sinhô! Inté eu qui vi num aquerditu!

— *Al diavolo*!! *Questo*[7] *maledetto*!! *Guai*!! *Guai a te*[8]!! Saia daqui, Julião, senão mando Narciso levá-lo para a arena!

— Sim, sinhô!

O negro saiu em disparada, resmungando: "Bem qui tudu mundu fala qui essi homi é pió qui u capeta! Sinti vontadi di matá eli! Eli inté qui pudia tratá mió seus escravu, dá um pocu mais di cumida! Elis trabaiam tantu! Essi homi é memu uma pesti!". E se benzeu.

Exasperado e proferindo palavrões, Cesare chamou o cocheiro e foi para Santo Antônio.

Fiorella ouviu parte da conversa, mas não conseguiu descobrir o que era. Sabia, porém, que quando o marido se exasperava assim era alguma coisa contra a Santa Tereza e seu proprietário.

---

[7] este
[8] ai de ti

CAPÍTULO 27

LAMENTAÇÕES DA CONDESSA

A manhã estava muito quente.

Narciso conduzia um grupo de quinze escravos para trabalhar num alqueire de milho de onde saía boa parte do alimento dos animais. Um escravo, aparentando pouco mais de quarenta anos, estava com enorme dificuldade para acompanhar os amigos. O pobre homem ardia em febre por causa de uma pústula localizada nas costas, lugar onde mais eram surrados. Com essa violência, teve uma costela quebrada que, sem os devidos cuidados, infeccionou. Por isso, gemendo de dor, andava vagarosamente, ficando atrás do grupo do qual fazia parte. Narciso estalou o chicote em suas costas, atingindo em cheio sua chaga. O escravo sentiu tamanha dor que uivou como um animal selvagem, caindo ao chão desmaiado. Seus amigos voltaram para ajudá-lo, mas o chicote, como o silvo de uma serpente, ameaçava seus dorsos, impedindo-os.

Sangue e pus vertiam das costas do negro. E o feitor, parecendo endemoninhado, batia... batia... batia...

— Levanta, negu imundu! Levanta i vai trabaiá, fedorentu!

E continuou batendo.

Nisso, Julião chegou a cavalo.

— U qui ocê tá fazenu, Narcisu? Num vê qui u homi tá mortu?

Narciso parou e, por alguns momentos, ficou olhando o corpo do pobre homem. Emitiu um grito parecendo o demônio e deu mais uma chibatada no infeliz, e ao mesmo tempo berrou para o resto do grupo:

— Ocê i ocê... levi u homi mortu pra senzala i us otru vão andandu... vão andandu!

Apesar da noite calma e da temperatura fresca, Fiorella não conseguia pegar no sono. Depois de muito vagar pela casa, foi até a cozinha e preparou um chá com folhas de cidreira.

Lembranças de como ficou sua vida depois de casada lhe trouxeram angústia e medo, enquanto lágrimas ardentes inundavam seus olhos.

Fazia muito tempo, a pedido dela mesma, o conde dormia num dos quartos de hóspedes. Não suportava mais o contato físico com o canalha do marido. Lembrou-se de Giuseppe... Poderia ter sido tão feliz com ele! No entanto, a figura do homem que vira na igreja se sobrepunha à de Giuseppe. Era como se uma força superior o expulsasse de seus pensamentos e desse lugar ao ser divino que encontrara tempos atrás na igreja. Sua tristeza aumentava ainda mais. Queria que em seus pensamentos ficasse a figura loira de seu amor de infância, e não a exuberância e o charme do homem que a abordara no templo.

Impaciente, esperou o dia amanhecer, e, junto com Olívia, o cocheiro e um escravo, foi até Santo Antônio para rezar e tentar amenizar a angústia que estava sentindo. Com o coração pulsando desgovernado, adentrou a nave na esperança de rever o desconhecido que a havia feito vibrar na igreja. "Quem sabe ele está aqui", pensava.

No coro da igreja, várias noviças, acompanhadas da superiora, cantavam. O som daquelas vozes mais parecia um enfadonho lamento que, apesar de baixo, repercutia nas paredes do templo, deixando o semblante da condessa ainda mais triste. Com os olhos vermelhos pelo pranto, resolveu voltar para casa. Olívia se aproximou e perguntou:

— O que foi, senhora condessa? Eu posso ajudar?

— Não, Olívia! Ninguém pode me ajudar! Parece que toda a tristeza que acumulei durante esses anos de casada resolveu vir à tona, tudo de uma vez. O passado volta à minha mente tão claro como se tivesse acontecido ontem. O que me dá forças é a presença de Giani e Gianluca; caso contrário, já teria voltado para a Itália, mesmo contra a vontade de meu marido! Minha vida se resume a brigas, violência e morte! Quando tinha quinze anos, sonhava com meu príncipe encantado... um jovem bom, honesto, sem essa loucura pelo poder do dinheiro e que me amasse acima de tudo... e aos dezesseis já estava casada com esse monstro que é o conde! Você conhece toda a minha história, Olívia!

A criada concordou com um sinal de cabeça e a condessa prosseguiu:

— Você me acompanhou durante todos esses anos e sabe que estou dizendo a mais pura verdade! Sempre esteve comigo, me ajudando, me amparando... e por tudo isso eu lhe agradeço! Obrigada, Olívia!

— E eu vou estar sempre do seu lado, senhora condessa, para o que der e vier!

— Obrigada!

Antes de tomar assento na carruagem, pediu ao cocheiro para parar numa loja mais à frente, onde compraria fitas para os vestidos de Marzia e de Giani.

CAPÍTULO 28

A QUERMESSE

O padre Bepim fazia, todo ano, quermesses para ajudar nas despesas de manutenção de sua igreja. Todos os gastos, prendas, bebidas etc. eram doados pelos fazendeiros da região, que também mandavam alguns empregados para ajudar na arrumação das mesas e barracas.

No dia anterior à quermesse, o pároco foi até a Fazenda dos Ipês e foi recepcionado pela condessa.

— Como vai, padre Bepim? Entre! Vou mandar servir um cafezinho do jeito que o senhor gosta!

— Obrigado, condessa! Gosto muito do café da Olívia!

Depois de acomodados na pequena, mas luxuosa, saleta, Fiorella indagou:

— Suponho que veio saber a respeito das prendas, padre Bepim! Não se preocupe, já está tudo arrumado e, logo depois do almoço, um criado vai deixar na sacristia!

— Obrigado, senhora condessa, mas minha visita tem outra finalidade!

Fiorella o olhou, surpresa, e o pároco continuou:

— Gostaria que a senhora ajudasse, amanhã, na organização da quermesse!

— Ajudar? Mas eu nunca fiz isso, reverendo!

— Eu sei! Sei também que a senhora tem condições! A senhora Leontina, que organizava tudo, está de cama e impossibilitada de participar desta vez!

— Não! Eu não tenho jeito nenhum para essas coisas, padre! É melhor procurar outra pessoa!

O religioso se levantou nervoso e preocupado; enxugou o suor e disse:

— Condessa, a senhora é minha última esperança! Não tenho mais a quem recorrer!

Fiorella calou-se. Nisso, Gianluca entrou, acompanhado da irmã Giani:

— Padre Bepim! Como vai? Sua bênção! — saudou o jovem.

— Deus os abençoe, meus filhos!

Giani, vendo a mãe séria, perguntou:

— Que foi, mamãe? Aconteceu alguma coisa? — antes que Fiorella respondesse, o padre contou o motivo de sua visita e a recusa da condessa.

— Por que não aceitou, mamãe?

— Porque não tenho jeito para essas coisas, Giani!

— Eu ajudo a senhora! — respondeu a filha, já pensando em ver o rapaz fujão.

— Eu também posso ajudar! — acrescentou Gianluca, também pensando na possibilidade de encontrar Manuela.

— Ah, vamos, sim! São raras as vezes em que saímos de casa, e esta é uma excelente oportunidade!

Marzia entrou na sala e Fiorella perguntou se ela também não gostaria de ir, depois de lhe contar a proposta do vigário.

— Não contem comigo! Tenho coisas mais importantes

para fazer do que perder tempo com quermesse! — e saiu da sala, deixando o visitante atônito pela grosseria.

— Com todo o respeito, senhora condessa, mas essa menina não parece ser sua filha!

— É... — respondeu, triste, a mãe: — Ela se parece com o pai!

Houve um momento de silêncio.

Logo depois, Gianluca se aproximou da mãe e sussurrou:

— Mamãe, é uma oportunidade para eu encontrar Manuela, a filha do senhor Joaquim!

Fiorella estremeceu quando ouviu o nome do proprietário da Santa Tereza e pensou: "Será também uma oportunidade para conhecê-lo; só espero que ele não leve a esposa. Tenho muita vontade de encontrá-lo, por sua fama de íntegro e por ser o primeiro a enfrentar o conde sem medo! Como será que ele é?". Seus pensamentos foram interrompidos quando Gianluca, aflito em pensar numa recusa da mãe, a colocou na parede:

— Então, mamãe! Vamos ou não vamos?

— Vamos!

Os filhos a abraçaram e o padre, de mãos postas para o alto, agradeceu a Deus.

— Veja bem, reverendo, não quero ouvir reclamações se não ficar de seu agrado!

— Tenho certeza de que vai ficar ótimo, senhora condessa!

Satisfeito, o padre Bepim voltou para Recanto das Flores.

Gianluca não cabia em si de alegria e, junto com a irmã, foi ao jardim. Fiorella, sozinha, ficou lembrando o homem sedutor que encontrara na igreja algum tempo atrás: "Que homem lindo! Não sei por que ele não me sai do pensamento!

Quem sabe o senhor Joaquim não tem um pouco de sua beleza!". Pensativa, foi para o quarto.

No dia seguinte pela manhã, a condessa, com Gianluca, Giani e Olívia, foi de carruagem para a cidade. A quermesse seria realizada no pátio ao lado da igreja e algumas pessoas já se mobilizavam para a arrumação.

Fiorella conversou perto de meia hora com o padre Bepim e, logo depois, começou a orientar as pessoas.

Em seguida, foi até uma sala da casa paroquial para apanhar algumas toalhas de mesa. Quando saiu, viu um homem que conversava com o sacerdote e o reconheceu: "Meu Deus! Aquele homem é o que encontrei na igreja! Ele está muito mais bonito!". E a condessa o encarava sem conseguir desviar o olhar: "Que lindo espécime de homem! É o tipo com que as mulheres sonham! A esposa, se ele for casado, deve ser muito feliz em viver a seu lado!". Estava inebriada com os olhos fixos no homem quando ele, como se estivesse sentindo seu olhar, se virou rapidamente e ficou a encará-la. Fiorella estremeceu e se assustou, deixando algumas toalhas cair no chão. Imediatamente as recolheu e, rubra, ousou dar mais uma olhada em direção ao cavalheiro e viu um meigo sorriso em seus lábios. Misturou-se com o grupo e tratou de esquecer o encontro. Meia hora depois, retornou à casa paroquial para pegar mais toalhas. Estava dobrando-as quando ouviu atrás de si um leve ruído; virou-se e viu o belo homem fitando-a, com um sutil sorriso nos lábios. Fiorella teve a impressão de que labaredas atingiram seu rosto, tão grande foi o rubor que o cobriu. Com uma voz suave e cheia de carinho, o recém-chegado lhe sussurrou:

— Não tenha medo! Eu jamais faria qualquer coisa para

magoá-la ou prejudicá-la! O que eu quero, e vou fazer, você também quer... Vejo claramente em seus olhos!

Assim dizendo, foi se aproximando. Fiorella queria recuar, queria desaparecer dali, pois sabia que não teria forças nem coragem para se defender. O que ele queria ela queria, sim, e muito mais. Queria ser dona daquela divindade que lhe roubara o coração com um simples olhar... Queria ser propriedade dele para se aninhar naqueles braços fortes e não ter medo de nada... Queria que ele a possuísse, de dia, de noite e em todos os momentos que ainda lhe restavam de vida...

Ele se aproximou mais um pouco e ela sentiu seu perfume. Um misto de sândalo e âmbar... Jamais esqueceria aquele homem, sua voz, seu olhar de mel e a fragrância que exalava de seu corpo...

Quando ele a tocou, pegando sua mão, ambos estremeceram ao mesmo tempo... um sentindo o calor do outro. Depois, perdido no azul de seus olhos, ele pegou sua outra mão e a colocou sobre o peito. Seu coração batia acelerado... desgovernado...

Fiorella sentiu o chão sumir debaixo dos pés; por segundos, achou que ia desmaiar. Ele colocou a mão em sua cintura e, delicadamente, puxou-a de encontro a si... e... e ela sentiu seu corpo másculo. Sua boca entreaberta procurou seus lábios de carmim e ele depositou, suave e rapidamente, um beijo... depois outro... outro... e mais outro. Fitou seus olhos da cor do céu e depois beijou seus lábios com sofreguidão, como se quisesse devorá-la num único ósculo. Enquanto a beijava na boca, mais a trazia de encontro a si... Ela levantou os braços, cingiu seu pescoço... e suas mãos acariciaram seus cabelos negros e sedosos... e sentiu que ele estremeceu a seu toque...

O beijo foi longo... sedutor... devorador...

De repente, ele a fitou e, quase como um lamento, disse:

— Perdoe-me! — e saiu.

Passada a emoção, Fiorella voltou ao pátio levando as toalhas. Procurou com o olhar o homem que lhe roubara alguns beijos, mas não o viu. O resto do dia foi de nervosismo e um misto de alegria; nervosismo por ter cedido ao beijo e retribuído com intensidade, e alegria pela experiência. Nunca fora beijada assim. Nunca sentira a emoção de um beijo de amor tão intenso, nem quando amava Giuseppe. Amava? Surpreendeu-se quando balbuciou o verbo no passado.

— Ainda... *amo!!* — sua boca pronunciava no presente, mas o coração, a alma e todo seu ser se rebelavam e procuravam o charmoso e sedutor ladrão de beijos.

CAPÍTULO 29

O BAILE EM SANTO ANTÔNIO

Giani, por imposição do pai, sempre frequentava os bailes de Santo Antônio para acompanhar a irmã Marzia, que em todos eles se esbaldava numa frivolidade indescritível, enquanto ela, como sempre, ficava num canto do salão ou passeando sozinha pelo jardim esperando a boa vontade do pai para voltar. Eram sempre os últimos a deixar as festas: o conde ficava tão embriagado que precisava da ajuda do cocheiro para ir até a carruagem; Marzia saía mal-humorada porque nenhum rapaz se interessava por ela; e Giani voltava tranquila para casa.

Numa dessas festas, enquanto admirava o belo jardim que circundava o luxuoso e caríssimo clube, viu do outro lado um rapaz que a olhava insistentemente. Apesar da distância, achou que o conhecia de algum lugar: "Quem será esse jovem? Já o vi antes... Onde?". Resolveu se aproximar. Somente a alguns metros o reconheceu. Era o mesmo jovem que fora até sua casa na noite do baile e fugira rápido quando a viu. "Ele tem a mesma tristeza no olhar! Vou me aproximar um pouco mais... talvez eu consiga descobrir quem é!"

Assim pensando, foi se aproximando, mas, para sua surpresa, ele rapidamente lhe deu as costas e sumiu entre os pés perfumados de dama-da-noite. "Que rapaz estranho!", pensou Giani.

De volta à casa, não conseguiu tirar o garboso jovem da mente. No dia seguinte, ao ficar só com a mãe, comentou o que havia acontecido.

— É por isso que você está tristonha o dia todo?

— É sim, mamãe! Eu o vi apenas duas vezes, mas a tristeza que vejo em seus olhos é muito profunda! Até me parece que ele vai começar a chorar... Gostaria de ajudá-lo!

A voz de Giani soou baixa e melancólica; sua mãe se comoveu.

— Como podemos ajudá-lo, filha, se não sabemos quem é, o que quer e nem deixa você se aproximar? Eu até acho que deve tomar muito cuidado com tudo isso!

Gianluca entrou no quarto e sua mãe lhe contou o que havia ocorrido.

— Outra vez o mesmo rapaz? — e, brincando com a irmã, arrematou: — Vai ver ele quer se casar com você!

— Não seja presunçoso, Gianluca! — respondeu a irmã. Sua voz chorosa fez o irmão deixar as brincadeiras de lado.

— Oh! Desculpe! Eu estava brincando! — aproximou-se da irmã e a abraçou, dizendo: — O que posso fazer para ajudar?

— Nada! — respondeu a mãe: — Quando ele a vê, sai correndo!

— Como ele é? Vou tentar descobrir alguma coisa a seu respeito!

Feita a descrição do rapaz, mudaram de assunto.

Enquanto o astro-rei iluminava a Terra com seus raios de luz ofuscante, na arena de tortura os negros eram açoitados e o sangue jorrava dos corpos pelos vergões provocados pelo azorrague de Julião e Narciso.

    Alguns escravos tinham costelas quebradas, o que os deixava com o tórax inchado, fazendo-os gemer de dor, e por isso não conseguiam trabalhar rápido como o conde exigia.

    Era uma vida árdua e de muito sofrimento, que os coitados desafogavam nas velhas canções da terra natal.

    A condessa, na medida do possível, sempre procurava amenizar um pouco o sofrimento dos escravos.

    E foi na tarde desse dia ensolarado que mais uma desgraça aconteceu na "arena de tortura".

    Um menininho de seis anos esbarrou sem querer numa pilha de latas que os escravos usavam para levar sal para o gado, derrubando-a no chão. O barulho chamou a atenção dos feitores, que correram para ver o que estava acontecendo. Imediatamente, o pai do garoto foi amarrado na arena e chicoteado. Quando deu o vigésimo golpe, o feitor estava ofegante e molhado de suor, mas satisfeito. Enrolou o açoite nas mãos, ainda sujo de sangue, e se afastou gritando para outro escravo:

— Tira eli daí! Hoji num vai tê sarmora!

    O escravo obedeceu e, com cuidado, tirou o amigo da arena, desmaiado. A cabeça do negro pendia para trás e tinha uma grande falha no cabelo que as bolas de ferro, presas na ponta do relho, haviam arrancado. Sangue escorria pela boca e pelo nariz. Seu filhinho, do lado, soluçava vendo o sofrimento do pai.

Pouco depois, Chico Manco chegou com suas ervas para ajudar o pobre coitado.

Essa era a verdadeira realidade da bela Fazenda dos Ipês. Seu solo tão produtivo vivia encharcado pelo sangue dos negros. Seus gritos de dor ecoavam pela imensidão do infinito, assustando todos aqueles que chegavam a ouvi-los...

CAPÍTULO 30

O SÍTIO SANTA FILOMENA

Um mês depois, mais um baile aconteceu no caríssimo clube de Santo Antônio, e Giani se ofereceu para acompanhar o pai e Marzia, esperando rever o tal rapaz misterioso.

Assim que chegou, sentou-se num banco de jardim para esperar. As horas passaram sem novidades. Levantou-se e foi ao salão, onde quase todos dançavam: "Que festa chata e ridícula!". Os rapazes andavam como cisnes emplumados dentro das camisas engomadas e com os cabelos besuntados, tão brilhantes que pareciam óleo comestível. Gostava, sim, de ver pessoas elegantes no traje, nos gestos e nas palavras; não, porém, esses rapazes tão ocos por dentro e sem vontade própria. Obedeciam cegamente aos pais e eram todos iguais: frequentavam a mesma escola, o mesmo curso, a mesma religião: "Parece que uma cabeça funciona em todos os corpos! Nunca me casarei com um indivíduo assim! Eles não sabem distinguir um pé de café de uma erva daninha ou um boi de um cavalo!", pensava a jovem Giani, triste e aborrecida por ter de aguentar a festa até terminar.

De repente, por um espaço que se formou entre os casais que dançavam, ela viu do outro lado o rapaz desconhecido que a olhava com insistência. Atravessou rapidamente o salão, pedindo licença aos dançantes para falar com o moço. Mas ele havia sumido. Correu ao jardim e viu quando ele se afastava a cavalo.

Aborreceu-se ainda mais. O tempo demorou a passar. Não via a hora de voltar para casa, colocar a cabeça no travesseiro e dar vazão às lágrimas.

No dia seguinte, nova tristeza:

— E agora, filha? Novamente o misterioso rapaz?

— Sim, mamãe!

— Talvez ele seja filho de algum fazendeiro da região!

— Não! Não é! Todos os filhos dos fazendeiros gostam de se mostrar por meio da indumentária vistosa. Ele deve ser pobre, porque no baile aqui em casa e no clube ele usava a mesma roupa! Isso não me incomoda! O que me deixa aborrecida é a tristeza que vejo em seus olhos! Parece que ele quer me culpar de alguma coisa! Mas do quê, se eu não o conheço?

— Impressão sua, Giani! Procure esquecer esse rapaz!

E a mãe saiu do quarto deixando a filha entregue a suas lucubrações: "Esquecer como? Ele não sai da minha cabeça!".

A semana seguinte transcorreu sem novidades.

Um dia, à tarde, Gianluca, apavorado, chamou a irmã e a mãe para uma conversa em seu quarto.

— Por que em seu quarto?

— Porque não quero que alguém conte a papai o que vamos conversar! — e olhou para Marzia.

No quarto, Gianluca fechou a porta e começou:

— Mamãe, tenho duas notícias muito desagradáveis para a senhora e Giani! — as palavras acompanharam a fisionomia preocupada do rapaz, e elas nem ousaram perguntar de imediato quais eram. Houve um momento de silêncio; então, criando coragem, Fiorella perguntou ao filho:

— O que foi, Gianluca? O que aconteceu?

— Mamãe... Giani... O que vou contar me dá nojo só em lembrar que sou filho desse verme que se chama conde Cesare!

— Ah, só podia ser coisa de papai! — respondeu Giani.

— Não falem assim... E não se esqueçam de que é o pai de vocês! O que ele fez agora?

— A senhora se lembra do senhor Alípio, que se suicidou há pouco? O antigo dono do Sítio Santa Filomena, mais conhecido como "Sítio das Nascentes", e que agora é de papai?

— Eu me lembro, mas não o conheci!

— Eu também não, Gianluca! — disse a irmã.

— Pois é... O conde não comprou o sítio! Ganhou numa trapaça de jogo! Fazia algum tempo que papai se tornara amigo do senhor Alípio, deixando que ele ganhasse pequenas importâncias no baralho, tudo para conquistar sua confiança...

— Oh!, meu Deus! Pobre homem... — interrompeu a condessa.

E o rapaz continuou:

— Coitado do senhor Alípio... tão ingênuo! Papai o encharcava de bebida e o obrigava a jogar; como sempre, trapaceando... E ele apostou o sítio contra nossa fazenda!

Gianluca calou-se por instantes e depois, com a voz embargada de emoção, prosseguiu:

— Papai lhe dava caixas e mais caixas de vinho... até

que deu a cartada final; tomou-lhe a única fonte de renda para sustentar a família! Sua esposa e os dois filhos moram agora na periferia de Recanto das Flores, numa casa alugada, e os dois rapazes pararam de estudar! Faltava um ano para o mais velho se formar advogado e o mais novo se tornar veterinário! Com um só golpe, papai acabou com a família e o sonho deles!

— Deus do Céu! — exclamou Fiorella. — Como você descobriu tudo isso?

— O Agripino me contou! E aquele rapaz, Giani, é Aluísio, o filho mais velho do senhor Alípio!

A irmã, incrédula, não soube o que responder. Gianluca continuou:

— Agripino era empregado do senhor Alípio fazia quase trinta anos... Agora é de papai! Quase morri de vergonha quando ele me contou as falcatruas que papai aprontou! Ele tem tanto dinheiro! Por quê, meu Deus? Por que fez tudo isso? Deixou uma mulher viúva, tirou o sonho de dois rapazes e os deixou na miséria! Agripino me disse que estão passando necessidade!

— Precisamos ajudá-los, Gianluca! — respondeu a condessa, enxugando as lágrimas.

— Acha que eles vão aceitar nossa ajuda, mamãe? É claro que não! Eu, no lugar deles, jamais aceitaria!

— É verdade...

— Mamãe... Por acaso a senhora sabe por que papai fez tudo isso?

— Com o que você me contou, desconfio que ele continua atrás da mina de pedras preciosas! Ele quer essa mina de qualquer jeito! Se não a encontrar no sítio, ele começará novamente a provocar o senhor Joaquim! Mas... se essa maldita mina estivesse no Sítio Santa Filomena, o senhor Alípio já a teria encontrado. Deve haver outro embuste por trás disso tudo, além, é claro, de tirar a água dos fazendeiros! Tomara que ele a encontre no sítio, assim não vai mexer com o senhor Joaquim! Tenho muito medo do que possa acontecer com o português e sua família! Cesare é bem capaz de atrocidades para conseguir o que quer!

— O senhor Joaquim é um homem muito bom, esperto e inteligente! Papai não vai conseguir nada com ele!

— Tomara, filho! Tomara...

— O que Aluísio quer com você, Giani, eu não consegui descobrir!

A jovem não respondeu. Olhava para o vácuo, como se nada existisse à sua volta.

— Giani! Ei... Giani... Está no mundo da lua?

— Ah, meu irmão... Como gostaria, sim, de estar em outro mundo para não ver a canalhice de papai!

Silêncio.

Gianluca prosseguiu:

— Quase todo dia descubro uma sujeira do meu pai. Quanta vergonha, meu Deus! Tenho muita vontade de ir embora daqui... Gostaria de ter amigos. Sair para passear com a cabeça erguida, sem sentir vergonha das pessoas. Preferia que papai fosse pobre, mas honesto, e não praticasse essas falcatruas...

Enxugou as lágrimas e saiu. Fiorella também deixou o quarto do filho, onde estavam reunidos, enquanto Giani, segurando as lágrimas, correu para o seu.

CAPÍTULO 31

UM ESCRAVO DIFERENTE

A vida corria tranquila na fazenda.

Os escravos, porém, continuavam sofrendo atrocidades dos dois feitores e do conde, e a maioria morria debaixo do açoite, principalmente do negro Narciso. Um monstruoso escravo que, transformado em feitor, cometia as mais impensadas e cruéis barbaridades contra os coitados, e a cada semana um ou dois morriam pelas mãos do tirano.

Com isso, o conde começou a se preocupar com a mão de obra. Estava absorto nos pensamentos quando Julião bateu à porta do escritório.

— Licença, sinhô!

O conde fez sinal para que entrasse e foi logo perguntando:

— O que aconteceu, Julião?

— Sinhô, tá um moçu aí fora pidindu trabaiu!

— Quem é?

— Num sei, sinhô! É um homi bem isquisitu...

O conde ficou olhando receoso para o feitor, mas ordenou-lhe que mandasse o moço entrar.

Quando o viu, Cesare ficou admirado. Nunca vira um escravo assim: alto, forte, moreno, cabelo encaracolado e olhos verdes. Usava uma calça até o joelho, toda suja e rasgada, chinelos de couro bem surrado, e trazia nas mãos uma pequena sacola de pano. Seu dorso nu e moreno, assim como o resto do corpo, formavam um conjunto de fazer suspirar as mulheres de qualquer idade, estimulando-as a imaginar como seria uma noite de amor com um homem tão másculo e bonito como aquele.

Depois de examiná-lo atentamente, da cabeça aos pés, o conde concluiu: "Ele é bem diferente dos outros escravos, mas forte o suficiente para dar conta do trabalho!".

— Como é seu nome?

— Tomé, sinhô!

— Por que quer trabalhar aqui?

— Pruquê percisu cumê, sinhô! Ninguém vivi sem cumê!

— De onde você veio?

— Vim du norti, sinhô! Trabaiei numa fazenda di café i...

— E...

— I eu fugi, sinhô! Faiz seis meis!

— E por que fugiu?

— U trabaiu era pesadu! Nóis tava derrubanu arvi pra prantá quandu us jagunçu invadiu a fazenda pra robá! Tevi tiru pra tudu ladu. U sinhô morreu i a negada si mandô. Dispois di andá por mais di meis, cheguei numa fazenda i u sinhô mi dexô trabaianu na casa-grande! Ele era muitu bom i eu tinha cumida a vontadi, mais...

— Mas o quê? — perguntou o conde, curioso.

— Mais a sinhá si ingraçô cumigu i eu achei mió fugi!

— E o que você tem dentro dessa sacola?

— Fumu, sinhô! — assim falando, Aluísio abriu a sacolinha e o conde viu que ela continha um surrado cachimbo e um pedaço de fumo de corda.

— Você não vai poder fumar aqui! Não vai ter como comprar fumo!

— Eu sei, sinhô! Vô fumá inté acabá!

— Está bem! Está contratado! Você receberá ordens de Narciso e Julião!

— Sim, sinhô!

E Aluísio saiu em companhia de Narciso, feliz porque o conde não percebera um fundo falso na caixinha do fumo, onde estava escondido um afiado punhal. Foi logo encaminhado para trabalhar na lavoura. Narciso, com ódio mortal, já estava procurando um meio de chicoteá-lo: "Vai sê bom dimais chibatá essi escravu tão deferenti dus otru! Quem sabi eu viru u mandachuva da negada!".

O feitor tocava o cavalo num trote e gritava para Aluísio acompanhá-lo, e ele o acompanhava. Mas, ao passar pela senzala, notou que Chico o olhava com insistência. Ficou com receio de que o velho manco o reconhecesse e fez um leve sinal com a mão para que silenciasse. Isso fez com que diminuísse um pouco o ritmo dos passos. Narciso achou motivo para estrear o dorso de Aluísio. Levantou o chicote mais para pôr medo no rapaz, mas o pegou de raspão, deixando um pequeno vergão em suas costas e fazendo-o cair ao chão e gritar de dor. Aluísio levantou-se e gritou para Narciso:

— Pru quê ocê feiz issu? Eu tava quietu... num fiz nada!

— U qui ocê tá dizenu, seu mulequi? Eu batu memu i inté tiru sangue!

Assim dizendo, desceu novamente o chabuco em Aluísio, que deu um pulo para se desviar do golpe e, rápido como um raio, pegou a ponta do relho e deu um tremendo puxão, derrubando Narciso da montaria. O feitor, sem o chicote e praguejando, pegou um afiado punhal e foi para cima do jovem, que se preparava para se defender, quando ouviu a voz de Julião:

— Pari cum issu, Narcisu! U qui ocê tá fazenu, homi di Deus! Num tevi mutivu ninhum pra surrá u escravu!

Resmungando, Narciso montou no cavalo e Aluísio o seguiu. Da senzala, Chico assistiu a tudo e, à noite, quando os escravos voltaram da roça, foi falar com o jovem.

— Óia, meu fiu... Ocê iscapô pur pocu di sê chibatadu pelu feitô Narcisu! Cuidadu, mininu! Eli bati bem i inté já matô muitu homi mais forti du qui ocê com u reiu!

— Eu sei! Sei também que posso confiar em você, Chico! Eu estou aqui por um motivo muito forte e será por poucos dias! Depois vou...

— Vigi Maria! Ocê fala iguar u brancu! — respondeu Chico, admirado e interrompendo o rapaz. Depois continuou: — Eu sabia qui cunhecia ocê di argum lugá! Agora mi alembrei... Ocê é fiu du finadu sinhô Alípio! U qui ocê tá fazenu aqui?

O velho negro olhou firme nos olhos de Aluísio e o aconselhou:

— Ah, meu amigu! Num faiz isso, não! Dexa tudu na mão di Nossu Sinhô Jesuis i leva tudu cum pacença; a vingança é uma faca di duas ponta... uma nóis usa pra matá nossu irmão i a outra nóis infia nu nossu coração i fica sangranu... sangranu... inté num podê mais!

Ouvindo tudo isso, Aluísio começou a soluçar e, com a voz muito triste, respondeu:

— Ele tirou tudo o que tínhamos! E agora estamos passando necessidade! Minha mãe está doente e não temos como cuidar dela! Meu desespero é muito grande, meu amigo! É por isso que estou aqui! Esse canalha tem de pagar por tudo o que fez ao meu pai e à minha família!

— Entregui tudu na mão di Nossu Sinhô du Céu! Eli resorvi tudu, meu fiu! Dexa a vingança di ladu!

O rapaz chorou muito e depois, mais calmo, contou todas as trapaças que o conde fizera para tomar o sítio do pai.

— Não é justo, Chico, fazer tudo que ele fez e ficar impune! A Justiça só existe para os que não têm dinheiro!

— A justiça dus homi, sim, meu fiu, mas ocê si isquici qui Nossu Sinhô tá lá im cima venu tudu! Ocê aquerdita Nele?

— Acredito, sim!

— Tudu que ocê tá venu em cima da Terra foi Nossu Sinhô quem feiz, i entonci nóis aquerdita qui Deus é bom i justu! Óia, meu fiu, u mió memu é ocê dexá a vingança di ladu! Ocê vai mata u sinhô i dispois vai pra cadeia... i u qui vai acontecê cum sua mãe? Ela vai morrê di tristeza di vê u fiu presu...

— É verdade, Chico!

— Intonci, mininu, isquici tudu issu! Ocê só vai tê mais tristeza! U sinhô conde é um homi iguar ou pió qui uma pesti! Eli só pensa nu denheru... I óia, meu fiu, é mió tamém num infrentá us dois feitô i muitu menos u sinhô! A sinhazinha Marzia é outra pesti iguar ou pió qui u pai! Mais a sinhá, u sinhozinhu Gianluca i a sinhazinha Giani é us anju di nóis tudu!

Quando ouviu falar o nome de Giani, Chico percebeu que os olhos de Aluísio brilharam. Aproveitou para falar mais sobre a vingança:

— Já pensô, sinhozinhu, si ocê matá u pai dela? Ela nunca vai querê sabê di ocê!

— É, eu sei, Chico!

E por mais de meia hora o velho manquitola advertiu o jovem, que, fascinado, ouvia atento.

Mais calmo, o rapaz encolheu-se em seu canto e não conseguiu dormir, pensando nas palavras do negro.

Na manhã seguinte, aproximou-se de Chico e disse:

— Obrigado pelos conselhos! Pensei muito em tudo o que você me recomendou e resolvi acatar suas palavras.

Chico colocou a mão esquelética no ombro do rapaz e garantiu-lhe:

— Qui u Pai du Céu abençôi ocê, mininu! Foi a mió coisa qui ocê feiz!

— Vou ficar mais um ou dois dias para ver Giani, depois vou embora!

— Cuidadu cum us feitô! Elis é pirigosu! Num dexa elis vê ocê indu imbora! Elis podi atirá nocê!

— Não se preocupe! Sei o que fazer!

— Vai cum Deus, meu fiu!

Aluísio se afastou e Chico Manco ficou pensando: "Bom mininu! Eu veju eli cum a sinhazinha! Muita coisa boa vai acuntecê cum eli. Seu coração é bom!".

Deu algumas baforadas no surrado cachimbo e procurou um canto para descansar.

Dois dias depois, ouviu comentários sobre a fuga bem-sucedida de um escravo diferente dos demais. Um leve sorriso apareceu em seus lábios.

Capitães-do-mato foram convocados para capturar o fugitivo, vivo ou morto...

Mas nem sinal de Aluísio.

CAPÍTULO 32

O ENCONTRO DE MANUELA COM GIANI

Depois do encontro desastrado de Manuela com o conde na igreja, Gianluca não a viu mais. Mandou vários bilhetes por intermédio dos escravos e ela respondia que estava com saudade e que também queria vê-lo, mas achava melhor obedecer ao pai e esperar algum tempo por causa de Cesare. E os dois viviam tristes e aborrecidos sem saber como resolver o problema.

Certa manhã, a condessa precisava ir a Santo Antônio com urgência e chamou Gianluca para acompanhá-la.

— Desculpe, mamãe! Não quero ir! Estou sem vontade de sair de casa.

— Você precisa se distrair, e essa é uma oportunidade, sem contar que, se você for, eu me sentirei mais segura!

O jovem pensou, pensou e respondeu:

— Não, mamãe! Não quero ir!

— Você já pensou na possibilidade de encontrar Manuela? Pelo que sei, ela sempre vai a Santo Antônio!

— É verdade! Não tinha pensado nisso! Eu vou, sim, mamãe!

— Ótimo! Enquanto eu resolvo os problemas, você e Giani poderão dar uma volta pela cidade, tomar um chá, comer um doce... Iremos amanhã bem cedo!

No dia seguinte, depois do café da manhã, pegaram a estrada em direção a Santo Antônio. Assim que chegaram, os dois irmãos foram andar pela cidade e Fiorella, pensando no homem que vira na igreja e que lhe roubara alguns beijos na quermesse em Recanto das Flores, resolveu entrar no santuário.

— Olívia, espere-me aqui! Voltarei dentro de dez minutos!

O templo estava na penumbra, iluminado apenas por dois círios no altar-mor. Esperou alguns minutos para se acostumar com a meia-luz e vasculhou com os olhos o interior da nave, desde a entrada até o altar e os bancos, onde algumas pessoas de cabeça baixa faziam suas preces. Não viu quem procurava, e o brilho de seus olhos se apagou. Ajoelhou-se ali perto e, logo depois, retirou-se.

— Algum problema, condessa?

— Não, Olívia! Está tudo bem, mas por que pergunta?

— A senhora me parece triste!

— Impressão sua, Olívia! Vamos?

E foram fazer as compras.

Enquanto isso, Giani e Gianluca andavam sem rumo pela cidade. O rapaz com o pensamento em Manuela e a jovem em Aluísio.

De repente, Gianluca gritou:

— Veja! É Manuela! Está entrando naquela modista!

— Nossa! Que susto você me deu, Gianluca! —

exclamou Giani. Mas ele, sem responder, correu em direção à jovem, largando a irmã sozinha. Lágrimas inundaram os olhos de Giani: "Que bom que Gianluca encontrou Manuela! Pelo menos ele está feliz!". E, tristonha, continuou andando. Entrou numa confeitaria, comprou dois doces e prosseguiu o passeio. Sentou-se num banco da praça para saboreá-los quando viu um jovem que lhe pareceu ser Aluísio. Com cuidado e sem ser vista, aproximou-se e viu que realmente era ele. Chegou mais perto, e o rapaz, que distraído lia um jornal, não percebeu sua presença.

— Como vai, Aluísio?

Quando a viu, ele empalideceu. Com os olhos arregalados e a voz trêmula respondeu:

— A... a senhorita?

— Sim, eu! Por que o espanto?

— Por nada... eu... eu apenas... não esperava vê-la!

— Podemos conversar um pouco?

— Não fica bem uma jovem conversar com estranhos na rua! — respondeu o rapaz, tentando sair fora da conversa.

— Não somos estranhos! Já se esqueceu de que foi à minha casa e quando me viu saiu correndo? Aliás, todas as vezes que me vê sai correndo... Por quê? Sou tão feia assim?

Aluísio olhou fundo em seus olhos e Giani estremeceu, percebendo um carinho e tristeza muito grandes, confirmados depois pelas palavras dele:

— A senhorita é linda! Se eu pudesse, ficaria a vida toda olhando seu rosto! — Giani ruborizou-se e o rapaz percebeu. Depois continuou: — Mas nada temos para conversar! Agora, me dê licença! — inclinou um pouco a cabeça e, com um ágil pulo, montou no cavalo e saiu galopando.

— Espere! Por favor, espere!

Mas o rapaz não ouviu. Triste, Giani voltou ao jardim e deu vazão às lágrimas.

Enquanto isso, Gianluca se encontrava com Manuela.

— Manuela! Estava morrendo de saudade!

— Eu também! — e se abraçaram calorosamente.

— Gianluca, meu pai pediu para não nos encontrarmos por enquanto! Seu pai pode ficar sabendo e complicar tudo!

O jovem suspirou e, com tristeza, respondeu:

— Meu pai... Sempre meu pai!

— Você sabe que nossos pais são inimigos... Você sabe qual é o motivo?

— Não! Mas minha mãe imagina que deve ser por causa de uma mina de pedras preciosas! Meu pai só pensa em dinheiro! E isso o torna desumano e cruel! Fico muito triste com tudo isso! Mamãe e Giani também; só Marzia está de acordo. Ela é igual a ele; e ele só gosta dela! — desabafou o jovem com os olhos rasos de lágrimas.

— Quando meu pai me proibiu de me encontrar com você, eu protestei, mas ele me fez ver quanto seu pai é perigoso!

— Ele tem razão! — respondeu o jovem, melancólico. E calou-se por um momento:

— Como vamos fazer, Gianluca?

— Não sei, Manuela! Eu amo você e não suporto ficar muito tempo sem vê-la!

— Eu também! — e os dois apaixonados trocaram juras de amor. Nisso, uma voz tirou os jovens do colóquio:

— Manuela! — a garota se voltou assustada.

— Papai! Desculpe! Não vi o senhor chegar! Este é Gianluca, papai!

O jovem, um pouco tímido, estendeu a mão.

— Como vai, senhor? É um prazer conhecê-lo!

— O prazer é todo meu, Gianluca!

— Desculpe, senhor... Manuela não tem culpa e...

— Eu sei! — interrompeu o português. — Nem você!

Devemos culpar o destino que vive nos pregando peças e, por isso, temos de tomar cuidado.

— Senhor Joaquim... Não sei se... o momento é... oportuno, mas... eu gosto muito de Manuela... Gostaria de... não sei... gostaria de vê-la... pelo menos algumas vezes!

O fazendeiro esboçou um leve sorriso e tentou ajudar o encabulado jovem:

— Manuela já me disse que se encontrou com você às escondidas! Isso não é bom! E você sabe por quê, Gianluca!

— Sim, eu sei! — e abaixou a cabeça encabulado.

— Nada tenho contra, apesar de Manuela ser quase uma criança! Sei, também, que você sempre a respeitará!

— É verdade, senhor Joaquim!

— Vê-se em seus olhos que você tem um bom caráter e que gosta muito de minha filha! Por acaso você é parecido com sua mãe?

— Sim! Mamãe é um anjo de bondade, de ternura, de compreensão! Eu a amo muito! Fico muito feliz em ser parecido com ela. Quanto a meu pai... — e abaixou a cabeça, envergonhado.

Com a chegada de Giani, tudo mudou:

— Gianluca! Mamãe deve estar à nossa procura!

— Giani! Esta é a Manuela de quem lhe falei!

— Como vai, Manuela? Gianluca não exagerou quando disse que você é linda!

— Obrigada, Giani! Fico muito feliz em conhecê-la! E você também é muito bonita!

As duas sorriram e Gianluca disse:

— Este é o senhor Joaquim, pai de Manuela!

— Como vai, senhor Joaquim?

— Vou muito bem, minha jovem! Manuela disse bem, você é muito bonita!

— Obrigada! — respondeu a jovem, envergonhada por

lembrar das falcatruas que o pai havia cometido contra esse senhor tão amável e educado. Conversaram alguns minutos até que o fazendeiro chamou a filha para ir embora.

— Vamos, filha?

— Vamos, papai!

— Veja, Gianluca! Mamãe está chegando!

Quando ouviu falar na condessa, o português se apavorou. Puxou a filha pelo braço e, apressadamente, foi saindo.

— Passar bem, meus jovens! Foi um prazer!

— Senhor Joaquim, mamãe está chegando! Espere para conhecê-la! — disse Giani.

— Infelizmente, terá de ficar para outro dia! Hoje estou com pressa! Passar bem, crianças!

— Giani, vá passear lá em casa! — disse Manuela.

— Eu vou, sim! Obrigada!

— Até outro dia! — disse o jovem, olhando a namorada entrar na carruagem com o pai.

A condessa chegou e perguntou aos filhos:

— Então! Está tudo bem? Divertiram-se? — nenhum dos dois respondeu.

— O que foi? — perguntou a mãe, preocupada.

— Nada, mamãe!

— Como nada? O que aconteceu?

— Está vendo aquela carruagem? É o senhor Joaquim, e Manuela está com ele!

Fiorella estremeceu ao ouvir o nome do português.

— Pedi ao senhor Joaquim para esperar e conhecê-la, mamãe, mas ele não quis.

— E por que não quis me conhecer?

— Disse que estava com pressa! — Fiorella estranhou, mas convidou os filhos para ir embora.

Na carruagem, Giani contou as novidades.

— Mamãe, Manuela é linda! Gianluca teve bom gosto! E

o senhor Joaquim... Ah, que homem charmoso, meu Deus! Que educação, que...

— Pare com isso, Giani! — disse o jovem, que, virando-se para a mãe, continuou: — Mamãe, o pai de Manuela já sabia que eu gosto dela! Ela mesma lhe contou e ele se mostrou compreensivo, mas ao mesmo tempo preocupado, por causa de papai. Outro, no seu lugar, chamaria meu pai de canalha, patife, biltre e...

— Não fale assim, filho! Ele é seu pai!

— Por que todo esse ódio do senhor Joaquim? Poderíamos ser felizes, ter amigos... No entanto, ninguém nos suporta por causa dele!

— É verdade, mamãe! — completou Giani: — Só o que ele fez ao senhor Alípio explica toda essa antipatia das pessoas!

E todos se calaram, cada qual perdido em seus próprios pensamentos, ouvindo o ranger das rodas da carruagem e dos cascos dos cavalos na estrada forrada de calhaus.

Desde uns tempos, Giani andava aborrecida e tristonha. A mãe, preocupada, resolveu falar com a filha.

— Giani?

— Sim, mamãe?

— O que foi? Pensa que não percebi que anda amuada pelos cantos? Desde que viemos de Santo Antônio você está assim e não me conta nada!

— Encontrei com Aluísio e ele me disse que não tem nada para conversar comigo e que não fica bem uma moça conversar com estranhos na rua!

— Bom... Ele tem suas razões, minha filha!

— Que razões, mamãe?

— Uma razão muito forte! Você esqueceu que seu pai foi o causador de toda a desgraça da família dele? Que o ódio que ele tem se estende a nós, apesar de não termos culpa? Ponha-se no lugar dele!

Giani ficou pensativa e murmurou:

— É verdade! Mas ele devia saber que eu não tive culpa de nada!

— Ele sabe, mas é muito difícil de aceitar! Ele foi áspero com você?

— Não! Foi muito educado e gentil! Disse até que sou linda e que, se pudesse, ficaria a vida toda olhando para mim!

— Sabe o que eu acho? Que vocês se gostam! Que ele não lhe dá chance de conversar por causa de seu pai! É o mesmo problema de Gianluca e Manuela! Como disse o senhor Joaquim, é melhor dar tempo ao tempo! Vocês ainda são crianças!

Assim dizendo, deixou a filha sozinha.

CAPÍTULO 33

O ASSASSINATO DO CONDE

Sete horas da noite.

A escuridão era intensa.

A Lua e as estrelas haviam se escondido atrás das nuvens, na imensidão do firmamento. Vez ou outra se ouvia o lamento tristonho de alguma ave noturna que cortava o sepulcral silêncio.

Na linha do horizonte, relâmpagos e raios riscavam a negritude da noite e prenunciavam a fúria da tempestade que se aproximava. No curral, os animais, inquietos, confirmavam a força violenta da natureza destruidora. Na senzala, a maioria dos escravos mostrava um grande pavor nos olhos. Alguns faziam preces; outros estavam calmos, conscientes de que a morte se aproximava para levá-los. Na casa-grande, Fiorella estava apreensiva. Apesar de tudo, preocupava-se com o marido; fazia três dias que não o via. Sabia que ele estava na orgia habitual, mas, diante da tormenta que se aproximava, ele já deveria estar de volta. Sempre agia assim, mesmo com chuvas fracas e passageiras. Gostava de ficar em casa para, em caso de necessidade, ele mesmo dar ordens aos feitores e aos escravos, minorando o prejuízo da plantação e dos animais. Hoje, porém, com a tormenta que se aproximava, ninguém sabia de seu paradeiro. Rapidamente, Fiorella deu ordem aos feitores para que tomassem todas as providências necessárias para enfrentar a tempestade.

A noite escurecera de tal maneira que dava a impressão de que alguém cobrira a Terra com um manto negro como as asas da graúna. O granizo e o vento furioso batiam contra as janelas e as portas, numa cadência frenética e assustadora. A cena era macabra, quando os raios e os relâmpagos iluminavam as árvores e o vento raivoso fazia com que as copas se vergassem até o solo. Parecia uma reverência à fúria diabólica da tempestade.

Fiorella, cada vez mais preocupada, afastava de vez em quando as cortinas das janelas da sala para ver se o marido chegava. Numa dessas vezes, viu um vulto com uma grande capa que se aproximava, lutando contra o furor da tormenta. Chamou o filho, que, devido ao tom de voz da mãe, acudiu rapidamente.

— Que foi, mamãe?

— Veja! Não é um homem que se aproxima?

— É, sim! É um homem! Quem será?

— Não sei... Não parece seu pai!

— É papai, sim! Vou abrir a porta!

— Espere... Deixe-o chegar mais perto. Veja!

E viram que mais dois vultos se aproximavam, também com muita dificuldade por causa do vento, e atacaram o primeiro vulto que havia escorregado e tentava se levantar. Mãe e filho viram claramente quando o vulto caído foi esfaqueado várias vezes.

— Meu Deus, mamãe! Eles o mataram! Vou lá fora ver!

— Não! Não, filho! Pelo amor de Deus, não saia! Pode ser perigoso! Você não sabe quem é!

Rápida, Giani se aproximou e quis saber o que estava acontecendo. Em poucas palavras, o irmão lhe contou.

— Você está louco! Sair agora é loucura!

— Está bem! Vamos aguardar a chuva passar!

A condessa pediu a Olívia para verificar se tudo estava bem trancado e voltou para perto da janela onde estavam os filhos.

— Mamãe, veja! O homem está se mexendo! Ele não está morto! — gritou Giani.

Realmente, o vulto se levantou com grande dificuldade e, cambaleando, voltou pelo mesmo caminho que viera.

— Ele não está morto! Que coisa estranha!

E os três, apavorados, saíram da janela e foram se sentar com Olívia e as escravas responsáveis pela casa, que, temerosas, ficaram de lado aguardando alguma ordem.

Tudo era silêncio na casa-grande, porém a tormenta ainda a castigava furiosamente.

De repente, um grito medonho se fez ouvir, mais forte que a tempestade. Um grito tão apavorante que ninguém soube distinguir se era humano ou animalesco. A mãe e os dois filhos correram até a janela e nada viram.

— Meu Deus, mamãe. O que será que está acontecendo?

— Temos de esperar o dia clarear para ver! Sair agora é muito perigoso!

— Mamãe, eu não vi Marzia durante a chuva! — disse Giani.

— Eu a vi subindo para o quarto! — respondeu o irmão.

— Ela só se preocupa com ela mesma e o dinheiro! É igual ao pai! — concluiu a mãe, tristonha, dirigindo-se para Olívia e perguntando pela filha.

— Ela está dormindo, condessa. Deve estar com medo da chuva, porque eu a vi com a cabeça coberta.

Algum tempo depois, a condessa mandou as escravas descansar e, em companhia de Olívia e dos gêmeos, foi fazer preces num pequeno oratório no fim do corredor que levava aos aposentos da família.

A fúria da tempestade durou até o amanhecer, deixando um rastro de destruição e tristeza; e seguiu em direção a Santo Antônio para provocar novas ruínas.

Últimas horas da madrugada.

A chuva diminuíra a intensidade, mas ainda se ouvia o ribombar dos trovões, que mais pareciam bumbos deslizando pelo infinito.

Ninguém conseguiu conciliar o sono.

Por todo o chão, enormes pedras de granizo formavam um tapete de gelo.

A plantação foi muito prejudicada. Árvores de menor porte foram arrancadas e o exuberante jardim, tão bem cuidado pela condessa, estava destruído.

Fiorella descia as escadas em companhia de Gianluca quando Olívia veio ao seu encontro.

— Senhora condessa, estão aí nos fundos alguns escravos querendo falar com o conde.

— Obrigada, Olívia! Acomode-os na área onde não está chovendo e diga que já vou atendê-los.

Pouco depois, em companhia do filho, foi atender os escravos. Quando os viu, levou um susto; estavam machucados e molhados até os ossos. Aflita, perguntou:

— O que aconteceu?

— Sinhá, sempri chuveu na senzala i nóis sempri falô qui percisava mandá arrumá, mais u feitô dissi qui u sinhô num dexa, i agora caiu muita tauba im cima di nóis i u Pai du

Céu levô imbora um mininu di déis anu i u pai deli! Caiu a tauba grandi im cima dus dois! — o negro enxugou as lágrimas e continuou: — Nóis qué sabê si pode arrumá ou si nóis vai pra lavora!

Era visível a amargura no semblante da condessa e do filho. Secou os olhos e estremeceu quando Narciso, estalando o chicote, gritou:

— Num vai arrumá nada! Tudu mundu já pru cafezá!

Os cativos se levantaram para obedecer, quando Gianluca gritou:

— *Não!!* Eles vão arrumar o telhado da senzala e enterrar seus mortos! Hoje ninguém vai para a roça! Você não vê, Narciso, como estão machucados?

— Eu obedeçu ordi du sinhô seu pai, sinhozinhu!

— Meu pai não está em casa! Quando ele chegar, eu mesmo falarei com ele! Por enquanto, são essas as ordens! — e chamou Olívia, que atendeu rapidamente: — Providencie café quente e pão para esses coitados! Prepare também uma cesta grande de alimentos e leve até a senzala. Faça com que todos se alimentem! — e, olhando para Narciso e Julião, falou ainda mais alto para que todos ouvissem:

— Vocês, também, se alimentem! E não toquem neles... É uma *ordem!!*

O feitor Narciso olhou feio para o jovem, mas obedeceu.

— Parabéns, meu filho! Você se saiu muito bem! Eu não teria feito melhor!

— É, mamãe... Precisamos tomar muito cuidado com Narciso. Se fraquejarmos na ausência de papai, ele mandará em nós dois.

— É verdade... — e acrescentou: — Onde será que Cesare está? Já são quatro dias que ele não aparece!

— Logo ele volta, mamãe! Com o problema da senzala, acabamos nos esquecendo do ocorrido nesta noite!

— Vamos tomar café enquanto a chuva se abranda e então poderemos ver o que aconteceu.

Nem bem se sentaram à mesa, a criada veio chamar a condessa.

— Sinhá, tem dois iscravu querenu fala côa sinhá!

— Diga que já vou atendê-los no lugar de minha mãe, Jovina! — disse Gianluca.

Pouco depois, o rapaz recebia os dois escravos.

— Sinhozinhu... u sinhô seu pai... eli.... eli...

— O que tem meu pai? Fale!

— Eli... u Sinhô du Céu levô eli!

— Quê? O quer dizer com isso? Fale!

— Queru dizê qui u sinhô tá tombadu nu chão nu cafezá!

— No cafezal? Onde? Leve-me até lá! — e gritou para a mãe: — Mamãe! Mamãe! Corra!

Não esperou pela genitora e saiu em desabalada corrida com um dos negros, enquanto o outro ficou aguardando a condessa:

— Meu Deus! O que está acontecendo?

— Vem cumigu, sinhá! Nóis incontrô u sinhô...

— Encontraram? Onde?

— Nu cafezá!

— E o que aconteceu?

— Nossu Sinhô du Céu levô eli...

Fiorella sofreu uma forte tontura e precisou ser amparada por Olívia.

— Condessa, é melhor voltarmos para dentro!

— Já estou bem, Olívia! Preciso ver o que está acontecendo!

Giani chegou à sala de refeições e perguntou:

— Onde está todo mundo, Jovina?

— Nu cafezá!

— No cafezal? Fazendo o que numa hora dessas e com essa lama toda?

— É qui encontraru u sinhô!

— Meu pai? E o que houve?! — sem esperar resposta, saiu correndo para junto da mãe e do irmão.

Fiorella chegou cansada pela corrida e encontrou Gianluca chorando, abraçado ao corpo do pai. O conde tinha sido assassinado à queima-roupa. Alguns metros adiante, mais dois corpos caídos na lama, Guido e Vittorina, igualmente assassinados pelas costas.

— Mamãe! É papai! Está morto! Quem será que fez isso, meu Deus? — lastimou Gianluca.

Fiorella, chorando, abaixou-se junto ao filho e pegou-o pela mão para tirá-lo de perto do pai. Não amava o marido; nunca o amou. Casou-se obrigada, mas não desejava uma morte dessas para ninguém. Giani chegou e irrompeu em prantos ao abraçar o corpo exânime do pai.

— Veja, mamãe! Tia Vittorina e o senhor Guido também estão mortos.

— Levante-se, minha filha, e mantenha-se calma! Nada mais podemos fazer! Não toquem em nada! Julião, vá rápido até Recanto das Flores e traga o doutor Odilon, o delegado!

Depois, abraçou os filhos e ficou aguardando a chegada da polícia. Uma hora depois, Marzia se juntou a eles. Estava pálida e trêmula, mas não conseguia chorar. A mãe e os irmãos estranharam seu comportamento, afinal ela era a preferida do genitor assassinado. A mãe e os gêmeos pensavam exatamente o contrário: que ela chegaria ao desespero.

O delegado chegou, olhou, examinou os cadáveres e disse que precisava de mais tempo para descobrir quem poderia ter cometido o tríplice assassinato.

Algumas horas se passaram.

Depois de muitas anotações num surrado caderno, o

delegado autorizou a remoção dos cadáveres para o velório e o sepultamento.

Fiorella ordenou que os corpos fossem velados no grande salão de festas da casa-grande; apenas uma porta se comunicava com o resto da casa, e por ordem dela se manteve fechada durante o tempo em que os cadáveres ficaram expostos. Era como se quisesse isolar o acontecimento do resto da casa.

Julião se aproximou da condessa e perguntou:

— Sinhá, possu mandá abrí as cova pru interru? — Fiorella pensou um pouco e respondeu alto e com firmeza:

— *Não!!* Não quero que sejam sepultados em terras da fazenda! Vamos sepultá-los no cemitério de Recanto das Flores!

— Concordo com a senhora, mamãe! — disse Gianluca.

— Providencie o que for preciso, Julião!

— Sim, sinhá!

A urna funerária com o corpo do conde estava entre velas que tremulavam com o vento frio que entrava pela porta aberta. Um lenço com suas iniciais, amarrado em seu rosto, mantinha sua boca fechada.

Quase todos os escravos estavam em silêncio no jardim. Fiorella os olhou e viu que não havia tristeza em seus semblantes. Ela diria até que estavam se sentindo aliviados. Os gêmeos também estavam calmos, apenas Marzia e Narciso mostravam preocupação.

Mais uma vez, veio à memória da condessa tudo o que passara com o marido. Foram anos e mais anos de brigas, violência, mortes e tolerância pela vida mundana do marido. Jamais poderia imaginar que sua vida, ao lado do conde, seria um mar de lágrimas tão ardentes que chegariam a queimar sua alma: "Meu Deus... Quanto sofrimento presenciei no decorrer desses anos... Quantas lágrimas amargas tive de derramar. Quantas mortes, chibatadas, urros animalescos de dor eu ouvi desses coitados por causa de sua pele negra... Ah, Cesare... Se você tivesse agido diferente, quanta coisa boa poderíamos ter feito por esses coitados... De que adiantou tanta violência praticada por causa de dinheiro?! Agora está tudo aí... E você nada mais vai poder fazer! Nem usar! Mas eu vou compensar esses coitados pelo sofrimento que você lhes proporcionou! É um juramento que faço diante de seu cadáver, Cesare! Acho muito difícil, mas, apesar de tudo, desejo que você seja feliz no lugar para onde foi designado segundo seus atos praticados aqui na Terra! Que Deus o abençoe!".

— Mamãe... A senhora está bem?

— Sim, filho! Apenas estava pensando na vida!

A contragosto, dado que era costume entre os fazendeiros abastados, a condessa decretou luto por três dias.

Passados os primeiros dias depois do enterro, numa manhã, depois de uma longa conversa com o filho, Fiorella lhe disse:

— A vida continua, Gianluca, e temos de prosseguir com ela! Nada vai trazer seu pai de volta e, além disso, temos muita coisa pela frente para realizar!

— É... A senhora tem razão, mamãe! — respondeu o filho, tristonho.

— Dentro de uma hora, quero todos no terreiro de café! Peça a Julião para avisar os empregados! Avise Marzia e Giani também. Quero que tomem conhecimento das modificações que vamos fazer!

— Está bem!

Uma hora depois, a condessa se dirigiu aos empregados:

— A partir de hoje, eu e meu filho Gianluca estaremos à frente da fazenda! — e, olhando para Julião e Narciso, que estavam mais próximos, continuou: — Minha primeira ordem é a devolução das armas e dos chicotes dos dois feitores; aqui não haverá mais chibata nem "arena de tortura"! — e apontou para um canto do terreiro onde as armas e os instrumentos de tortura deveriam ser depositados. Narciso olhou para Julião, depois para a condessa e perguntou:

— Sinhá, cumu nóis vai fazê pra batê nus iscravu fedorentu?

Gianluca respondeu antes da mãe:

— Você não entendeu, Narciso! Minha mãe quis dizer que agora acabou a violência! Esses homens de cor são gente como a gente; a partir de hoje, não mais serão chamados de escravos, e sim de trabalhadores! — e chegando perto de Chico Manco, com a bondade transbordando no coração e os olhos rasos de lágrimas, colocou a mão em seu ombro macérrimo e concluiu:

— Chico...

— Sinhozinhu...

— Veja se você consegue alojar todos os trabalhadores na senzala nova por alguns dias! Se precisar, pode usar a estrebaria e o galpão. Convoque alguns homens para demolir a senzala velha; no lugar dela, vamos construir casas separadas para as famílias!

Soluçando, o negro mal conseguiu balbuciar:

— Vigi Maria! Qui alegria u Pai du Céu tá danu pru negu! Qui Deus ajudi u sinhozinhu!

— Obrigado, Chico! — respondeu o jovem sorrindo: — Pode dar a notícia a todos! Amanhã, bem cedo, daremos início aos nossos planos!

De repente, parecendo uma fúria violenta, Marzia, que se encontrava mais afastada, aproximou-se do irmão como se fosse agredi-lo e gritou:

— *Não!!* Nada disso! Não tem nada que construir casas para esses nojentos! Se papai estivesse vivo, ele jamais faria isso! E eu vou continuar seguindo sua vontade! Ele odiava esses imundos e eu também os odeio! Que durmam nos buracos ou ao relento, como animais que são! A partir de hoje, terão de trabalhar duas horas a mais, ou ficarão sem comida!

Por um momento, todos se calaram. Ninguém imaginava que uma jovem de tão pouca idade pudesse ser tão má e violenta. Passados os rompantes animalescos da filha, Fiorella aproximou-se, pegou-a fortemente pelo braço, encarou-a e desferiu-lhe um tremendo tabefe no rosto, declarando-lhe em alto e bom som:

— Quem disse que é *você* quem dá as ordens aqui, Marzia? Eu resolvi construir as casas para essa gente e ninguém vai impedir, muito menos você; e é bom ficar de boca fechada, ou tomarei medidas mais drásticas! Entendeu, Marzia?

A jovem tinha os olhos em fogo; com um puxão, desvencilhou-se da mãe e entrou na casa atirando ao chão tudo o que encontrava pela frente. Fiorella, disfarçadamente, enxugou as lágrimas e pediu que Gianluca continuasse:

— Chico, pode avisar a todos!

— I nóis, sinhozinhu? — perguntou Julião.

— Vocês, por enquanto, ajudarão na demolição da senzala sem procurar encrenca! Ouviu bem, Narciso?

— Sim, sinhozinhu!

— E agora quero as armas e os chicotes!

A contragosto, os dois devolveram os instrumentos de "trabalho" e saíram. Gianluca permaneceu no lugar e a mãe perguntou:

— Que foi agora?

— Não sei, mamãe! Não gostei nem um pouco da atitude de Marzia! Ela não parece minha irmã... Às vezes, sinto que ela é mais violenta que papai!

A mãe, pensativa, não conseguiu segurar o choro e respondeu:

— Eu também acho que, a cada dia que passa, ela está

mais violenta... Ela sempre odiou os negros, mas agora está mudada... Existe uma frieza e um medo tão grandes em seus olhos que eu não consigo entender...

— Frieza sempre existiu, mas medo não! Será que ela tem medo de papai morto?

— Pode ser, filho!

— Se for assim, ela precisa de ajuda, mamãe!

— Tem razão! Amanhã, falarei com ela!

E se dirigiram à casa-grande.

Na manhã seguinte, Gianluca voltou a conversar com a mãe sobre as mudanças que pretendia fazer.

— Mamãe, não tenho a mínima ideia de como se faz uma casa, nem quem poderia nos ajudar ou orientar.

— Estava pensando exatamente nisso, filho! Precisamos ir até a cidade comprar todo o material e ver se contratamos alguém para nos orientar! Nem sei se vamos encontrar tudo de que precisamos em Recanto das Flores... Ir até Santo Antônio vai ficar mais difícil, mas...

— Mas o quê, mamãe?

— Mas, como é para uma boa causa, a ajuda virá de algum lugar!

E, conversando, mãe e filho foram até o jardim, onde alguns trabalhadores cuidavam das plantas arrasadas pela tempestade.

— Veja, Gianluca! Está todo estragado... Era tão lindo!

— Ah, mas em poucos dias... — e foi interrompido pelo barulho do galope de um cavalo. Cavaleiro e montaria demonstravam claramente linhagem de alta nobreza: um rapaz bonito, bem vestido, educado e de boas maneiras, e um animal com um trotar e uma altivez dignos de um puro-sangue.

O galante jovem, ainda montado, disse:

— Bom dia, senhora! Suponho que seja a condessa Fiorella!

— Sou eu mesma! E o senhor, quem é?

— Meu nome é Paulo Barreiros, sou filho do proprietário da Fazenda Santa Tereza.

— Ah, filho do senhor Joaquim!

— Isso mesmo! A senhora permite que eu apeie?

— Oh, claro! Fique à vontade!

O educado rapaz desceu e, gentilmente, pegou a mão da condessa e a beijou.

— Este é meu filho, Gianluca!

Paulo deu um leve sorriso e disse:

— Gianluca... O homem por quem minha irmã caçula está apaixonada! — estendeu-lhe a mão e concluiu: — Como vai, senhor?

Também sorrindo, Gianluca apertou a mão estendida e respondeu:

— E eu também sou apaixonado por ela! Como vai, senhor Paulo? Seja bem-vindo à nossa casa! E não precisa me chamar de senhor!

— Obrigado, Gianluca! Eu também serei só Paulo!

— Combinado! — respondeu o jovem, sorrindo e convidando-o para entrar. Chamou um criado e pediu que cuidasse da montaria do recém-chegado.

Assim que se acomodaram na sala, Fiorella mandou servir um café.

— Senhora condessa! — e foi interrompido.

— Paulo, não precisa me chamar de condessa! — o rapaz sorriu, agradeceu e continuou:

— Venho também em nome de meu pai e lhe trago nossas condolências pelo triste acontecimento que se abateu sobre sua família. Meu pai pede desculpas por não ter comparecido ao funeral do conde, mas é de seu conhecimento que, infelizmente, ele não era bem-visto por seu finado marido e que sabemos o motivo.

— Obrigada, Paulo! Diga ao senhor Joaquim que não se incomode por não ter vindo ao funeral, mas, se quiser nos fazer uma visita, juntamente com sua esposa, será bem recebido!

Um leve rubor passou pelo rosto do jovem, que nada respondeu.

— Desculpe, Paulo... Será que eu disse algo errado?

— Não, não, senhora! Sou eu que peço desculpas pelo meu comportamento... É que faz apenas dois anos que minha mãe morreu e eu ainda me lembro de tudo como se houvesse acontecido ontem! A simples lembrança de seu nome me traz lágrimas aos olhos... Eu era muito apegado a ela, muito mais que meus irmãos, e por isso fico muito triste quando me lembro...

— Oh!... Peço perdão... Eu não sabia que seu pai é viúvo! — por um momento, os olhos da condessa brilharam intensamente, o que não passou despercebido aos rapazes.

— Não se preocupe, senhora Fiorella! Está tudo bem.
— E, olhando para Gianluca, continuou: — Meu pai pediu, também, que eu me colocasse à sua disposição para ajudá-lo com as casas dos empregados. Estudei topografia durante dois anos, mas percebi que gosto mais de mexer com terra! Essa terra abençoada que Deus nos deu de presente e de onde tiramos todo o nosso sustento: e tudo o que nela plantarmos com amor, tenham certeza... colheremos! Eu gosto muito de ficar no meio dos trabalhadores! São pessoas muito simples, não sabem ler, escrever nem falar direito, mas nos dão sábias lições de vida!

Fiorella e Gianluca ficaram admirados com as palavras do rapaz, e ele prosseguiu:

— Então, Gianluca... Você sabe que as notícias correm,

e meu pai ficou sabendo que você vai mandar derrubar a senzala para construir as casas e pediu que eu me colocasse à sua disposição. Caso não queira, não tenha receio de falar! Eu vou continuar vindo aqui, se me permitem, porque gostei muito da senhora sua mãe e de você, e também do delicioso café que me ofereceram!

Todos riram e ficaram mais à vontade:

— É claro que quero sua ajuda, Paulo! Ainda hoje, no desjejum, comentava com mamãe que eu iria ter dificuldade em construir as casas, mas agora, com você do meu lado, tudo vai ficar mais fácil! Aceita mais um café?

— Aceito! — sorriu o rapaz.

— Almoça conosco, Paulo? — perguntou Fiorella.

— Claro que sim, mamãe! — respondeu Gianluca no lugar do amigo.

— Se não for dar muito trabalho, aceito, sim!

— Ótimo! Agora vamos ver a área, Paulo?

Fiorella os acompanhou com o olhar: "Então o pai é viúvo! Será que é tão charmoso e sedutor como o filho? Gostaria muito de conhecê-lo". E saiu para dar ordens na cozinha.

Chegando à senzala, Paulo se admirou com o tamanho do barracão que já estava sendo demolido pelos escravos. Notava-se claramente a alegria estampada no rosto dos negros; alguns até, com as costas ainda sangrando, ajudavam sorrindo.

— Veja, Paulo! Como esses coitados sofriam nas mãos dos feitores a mando de meu pai. Às vezes, lamento sua morte tão trágica; outras vezes, sinto um enorme alívio por saber que, agora, eu e mamãe vamos cuidar de tudo e esses coitados não sofrerão mais. Meu pai chegou a destruir a família do senhor Alípio!

— É... Eu ouvi os comentários! Não fique lembrando essas coisas! A vida continua, e você ainda tem tempo de compensar tudo o que esses coitados sofreram! Veja! Essa área antiga é bem grande, Gianluca. Dará para construir todas as casas que você quiser e fazer uma pequena colônia! Com uma reforma, você poderá ocupar a outra, nova, para alguma coisa.

— Não, Paulo... Eu prefiro desmanchá-la.

— Então mãos à obra! — respondeu o rapaz com um sorriso.

Reunidos na sala de refeições, Paulo ficou conhecendo Giani e, educado, perguntou:

— A senhora tem outra filha, não é?

— Sim, Marzia! Ela pede desculpas por não almoçar conosco por estar com dor de cabeça.

— Não se desculpe, senhora. Essas coisas acontecem!

Na realidade, Marzia não quis descer porque estava emburrada com a atitude da mãe e do irmão. Não queria que a senzala fosse desmanchada, muito menos que as casas fossem construídas.

O dia passou tranquilo. À tarde, quando Paulo se despediu prometendo que voltaria na manhã seguinte, Gianluca o abraçou e exclamou:

— Amigos?

Como resposta, o rapaz o abraçou cordialmente e confirmou:

— Já somos amigos!

Quando chegou em casa, seu pai o esperava ansioso.

— Até que enfim resolveu voltar para casa, meu filho!

— Desculpe, papai! Foi um dia muito bom! Não existem pessoas tão lindas e amáveis como as daquela família!

— E a condessa, como está? Fale-me dela!

Paulo achou estranha a ansiedade com que o pai perguntou pela condessa, mas continuou com seus comentários.

— A condessa é linda, atenciosa, educada, inteligente... Ah, papai... Gostaria de ter sua idade...

— Mas eu tenho! — respondeu o pai. Paulo o olhou admirado. Quis falar alguma coisa, mas, diante do sorriso e do brilho de seus olhos, ficou mudo. Manuela se aproximou e, risonha, disparou:

— Ih, meu irmão, como você está atrasado nos acontecimentos desta casa! Então não sabe que papai está apaixonado pela condessa?

O jovem olhou para o pai, que sorriu meio encabulado, e retrucou:

— Sabe, meu filho, que sua irmã mais nova está precisando de umas palmadas? — aproximou-se da filha e, abraçando-a, concluiu:

— Não se preocupe. Mesmo que eu esteja apaixonado, ela não quer nada comigo! Por isso, não vamos alimentar esperanças! Dentro de poucos dias vou a Portugal levar Belmira para o convento e Josué para o seminário, e quero me divertir muito! Com certeza, esquecerei a condessa.

No entanto, sua voz soou vacilante e o semblante estava tristonho. Ficou bem claro para Paulo e Manuela que ele realmente estava apaixonado.

Joaquim estava saindo do escritório quando o filho o chamou.

— Papai, que negócio é esse de Belmira e Josué estudarem em Portugal? E ainda mais abraçar a religião?! Freira e padre? Eu não acredito nisso! Só espero que não seja hereditário!

— Eu também espero! Porque quero me casar e ter

muitos filhos! Dar muitos netos a papai! — disse Manuela, aproximando-se.

— Credo! Estudar para ser padre? Nada tenho contra, até os admiro, mas é uma vida muito sacrificada, papai!

— Eu sei, meus queridos filhos, mas não acho nada ruim ter uma freira e um padre em casa... Que mal há nisso?

— É... Nenhum! Mas... papai... já que estamos falando sobre isso, gostaria que o senhor... quero dizer... que... eu acho...

— Que você pretende se casar no próximo ano com Antonieta. Acertei? — (Antonieta era a filha mais velha de um casal de fazendeiros, tendo também mais duas irmãs. A família morava a poucos quilômetros da Fazenda Santa Tereza. Frequentavam amiúde a casa do português, mas a Santo Antonio e ao Recanto das Flores iam apenas quando estritamente necessário; não eram bem-vistos pelo povo, por professarem o espiritismo, que, naquela época, estava surgindo e trazendo muito medo aos incautos.

Eram amigos do português de longa data. A amizade que unia as duas famílias foi de grande valia ao fazendeiro e a seus filhos, quando do passamento de dona Amélia, esposa do senhor Joaquim.)

O jovem olhou o pai, admirado, e perguntou:

— Como o senhor ficou sabendo? Eu só comentei com Manuela... e, olhando para a irmã: — Ah, sua travessa! Por que não deixou que eu falasse com papai?

— Porque você não teria coragem de enfrentar o velho português!

— Velho, eu? — respondeu o pai, indo na direção da filha, que, rindo também, procurou proteção nos braços do irmão.

— Pronto, papai! Está segura! Agora, é só pegar o chicote!

E os três se abraçaram rindo. Era bem visível o amor e

o respeito entre o pai e os filhos dos Barreiros. Pouco depois, Joaquim saiu e Paulo perguntou:

— O que está acontecendo com papai, Manuela?

— Nada! Apenas um grande amor não correspondido! — e, pensativa, continuou: — Papai é tão jovem, tão sozinho... Gostaria muito que a condessa também se apaixonasse por ele! Ela é uma pessoa especial, e ambos seriam felizes juntos!

— Tem razão! Quando nos casarmos, ele ficará mais sozinho ainda, sem contar com a viagem de Bel e Josué! Padre e freira... Não! Não dá para acreditar!

E saiu, deixando a irmã sozinha.

No dia seguinte, bem cedo, Paulo retornou à Fazenda dos Ipês e começou a orientar Gianluca. Foram até Recanto das Flores comprar todo o material e contratar alguma pessoa especializada no trabalho. Os escravos que trabalharam na demolição da senzala e que mais se adaptaram ao serviço da obra permaneceram; os outros voltaram para a lavoura. Paulo ficou até tarde ajudando, depois disse a Gianluca:

— Meu pai vai viajar e ficará fora algum tempo; e eu não poderei vir para ficar o dia todo, tenho de tomar conta da fazenda e dos negócios! Se precisar de algo, é só me procurar! Mas eu tenho certeza de que conseguirá se virar sozinho!

Gianluca agradeceu e, criando coragem, perguntou:

— E Manuela... Vai viajar também?

— Não sei! Meu pai quer que ela o acompanhe... Mas não sei... Manuela é teimosa! Quando vocês se casarem, verá que tenho razão! — rindo, despediu-se do rapaz e voltou para casa.

Na hora do jantar, Gianluca comentou com a mãe:

— Paulo não poderá vir mais! Tenho de me virar sozinho, mas acho que vou conseguir. Ele me explicou tudo muito bem!

Apesar da curiosidade, Fiorella nada perguntou. Teve receio de que Paulo não viria mais por imposição do pai, e também não queria demonstrar aos filhos o que realmente estava sentindo. Mas Giani, percebendo a aflição da mãe, perguntou:

— Por que não poderá vir mais?

— Porque o senhor Joaquim vai a Portugal levar Belmira e Josué para o convento e o seminário!

— O quê? Internato? — explodiu a irmã, incrédula.

— É... Ela vai ser freira e ele, padre.

— Oh, meu Deus do Céu! Que loucura! Eles não vão poder se casar, Gianluca!

— Ué... O que eu tenho com isso!

— Nada! Mas isso é loucura!

— Não acho! — interveio a mãe, com a voz e as mãos trêmulas: — É necessário ter o dom para ser representante de Deus aqui na Terra! Ainda mais...

— Ainda mais o quê, mamãe?

— Nada... — e levantou-se da mesa, indo para o quarto.

— Acho que ela está triste por causa do senhor Joaquim! Já pensou se ele não voltar mais ou encontrar alguém que o queira? Ele tem muitos negócios em Portugal, além de ser um bom homem. Falei muitas vezes para mamãe aceitá-lo. Mas ela só pensa no primeiro namorado que deixou na Itália! É uma pena.

A irmã nada respondeu e, pensativa, afastou-se, deixando o irmão sozinho.

Uma semana antes de viajar com o pai para Portugal,

Manuela resolveu aceitar o convite que Giani lhe fizera para que fosse visitá-la e aproveitar para se despedir de Gianluca.

— Filha, você acha que deve visitar Gianluca? Eles passaram por uma dolorosa provação e estão cheios de problemas com a morte do conde!

— Eu sei! Mas eu acho que minha presença fará bem a Giani e a Gianluca! E também à mãe deles!

— Está bem! Não fique lá muito tempo!

— Voltarei logo, papai!

Manuela passou um dia agradabilíssimo em companhia dos gêmeos e, quando voltou para casa, o pai a esperava ansioso.

— Então, filha? Como foi o passeio na casa de Gianluca?

— Ah, papai... Foi ótimo! — disse a menina, nas nuvens. E prosseguiu: — Giani e Gianluca o senhor conhece, mas a condessa... meu Deus! Que mulher! Linda, amável, educada, compreensiva... Enfim, todas as boas qualidades estão nela! Ela me tratou muito bem... Sabe, papai, se eu fosse homem, tentaria conquistá-la! Ela é muito linda!

O charmoso homem respondeu:

— É... Eu sei!

— Sabe? O senhor a conhece? Quando a conheceu?

— Não, não! Não a conheço! Apenas a imaginei seguindo suas palavras! — e o rico fazendeiro procurou disfarçar seus sentimentos, o que não conseguiu diante da esperta garota, que o olhava com um leve sorriso malicioso. E, para se certificar de que o pai estava mesmo apaixonado, continuou com sua narrativa:

— Papai! Gianluca me disse que a condessa vai à Itália dentro de pouco tempo para vender as terras e o castelo que eram do marido e a fazenda do pai... e depois...

Manuela calou-se. O pai olhou para a filha e, aflito, perguntou:

— E depois o quê, filha?

A jovem ficou sem coragem de continuar ao ver o desespero nos olhos do genitor. Mas ele insistiu:

— E depois o quê? Fale!

— Bom, o senhor quer mesmo saber?

— Quero, sim! — respondeu o português, ainda mais aflito.

— Ela vai procurar um antigo amor... Vai cumprir uma promessa feita antes de se casar com o conde! Foi seu primeiro amor, e ela jurou que voltaria para ele!

O homem emudeceu e uma imensa angústia tomou conta de sua alma. Dava a impressão de que alguém, com um sopro, apagara a única chama de esperança que existia em sua vida. Abaixou a cabeça e enxugou as lágrimas que escorriam pela face. Manuela se aproximou, pegou sua mão e tentou lhe dizer alguma coisa para consolá-lo e aliviar sua dor, mas não conseguiu. Apenas murmurou:

— Papai...

— Deixe-me só, filha!

— Vou fazer companhia ao senhor, papai!

— Por favor... Quero ficar só!

Contrariada, a jovem saiu do escritório e ouviu quando ele trancou a porta por dentro. Chorando, procurou por Emília, que sempre foi uma mãe desde que ela nasceu, e atirou-se em seus braços.

— Oh, Emília... Por que eu fiz isso? — e contou tudo à velha criada, que tentou consolá-la.

— Num fica ansim, minha fia! Di quarqué jeitu, eli tinha qui ficá sabenu! Essa tristeza vai passá! Nada cumu um dia atrais du otru pra pô as coisa du mundu i da nossa vida em ordi; i dispois Nossu Sinhô Jesuis tá lá im cima pra ajudá! — calou-se por alguns instantes e continuou: — Sabi, minha fia... eu achu qui inté elis vai acabá juntu!

— Verdade, Emília? Como você sabe disso? — perguntou a garota, mais animada.

— Eu veju u sinhô cum uma muié, sim! I eli gosta muitu dela, mais eu ainda num sei quem é! As veis u Pai du Céu dá pra genti passá essas afrição pra nóis aprendê arguma coisa! Deus num faiz nada erradu! Si a sinhá condessa ta aginu ansim, é pruquê ela feiz a promessa i agora percisa disfazê... Ela tamém devi di tá muitu tristi cum tudu issu! Seu pai percisa cunfiá im Nossu Sinhô Jesuis! Achu qui ela vorta logu!

— Emília, fale com papai!

Vendo o desespero da menina, a negra respondeu:

— Vô fala, sim! I dispois vô percurá u Chicu pra falá cum ele!

— Por que o Chico?

— Pruque u negu véiu é muitu sabidu!

Manuela se acalmou, ficou um pouco mais aconchegada nos braços de Emília, deu-lhe um beijo e saiu.

Pouco depois, a velha criada bateu à porta do escritório e chamou o patrão:

— Sinhô! Abri a porta!

— Agora não, Emília! Quero ficar só!

— Queru falá cum u sinhô, agora! — Joaquim pensou um pouco e resolveu abrir. Emília era mais que uma mãe. Assim que entrou, ele a abraçou e ela pôde ver seus olhos vermelhos de chorar.

— Cumu qui u sinhô tá?

— Não se preocupe comigo! Já passou!

— Chorá faiz bem, sinhô! Alivia nossa dô!

— Eu sei, Emília! Foi uma fraqueza de minha parte! Não vai mais acontecer! Eu não sei direito o que sinto por essa mulher! Parece loucura! Nunca me senti assim! Penso nela dia e noite e só quero tê-la em meus braços... E agora ela vai atrás do homem que ama! Eu amava Amélia, mas era bem diferente do que sinto pela condessa!

— U qui u sinhô sintia pela finada era mais respeitu i uma gratidão muitu grandi pur ela tê dadu essis fiu lindu qui u sinhô tem. Eu vi u sinhô nascê, crescê i casá cum a finada. Nóis viveu sempri juntu na mema casa i duranti essis anu tudu eu nunca vi u sinhô bejá a sinhá Amélia...

— É verdade, Emília!

— U qui u sinhô tá sintindu pela condessa é u amô puru i verdaderu! Aqueli amô qui nasceu pra vivê a eternidade! Tarveiz sinhô, a sinhá Amélia incontrô seu amô lá im cima i num podi sê filiz pruque u sinhô tá tristi i tá dexanu nóis tudu tristi tamém!

— Tem razão, Emília!

— Dexa a sinhá condessa aresorvê u pobrema dela cum u otru! Ela vai vortá pru sinhô!

— Que bom se fosse verdade! Por que você está dizendo isso?

— Pareci qui eu tô venô u sinhô cum ela, mais eu percisu fala cum u Chicu; eli sabe mió qui eu!

— Então vai!

— Carma, sinhô! Minha finada mãe sempri dizia qui nóis percisa di tê pacença com tudu! Quandu a minina Manuela fô di novu visitá u sinhozinhu Gianluca, vô juntu i falu cum u negu.

— Está bem, Emília! Obrigado pelas palavras de mãe!

— Eu sô sua mãe, sinhô! Sô nega, mas sô sua mãe!

O português levantou-se, abraçou e beijou a velha mucama e, mais animado, foi à procura de Ismael.

CAPÍTULO 34

O DELEGADO E LUPÉRCIO

Uma semana depois, o doutor Odilon, acompanhado do ajudante Lupércio, chegou à Fazenda dos Ipês. Foi recebido pela condessa, Giani e Gianluca.

Acomodaram-se na luxuosa sala de visitas e ele comentou sobre o relatório da morte do conde.

— Senhora condessa, antes de lhe falar sobre o relatório, gostaria de fazer algumas perguntas.

— Claro, doutor Odilon!

— Por que sua filha Marzia não está presente?

— Ela era muito apegada ao pai e, por isso, não quis participar da conversa! Deve estar no quarto!

O delegado ficou olhando por alguns momentos para a condessa e depois continuou:

— A senhora conhecia a arma do seu marido?

— Sim! Eu a conhecia!

— Eu também! — disse Gianluca.

O delegado abriu uma caixa em que havia três armas do mesmo calibre, porém de modelos diferentes, e pediu que a condessa identificasse qual era a do conde. Sem titubear, a viúva apontou a arma que era do marido.

— É esta, doutor Odilon!

— É esta, sim! Eu também a conhecia! — confirmou Gianluca.

Houve um momento de silêncio.

O delegado olhou para Fiorella e para os filhos e, voltando-se novamente para a condessa, afirmou:

— Senhora... Lamento dizer, mas seu marido foi o assassino da própria irmã e do senhor Guido!

— Meu Deus! Não pode ser, delegado! Não pode ser! Por que Cesare faria isso?

— É o que gostaria de saber! A senhora não tem nada para nos falar para que possamos desvendar esse crime?

— Não, delegado! Nada sei!

E o doutor Odilon prosseguiu:

— Aliás, as posições em que os corpos foram encontrados deixaram claro o que realmente aconteceu! Mas nós sempre queremos alguma prova a mais! — calou-se e, olhando demoradamente para a condessa e os gêmeos, prosseguiu: — A arma era do conde... A senhora e seus filhos confirmaram que viram um homem ser esfaqueado! Seu marido tinha três perfurações de punhal nas costas! As punhaladas que ele levou não foram tão letais a ponto de matá-lo, porque a senhora mesma disse que viu o vulto se levantar logo após ser apunhalado!

— É verdade, sim! — confirmou a condessa. E o delegado continuou:

— Ele foi protegido pela capa que usava. O senhor Guido tinha escondido na bota um punhal sujo de sangue! Voltando pelo mesmo caminho, é óbvio que seu marido foi em perseguição dos agressores. Quando os encontrou, houve luta corporal; o estado das roupas do conde prova que ele caiu, e o casal achou que ele havia morrido; mas ele se levantou e os matou pelas costas!

— O senhor tem certeza disso, doutor Odilon? — perguntou a condessa.

O delegado suspirou e prosseguiu:

— Sim, tenho certeza! Presumo que seu marido tenha um cofre em casa!

— Tem, sim, senhor! Fica no escritório!

— A senhora tem acesso às chaves?

— Não! Elas ficavam com Cesare e somente ele sabia o segredo!

— Mas a senhora as conhece?

— Vagamente. Ele tinha muito cuidado e as carregava sempre presas ao pescoço com uma grossa corrente de ouro. Não tirava nem para dormir!

— Como é essa corrente?

— Ele mandou fazer em um relojoeiro em Santo Antônio! Ela tem, intercaladas, cinco argolas e cinco chapinhas e, perto do fecho, uma chapinha maior que as outras onde está gravado seu nome. Ele me disse que pagou muito caro porque queria algo diferente, por isso mandou fazê-la a seu gosto!

O doutor Odilon tirou uma corrente de um envelope, mostrou à condessa e perguntou:

— É esta?

— Sim! É esta! É esta, mesmo! Mas... está quebrada, delegado?

— Está! Está quebrada e foi encontrada nas mãos do senhor Guido! Seu marido tinha um ferimento profundo no pescoço. Tudo indica que, ao ser arrancada, ele foi ferido! Se o mercador estava com as chaves do cofre, não restam dúvidas de que ele queria alguma coisa que estava ou está lá dentro. Concorda comigo, senhora? E você, Gianluca?

Com um sinal de cabeça, os dois concordaram e o delegado prosseguiu:

— Descobrimos, também, que sua cunhada estava envolvida em muitos escândalos na Espanha e devia uma fortuna a um agiota, e que este a estava ameaçando de morte caso não pagasse a dívida no prazo estipulado! A senhora sabe algo a respeito?

— O que sei, delegado, é que Cesare devia dinheiro ao senhor Guido e a Vittorina, e eles viviam brigando por causa disso. Surpreende-me a dívida de minha cunhada! Quando meus sogros morreram, a herança foi dividida em partes iguais! Só ficaram as terras e o castelo para ser repartidos! O que será que Vittorina fez com sua fortuna?

— Mamãe... Numa das discussões de papai com tia Vittorina, eu a ouvi dizer que metade desta fazenda é dela! Talvez seja esse o motivo da briga! — disse Gianluca.

— Pode ser, filho... e seu pai se recusou a lhe entregar sua parte! Só pode ser isso!

— Nós vamos continuar investigando, e quando eu souber de alguma coisa venho lhes comunicar! A arma ficará comigo, e aqui está a chave do cofre, senhora condessa! É sua!

— Mas... só tem uma, delegado! Eram duas! Onde está a outra?

— A outra não sabemos onde está. Como já disse, esta estava nas mãos do senhor Guido. Vasculhamos o local do crime e não encontramos nada. Agora, se me dão licença... Passar bem, senhora condessa! Até mais ver, meu rapaz!

— Obrigada por tudo, doutor Odilon! — respondeu Fiorella.

— Eu o acompanho até a porta, senhor! — disse Gianluca.

Quando voltou para a sala, sua mãe tinha os olhos marejados de lágrimas.

— Quem poderia adivinhar que tudo isso aconteceria por causa de dinheiro?

— É verdade... Agora só nos resta tentar esquecer esse triste episódio!

— Não sabia que Vittorina estava cheia de dívidas... Que tipo de dívidas? Ela sempre teve tudo o que quis: joias, roupas finas, viagens... Quando foi repartida a herança de seu finado avô, ela recebeu a mesma importância que Cesare! Onde será que ela gastou essa fortuna toda e ainda estava endividada? Quanto a Guido, nada sabemos a seu respeito além de ter a péssima profissão de mercador de escravos.

Entrementes, Marzia entrou na sala e a mãe perguntou:

— Por que não veio nos fazer companhia, minha filha?

— Porque não gosto do assunto de que tratavam! Então? Acabou tudo?

— Acabou coisa nenhuma! Ficou provado que foi nosso pai quem matou tia Vittorina e o senhor Guido, mas o doutor Odilon não vai descansar enquanto não descobrir quem assassinou papai... — disse Gianluca.

— Ele acha que foi alguém de confiança de papai, porque o tiro foi à queima-roupa! — completou Giani.

Marzia, sem dizer nada, saiu da sala, mas sua mãe percebeu a palidez de seu rosto.

CAPÍTULO 35

A CHEGADA DE ORIETTA

Na Fazenda dos Ipês, apesar dos acontecimentos, tudo corria relativamente tranquilo. A morte do conde continuava um mistério, apesar do empenho do delegado e de seus auxiliares em descobrir o criminoso.

E, para alegria dos trabalhadores, algumas casas estavam quase prontas, logo os mais velhos poderiam se mudar com a família.

E foi nessa atmosfera de alegria e preocupação que a condessa recebeu um telegrama que a deixou ainda mais preocupada, pois avisava que chegariam sua prima Orietta e a filha, Concetta:

— Quem é, mamãe? — perguntou Gianluca.

— É uma prima, filha da irmã mais velha de minha mãe!

— Como ela é? A senhora parece preocupada.

— É muito bonita, viúva há alguns anos, e tem uma filha que não conheço, deve ter dezoito ou dezenove anos!

Quando o marido morreu, deixou-lhe um pequeno castelo e alguns alqueires de terra para plantio.

— E por que a preocupação?

— Ela é volúvel, muito extrovertida para o meu gosto e muito namoradeira! São raros os homens que resistem a seu charme. Se seu pai estivesse vivo, ela não titubearia em conquistá-lo!

— Ah, agora entendi... — respondeu o jovem, com certa malícia na voz.

— Entendeu o quê?

— Ora, mamãe... A senhora está com medo de que ela se engrace com o senhor Joaquim!

— Que é isso, filho? De onde tirou essa bobagem?

— De seus olhos, senhora condessa! — fez pilhéria o rapaz. E saiu da sala rindo, deixando a mãe preocupada: "Preciso tomar cuidado! Gianluca está muito observador". Assim pensando, foi à procura de Olívia, sua criada de confiança.

— Olívia, mande arrumar os dois quartos de hóspedes no fim do corredor. Vamos receber visitas!

— Quem são, senhora?

— Uma prima e sua filha, que não são bem-vindas!

— Vejo que a senhora está preocupada!

— Estou sim, Olívia! Passamos por situações difíceis há poucos dias e não é hora de recebermos visitas! Todos nós estamos em frangalhos e com muitos problemas para resolver. Mas nada podemos fazer — deu outras ordens para a serviçal e saiu.

Dois dias depois, Fiorella conversava com os filhos quando ouviu o barulho de uma carruagem se aproximando:

— Quem será? As visitas só chegarão amanhã!

— São duas carruagens, mamãe! — respondeu Giani.

Logo depois da colina, as carruagens desapareceram no meio dos vistosos pés de café para reaparecer a quinhentos metros do belo jardim.

— É Orietta! Chegou adiantada! — exclamou Fiorella, indo a seu encontro. Abraçaram-se e a prima lhe apresentou sua filha, Concetta. Morena, tímida, olhos e cabelos negros. Quando viu o rapaz que as acompanhava, Fiorella achou que ele se parecia com alguém que já vira e perguntou:

— Quem é o belo rapaz?

— É filho de uma grande amiga! Seu pai teve uma morte trágica há algum tempo e ele ainda está muito abalado, por isso fiz questão de trazê-lo! Você se importa?

— É claro que não! Você é bem-vindo, meu jovem! Como se chama? — perguntou Fiorella, estendendo a mão.

— Giordano, senhora condessa!

— Não precisa me chamar de condessa!

— Obrigado! — disse o jovem, beijando a mão estendida.

Entre os cumprimentos e as apresentações, os dois cocheiros tiravam a bagagem das carruagens: "Meu Deus! Trouxeram roupas para um ano! Só me faltava essa!", pensou a jovem condessa.

Marzia também estava muito preocupada, com medo de que ficassem muito tempo.

Fiorella chamou Olívia, mandou levar a bagagem para cima e preparar outro quarto de hóspedes para o jovem Giordano, enquanto eles tomariam chá na saleta, pois o horário do jantar ainda demoraria.

Na paz dos dias que se seguiram, Fiorella percebeu que Giordano a olhava com insistência e abaixava a cabeça quando se sentia observado. Aproveitando que estavam a sós, Fiorella o chamou para uma conversa:

— Giordano, você pode me acompanhar até a biblioteca para conversarmos?

— Sobre o quê? — perguntou o rapaz com voz trêmula. A condessa não respondeu; apenas o pegou pelo braço e o levou para a sala de leitura.

Numa cadeira com espaldar alto, virada para a grande janela, Gianluca folheava um livro. Quando ouviu a mãe convidar Giordano para entrar e fechar a porta, resolveu ficar quieto, pois a poltrona o encobria por completo:

— Então, Giordano? O que está acontecendo?

O rapaz permaneceu calado por alguns momentos e depois disse:

— Acho que se eu lhe disser meu sobrenome muita coisa vai se esclarecer!

— E qual é seu sobrenome?

— Cappelini! Sou filho de Giuseppe Cappelini!

— Meu Deus! Giuseppe! — a condessa o encarou em silêncio e seu coração disparou. Uma enorme tristeza veio à tona e grossas lágrimas inundaram seus olhos. E o jovem continuou:

— Depois que meu avô morreu, eu fiquei sendo o confidente de meu pai! Ele desabafava comigo a amargura que lhe roía o coração! Falava muito da senhora. Ele a amava acima de tudo e ficou desesperado quando a senhora foi obrigada a se casar com o conde. No dia do casamento, ele chorou a noite toda! Depois que a senhora veio para o Brasil, meu avô insistiu para que ele se casasse para esquecê-la. Ele obedeceu, mas não foi feliz no casamento nem foi um bom marido para minha mãe! Não se cuidava mais, tinha barba e cabelo sempre por fazer, vivia bêbado, abandonou os negócios e, principalmente, não ligava para minha mãe! Ela começou a se aborrecer e, algum tempo depois, arrumou um amante. Ele descobriu, bateu nela e ela revidou, acusando a senhora!

— Mas eu não tive culpa de nada! — rebateu Fiorella.

— Eu sei! Dois dias depois... ele se matou com um tiro no peito!

— Giuseppe... Meu Deus! Que tragédia!

— Eu gostava muito de meu pai! Diante de tudo isso, comecei a odiar a senhora e pensei até em acabar com sua vida. Sou muito amigo de Concetta, e a mãe dela me convidou para passar uma temporada aqui... e eu aceitei só para conhecê-la... e agora... vejo que meu pai tinha razão em amá-la! A senhora tem muita bondade no coração e é muito simpática! Com toda a certeza, meu pai teria sido muito feliz a seu lado!

A condessa continuava chorando copiosamente. Depois, mais calma, disse:

— Eu amei muito seu pai e lutei até o fim para não me casar com o conde, mas as coisas foram acontecendo como todas as coisas que acontecem na vida da gente. E eu acabei perdendo a batalha contra meu pai... e contra Cesare... e a tristeza tomou conta de toda a minha vida... e dura até hoje! Eu nunca fui feliz...

— É... Eu sei de tudo isso! — concluiu Giordano, enxugando as lágrimas.

Os dois choravam pela mesma pessoa. Fiorella olhava o rapaz e se emocionava; era como rever Giuseppe depois de tantos anos. Sentiu vontade de abraçá-lo, mas se conteve. Seria como avivar uma velha ferida.

E o silêncio se fez presente...

Pouco depois, o jovem levantou-se e disse:

— Com licença, senhora! Vou andar um pouco pelo jardim!

E saiu.

— Então, mamãe? E agora, o que pretende fazer?

— Filho, o que está fazendo aqui? Você ouviu nossa conversa? Que coisa feia!

— Desculpe, mamãe! A senhora sabe que não tenho

esse costume, mas eu gostei da conversa que ouvi e fiquei contente!

— Contente?

— Sim! Contente! Agora tenho argumentos para impedir sua viagem à Itália!

— Eu já lhe disse diversas vezes que preciso ir à Itália, Gianluca!

— Sei! E vai deixar o senhor Joaquim para outras mulheres e também para sua prima Orietta!

Fiorella olhou o filho, abaixou a cabeça e nada disse.

— Sabe que hoje ela disse que gostaria de conhecer o senhor Joaquim?

— Por quê? — perguntou a mãe, aflita.

— Ora, porque... porque ele é livre e é um ótimo partido! Se não for Orietta, será outra mulher! Ele não ficará muito tempo livre! Acorde enquanto é tempo, mamãe! É a senhora que ele quer!

E saiu da biblioteca, deixando a mãe abismada.

CAPÍTULO 36

A VISITA DE SARA

Alguns dias depois, Orietta resolveu passar o dia em Santo Antônio, em companhia da tímida Concetta e de Giordano, a fim de comprar suvenires do Brasil para os amigos da Itália.

A casa-grande estava mergulhada em silêncio quando Olívia veio avisar a condessa que uma jovem queria lhe falar.

— Quem é, Olívia?

— Não conheço, senhora! Mas ela me parece doente! O cocheiro a ajudou a descer da charrete e logo ela pediu para se sentar!

— Você deixou, não é Olívia?

— Sim, senhora!

— Ótimo! Já vou atendê-la!

Pouco depois, a condessa estava diante da visita e pôde constatar o que a serva dissera. A moça nem conseguia se exprimir, tamanha era a falta de ar que sentia.

Fiorella e Olívia a ajudaram a ir ao escritório para conversar e lhe deram-lhe um copo com água. Mais refeita, começou a falar:

— Meu nome é Sara... e peço desculpas por ter vindo... sem avisar, senhora!

— Não se preocupe com isso. Eu posso ajudá-la?

— Não a mim! Como vê... tenho pouco tempo de vida... mas pode ajudar... meu filho Ivan!

— Seu filho?

— É melhor contar toda a minha vida para que possa entender. Antes, porém, devo lhe dizer... que só vim porque... fiquei sabendo da morte do conde... e meu filho... não sabe que estou aqui. Tive de mentir dizendo que iria a Santo Antônio! E eu vim porque... repito... soube do... assassinato do conde...

Entre a respiração ofegante e a dor que sentia no peito, apalpado pela mão como para amenizá-la, Sara contou toda a sua história e finalizou:

— Não quero dinheiro... e muito menos ele... nosso sustento sai da pequena chácara... Vim falar com a senhora... porque... como já disse... ele é filho do conde... e...

— O quê? — respondeu Fiorella, com os olhos arregalados.

— E eu fiquei sabendo... da bondade... de seu... coração! Só quero... que o oriente... que vá visitá-lo... de vez... em quando...

Parou a narrativa e um forte tremor invadiu seu corpo, obrigando-a a puxar o xale que cobria seus ombros, como se estivesse com frio. Solícita, a condessa levantou-se para ajudar e perguntou se não gostaria de se deitar um pouco:

— Não... Obrigada!

— A senhora já foi ao médico?

— Já...

— E qual foi o diagnóstico?
— Sífilis!
— Meu Deus!
— Ele disse... que não há nada mais a fazer! Não tenho medo de morrer! Só me preocupo com meu filho Ivan... que ficará sozinho! Algum tempo atrás, quando tive os primeiros sintomas da doença, o médico disse para eu deixar a vida que levava para me tratar... então deixei de comercializar meu corpo, mas tempos depois fui obrigada a voltar à vida mundana para sustentar meu filho! A senhora sabe... a sífilis é uma doença grave, infecciosa e contagiosa, transmitida sexualmente e que em estado avançado provoca sérias lesões em vários órgãos... Em mim afetou o sistema cardiovascular! Esse mal voltou com força total e se tornou irreversível... por isso sinto tanta falta de ar! Por favor, chame o cocheiro para me ajudar!

Pouco depois, recostada na charrete, com os olhos súplices, olhou para a condessa e, com esforço, disse:

— Eu lhe imploro... Olhe pelo meu filho...

Fiorella nada respondeu, mas ficou olhando até que ela desaparecesse atrás da colina. Enxugou as lágrimas e comentou com Olívia:

— Pobre mulher! Sua preocupação com o filho é muito grande! Se estivesse no lugar dela, eu também ficaria!

— E o que pretende fazer, senhora?

— Vou falar primeiro com Gianluca, depois veremos... Mais esse problema Cesare me deixou! Do jeito que tinha uma vida mundana, é bem capaz de aparecerem outros filhos! Meu Deus, que sem-vergonha!

Enxugou as lágrimas e foi falar com Gianluca.

Contou-lhe tudo.

O rapaz ficou calado, refletindo e, em seguida, disse:

— Precisamos conhecê-lo, mamãe! Se ele realmente

for filho de papai, devemos ajudá-lo! E como vamos saber se ele é meu meio-irmão?

— Não sei! — respondeu a desolada genitora, saindo.

Uma semana depois, nova visita.

Agora era a senhora Núbia, que viera informar a família sobre a morte de Sara.

— Desculpe o transtorno que estamos causando à sua vida, senhora condessa! Sara não queria que soubessem da existência de Ivan! Ela sempre dizia que era culpada de tudo e que a única coisa que não lhe dava arrependimento era ter poupado a vida do filho... Quando o conde soube da gravidez, surrou-a e mandou que se livrasse dele. Ela se recusou, e esse filho lhe trouxe muita alegria! É um bom menino! No caráter, puxou à mãe!

Silenciosa por instantes, Núbia enxugou os olhos e continuou:

— Sara morou comigo alguns anos e, apesar do ambiente em que vivia, tinha a candura de um anjo... Eu a amava como se fosse minha filha! Gostaria que Ivan viesse morar comigo, mas não posso... O meio em que vivo... E, depois, já tenho alguns anos que me pesam nas costas, sem contar que minha saúde não é das melhores!

Sentindo-se aliviada pelo desabafo, levantou-se para ir embora.

— Obrigada por me receber e por me ouvir... E, mais uma vez, perdoe-me pelo aborrecimento que lhe causei!

E saiu, sem esperar resposta.

Gianluca olhou para a mãe, perplexa com a dolorosa comunicação da visitante, e perguntou:

— O que acha disso tudo, mamãe?

— Não sei o que pensar... Mas de uma coisa tenho certeza: quero conhecer esse rapaz! Quero ver o que existe de verdade em toda essa história! Se ele realmente for filho de Cesare, eu o trarei para morar conosco!

Dias depois, em companhia de Gianluca e Olívia, a condessa foi procurar Ivan.

— Temos de voltar hoje mesmo, porque amanhã vou receber mais visitas!

— Já sei, mamãe, o delegado!

— Ele mesmo! Essa situação me deixa muito triste... — E perdida nos pensamentos: "Meu Deus! Não sei por quê: sempre que esse assunto me vem à cabeça, surge a imagem de Marzia! Tenho quase certeza de que ela tem alguma coisa a ver com toda essa tragédia! Seu procedimento, o medo e a frieza diabólica que vejo em seus olhos me amedrontam! Por outro lado, vejo uma criança que nasceu de mim, a quem dei amor e carinho, como aos irmãos, e que amo como uma filha... Não! Ela não tem nada a ver com toda essa desgraça! Apenas está abalada pela morte do pai, a quem amava mais que tudo e...".

— Mamãe, vamos pedir informações sobre a chácara nesta taberna?

Com as informações lá recebidas, rumaram para o pequeno sítio.

Viram um jovem sentado de cabeça baixa na soleira da porta do casebre. Alertado pelo barulho da carruagem, ele se levantou, tentando esconder os olhos lacrimejantes e vermelhos. "Meu Deus! Ele é quase uma criança", pensou Fiorella. Gianluca desceu e perguntou:

— Você é Ivan?

— Sou...

— Como vai, Ivan? Meu nome é Gianluca! — cumprimentou o rapaz, estendendo a mão.

— Quem são vocês? — perguntou o tímido jovem.

— Somos amigos! — respondeu a condessa.

Ivan a encarou e Fiorella constatou que ele realmente só poderia ser filho do conde, tão grande era sua semelhança com Cesare. Ivan ficou sem saber o que falar. Ficou olhando a nobre senhora e, timidamente, perguntou:

— A senhora é esposa de meu pai?

— Sim, meu rapaz!

— Como soube de minha existência?

— Isso não importa, Ivan! O importante é que hoje nos conhecemos e seremos amigos!

Atônito, o rapaz fitou a condessa, depois Gianluca, e acrescentou:

— Eu não o conheci... Nada sei a respeito dele! Minha mãe nunca me falou dele e nunca o procurou... e ele tampouco me procurou! Ela apenas me disse que ele era casado com outra!

— Ele morreu faz pouco tempo! — disse Gianluca.

Ivan fez um esforço enorme para não chorar e, vacilante, perguntou:

— Você é filho dele?

— Sou... E você é meu irmão por parte de pai! Não quer me dar um abraço?

Ivan olhou firme para Gianluca e depois para a condessa. Era evidente, em seu semblante, uma profunda desolação... De repente, começou a soluçar e refugiou-se nos braços do irmão. Fiorella aproximou-se, abraçou o rapaz e os três derramaram copiosas lágrimas. Ele soluçou durante algum tempo. Depois, mais calmo, convidou-os para entrar na minúscula cozinha. Sobre o fogão, uma velha panela toda amassada continha um pouco de arroz queimado. A condessa olhou ao redor e não viu nenhum alimento disponível.

— O que você tem para almoçar, Ivan?

O rapaz demorou para responder.

— Tenho de pegar algumas verduras na horta!

— Mas... está tudo murcho!

— É... depois que minha mãe morreu não tenho feito outra coisa a não ser chorar... Não cuidei mais da plantação!

— E como tem se alimentado?

O rapaz deu de ombros e não respondeu.

— Hoje vamos almoçar com você, Ivan! Eu trouxe comida pronta de casa!

Os olhos do jovem brilharam de alegria, deixando evidente que fazia vários dias que não se alimentava.

— Olívia, pegue a comida e ajeite para almoçarmos!

— Sim, senhora!

— Só tenho dois bancos, senhora condessa! Vou ajeitar alguma coisa para seu filho se sentar!

— E você? — perguntou Gianluca.

— Eu me sento no chão!

— Então eu lhe faço companhia! — Ivan o olhou admirado e Gianluca prosseguiu: — Temos quase a mesma idade, por isso me acho tão ágil quanto você!

Ivan sorriu, e Fiorella viu que até no sorriso ele era parecido com o conde; e o rapaz rebateu:

— Eu não duvido disso, senhor Gianluca!

— O quê? Você está me chamando de senhor? Meu Deus! Estou me sentindo com cem anos! — e imitou o andar de um ancião, o que fez todos sorrir.

Depois de se alimentarem, Fiorella chamou o rapaz para conversar.

— Ivan, eu gostaria que você fosse morar conosco na fazenda; aprender a ler, escrever e...

— Sei ler alguma coisa! Minha mãe me ensinou!

— Não é o suficiente! Você tem de aprender uma profissão!

— Mas eu não quero sair daqui!

— Eu entendo... Você tem amor por esse pedaço de terra, tem sua mãe e seus avós enterrados aqui, mas você não pode ficar sozinho! Eu acho que foi você quem tentou cozinhar esse arroz que está na panela... — o jovem respondeu que sim com um aceno de cabeça. A condessa prosseguiu: — Quero que fique alguns dias em casa até resolvermos o que fazer! Nada farei para contrariá-lo! Amanhã vou receber visitas e não poderei faltar em hipótese alguma! Gianluca lhe fará companhia para conhecer nossa fazenda e depois, de comum acordo, conversaremos! O que acha?

O jovem titubeou, mas a condessa insistiu:

— Então, Ivan?

— Não sei, senhora!

— Ivan, você não pode ficar aqui sozinho; além de perigoso, você não sabe nem fritar ovos! — acrescentou Gianluca, e caçoando concluiu: — Bom, cozinhar é coisa de mulher e não de homem!

Ivan riu e respondeu:

— Está bem! Eu irei! Mas com uma condição!

— Qual?

— Que a senhora me deixe ficar na ala dos empregados! Não tenho roupa para frequentar sua casa e...

— Que é isso, Ivan? Jamais farei isso! Terá um quarto só para você e será muito bem recebido por todos!

— Agora vamos! Assim dará tempo de passarmos em alguma loja para comprar roupa para você! Que acha, mamãe?

— Excelente ideia, filho!

Feliz da vida, Ivan foi até o túmulo da mãe e dos avós, rezou e foi para a carruagem. Compraram roupas na cidade, e o sol já ia se escondendo no horizonte quando chegaram à fazenda.

Giani o recebeu com alegria e Marzia com indiferença. Mais tarde, quando Orietta chegou com Concetta e Giordano, quis saber quem era Ivan.

— Um amigo de Gianluca! Mora em Santo Antônio!

Eufórica pelas compras feitas, Orietta pouco se importou com o rapaz; apenas se preocupou em mostrá-las.

Na manhã seguinte, o doutor Odilon chegou. Passou uma semana inteira na fazenda, interrogando e observando um por um sobre a morte do conde. Quando chegou a vez de Marzia depor, sua voz estava trêmula, o que fez o policial chegar à conclusão que a emoção poderia ser atribuída à saudade que estaria sentindo do pai idolatrado.

Dias depois, quando estava a sós com seu auxiliar, o delegado o interpelou:

— Lupércio, o que você acha dos depoimentos dos familiares do conde?

Lupércio era um funcionário antigo, esperto, benquisto por todos e beirando os sessenta anos. Jamais se enganava em seus palpites. Alisou várias vezes o vasto bigode e, sem reticências, garantiu:

— Se o senhor tem dúvidas, doutor, eu tenho certeza: o criminoso está nesta casa! É só uma questão de dias para acharmos as provas! Mas eu creio que o próprio assassino vai se sentir acuado e acabará confessando...

— Por que diz isso com tanta certeza, Lupércio?

— Meu faro de muitos anos de serviço, senhor!

— Mas ainda temos que falar com Aluísio! Ele andou por aqui no período da morte do conde!

— Não! Não creio que ele tenha cometido esse crime!

— Eu também não creio que seja Aluísio! Ele é um bom sujeito e jamais faria isso, mas nós sabemos que, quando se trata de assassinato, tudo precisa ser investigado! Vai ser muito difícil encontrarmos o criminoso entre todos esses escravos suspeitos! Qualquer um teria motivos para matá-lo devido aos maus-tratos... Mas nenhum tem arma de fogo! Bom, vamos embora! Já estou com saudade de minha mulher!

— Eu também!

— E amanhã iremos falar com Aluísio! Temos muito trabalho ainda pela frente, Lupércio!

— É verdade, senhor!

Nessa mesma semana, Orietta recebeu um telegrama da Itália pedindo sua presença com urgência para resolver negócios que deixara pendentes. Para a alegria da condessa, a hóspede começou a se preparar para partir dentro de três dias.

Pouco antes da partida, Fiorella foi falar com o filho de Giuseppe:

— Giordano, você conhece a Fazenda San Martino?

— Conheço! Ela fica perto da nossa fazenda! Por quê, senhora?

— A San Martino era de meu pai, e quando vim para o Brasil havia uma empregada que praticamente me criou! Era uma segunda mãe, e eu gostava muito dela. Depois que meu pai morreu, escrevi algumas cartas que foram interceptadas pelo conde! Você sabe se ela está viva? Se ainda mora na casa?

— Alguns dias antes de vir para cá, eu vi uma senhora fazendo compras na cidade, pedindo que as mercadorias fossem entregues na San Martino. Ela estava com um senhor, também idoso, que tinha uma cicatriz no queixo!

— Domenico! Meu Deus! Ele também está vivo! — exclamou, eufórica, a condessa. Em seguida solicitou:

— Giordano, você me faria um enorme favor?

— Claro, senhora!

— Se você puder, vá até lá e diga a Dacia e a Domenico que em pouco tempo irei buscá-los para que venham morar comigo! Tenho de ir o mais rápido possível, pois pretendo vender as terras e o castelo!

— Farei muito mais que isso! Vou falar com meu tutor para comprar suas terras; será como deixar meu pai mais perto da senhora! Ele tinha razão em amá-la, condessa... Adeus!

E partiu...

Dias depois, a condessa chamou Ivan e perguntou:

— Então, Ivan? Como está se sentindo aqui?

— Muito bem, senhora! Estou sendo muito bem tratado e sua fazenda é linda!

— Então você vai continuar morando conosco, não é?

— Não, não! Vou voltar para minha chácara!

— Mas eu lhe disse que você não pode morar sozinho, Ivan! É muito perigoso!

— Eu sei, senhora! Acontece que eu não quero deixar minha terra. Minha mãe e meus avós estão lá! Agradeço sua preocupação, sua insistência, mas devo voltar quanto antes.

— Vou pensar em outra solução, mas não vou permitir que fique sozinho!

Aborrecida, a condessa resolveu dar uma volta pelo jardim para espairecer. Gianluca a procurou:

— Mamãe! Está aborrecida?

— Estou preocupada com Ivan... Ele não quer morar aqui e eu prometi a sua mãe que tomaria conta dele!

— Acho que tenho uma ideia!

— Que ideia?

— Comprar uma casa na cidade e mandar um casal de trabalhadores morar com ele! Assim ele poderá estudar e não ficará sozinho!

A condessa ponderou a sugestão e exclamou:

— Grande ideia, meu filho! Vou falar já com Ivan, assim tirarei essa preocupação da cabeça!

A par da ideia, Ivan concordou e foram imediatamente procurar a casa para comprar. Não demorou muito e o problema estava resolvido. Faltava escolher o casal para cuidar do rapaz. Fiorella convidou Marta, o marido, Euzébio, e o filho, Válter, de treze anos. A alegria foi geral! Todos aceitaram e ficou resolvido que os meninos estudariam juntos. Mais tarde, iriam para a chácara ajudar Euzébio.

O coração da condessa batia desgovernado de tanta alegria. Estava cuidando de Ivan como prometera a sua mãe Sara e dando uma vida melhor ao casal de trabalhadores e ao filho. A cada quinze dias, faria uma visita à família. Pouco a pouco, melhorava também a vida dos ex-escravos, que tanto trabalharam ao som das chicotadas para dar mais dinheiro e poder ao finado conde.

CAPÍTULO 37

A DESCOBERTA DA MINA

*P*assado algum tempo, desde o dia em que estivera trancado na adega, Gianluca lembrou-se da escadaria. Chegou a comentar a descoberta com a irmã Giani e os dois resolveram ir ver até onde os conduziria aquela misteriosa portinhola.

Munidos de corda e lanternas, entraram na adega. O rapaz tirou uma peça de roupa de uma sacola e disse para a irmã:

— Vá atrás daqueles barris e vista esta calça!

— O quê? Você está louco?

— Claro que não! Você não vai querer entrar no corredor estreito de saia, não é?! Vá, rápido!

— É claro que não vou vestir sua calça! Onde já se viu mulher usar calça de homem?

— Giani, ninguém vai ver nem ficar sabendo; só se você contar!

— Claro que não vou contar, mas vestir calça de homem... jamais!

— Então volta... eu vou sozinho!

— Eu quero ir, mas não com sua calça! Vou com minha própria roupa!

— Está bem! Não me chame se ficar entalada!

Assim dizendo, Gianluca acionou o candelabro e foi em direção à pequena porta. Giani percebeu que o irmão dizia a verdade: se entrasse com aquele vestido todo armado, não conseguiria dar um passo. Resolveu vestir a calça.

— Espere por mim! — gritou.

— Rápido! Não temos tempo a perder, Giani! — e a irmã tirou as fartas saias e vestiu a calça.

— Meu Deus! Nunca pensei que algum dia usaria calça de homem! Que ninguém fique sabendo disso, ou ficarei desmoralizada para o resto da vida!

Quando chegou perto do irmão, este a olhou sorrindo:

— Ah! Ah! Ah! Até que você daria um bonito homem!

— Estou me sentindo ridícula e você vem com zombaria!

Depois, Gianluca ficou sério, pensando.

— O que foi?

— Não sei! No dia em que estive aqui, esta porta estava totalmente velada com teias de aranha... e agora posso até jurar que alguém esteve aqui! Acho até que sei quem é!

— Marzia?

— Quem esteve aqui teve o cuidado de apagar seus vestígios...

— E quem você acha que foi? — sussurrou a irmã, curiosa.

— Não sei! Deixa pra lá!

E com grande dificuldade começaram a descer os degraus, que terminavam numa pequena e úmida sala. O ar estava irrespirável. As pedras formando as paredes haviam sido colocadas com maestria e com tamanha espessura que mesmo um forte estrondo não seria ouvido do lado de fora; e, além disso, o misterioso compartimento ficava bem abaixo do porão... As paredes empoeiradas indicavam claramente que fazia muito tempo que nem uma brisa entrava naquele recinto. À direita, algumas pedras colocadas lado a lado mostravam ser uma espécie de banco; à frente, outra porta trancada.

Gianluca tentou movê-la, mas ela não cedeu. Seu ferrolho estava todo enferrujado. Com um canivete que sempre trazia consigo e muito esforço conseguiu desparafusar seus gonzos. A porta se abriu com um rangido parecido com gemido, deixando o lugar ainda mais hórrido. Pequenos pedaços de pedra, terra e poeira caíram, dando a impressão de que tudo ia desabar. Os irmãos afastaram-se com medo. Com a porta aberta, viam-se mais alguns degraus íngremes e uma longa passagem formando um estreito corredor. Ao lado, não perceberam outra passagem para o mesmo corredor. A porta estava aberta.

— Meu Deus! O que será isso?

— Uma câmara de tortura? — exclamou Giani, tremendo de medo.

Gianluca, preocupado com o que estava vislumbrando, não respondeu.

Olhando para o chão, viu um sinal recente; examinando melhor, constatou ser de calçado feminino. "Apesar das paredes empoeiradas e das teias de aranha, quem esteve aqui usou de muita habilidade para disfarçar sua presença... porém se esqueceu de encobrir essa marca de sapato", pensava Gianluca, tentando descobrir de quem poderia ser aquela pegada.

— Giani... Me dê seu sapato do pé direito!

— Quê?

— Anda logo, Giani! Quero ver se é do seu tamanho!

— E eu vou pôr o pé no chão?

— Segure-se em mim para não cair!

A irmã obedeceu. O sapato se encaixava perfeitamente na pegada:

— Marzia... — balbuciou Gianluca, devolvendo o calçado à irmã.

Continuaram andando pelo extenso e apertado corredor, que cada vez mais se entranhava na terra, fazendo algumas voltas como se fosse um ziguezague.

— Vamos voltar, Gianluca! Estou com medo!

— Eu também estou com medo, mas agora não dá para voltar! Chegamos até aqui, temos de prosseguir! Dê-me sua mão!

Caminharam mais e, numa das curvas, ouviram barulho de água:

— Será que é um rio, Gianluca?

— Sei lá! Mas não resta a menor dúvida de que é água!

E continuaram andando pelo interminável corredor, que dava a impressão de se estreitar cada vez mais.

Ao ultrapassarem uma curva, os dois depararam com uma pequena bica de água, lamacenta e malcheirosa.

— Tenho a impressão de que estou no centro da Terra, Gianluca!

— Eu também! Só falta encontrarmos um vulcão entrando em erupção!

— Veja... Tem luz ali adiante! — gritou Giani.

— Meu Deus! O que será que vamos encontrar além daquela outra curva?

— Tomara que seja do Sol! Já estou respirando com dificuldades!

— Fique de boca fechada para economizar oxigênio!

Quando chegaram perto da claridade, mais uma escada de pedra. Desceram e ficaram perplexos com o que viram: uma enorme gruta, separada ao meio por uma grossa grade, chumbada na parede, fazendo uma divisão e enferrujada pelo decorrer dos anos. Toda ela resplandecia pelo brilho das pedras preciosas.

— Giani... veja! A mina que papai tanto procurou! Meu Deus... Aqui tem uma imensa fortuna... uma fortuna incalculável!

A irmã continuava atônita, admirando as pedras de todos os tamanhos incrustadas nas paredes. No chão, apenas algumas, enquanto do outro lado elas formavam um magistral tapete.

— Essa grade... Quem a colocou quis fazer uma divisão... Por quê? Pela caminhada que fizemos, Giani, eu acho que estamos perto da Santa Tereza! Tudo indica que essa grade é a divisa das fazendas... Se meu cálculo estiver certo, do outro lado as pedras pertencem ao senhor Joaquim! Ou ele não descobriu, ou não quis pegá-las... mas do lado de cá algumas foram recolhidas... e só pode ter sido a Marzia!

Deslumbrada, Giani não prestava atenção no que o irmão dizia.

— Meu Jesus! Como são lindas! Papai tinha razão em querer encontrá-las!

Explorando toda a mina, Gianluca viu novamente as pegadas no chão e, num outro canto, ossadas humanas. Um arrepio percorreu todo o seu corpo: "Alguém entrou e não conseguiu sair, ou foi amarrado para morrer aqui... Essas cordas... Tudo indica que foi amarrado...". Milhares de perguntas passavam pela cabeça do jovem, todas sem respostas.

Resolveram voltar e não contar o ocorrido a ninguém. Nem à mãe.

Na adega, ao mudar de roupa, Giani alertou o irmão:

— Veja! Aqui tem outra calça sua!

— Outra? Se continuar assim, vou ter de andar de ceroulas!

— Bobo!

— Minhas suspeitas se confirmaram... Giani, não comente com ninguém o que descobrimos! Pode ser perigoso! Você prometeu, lembra?

— Prometi e vou cumprir!

— Não esqueça de que pode ser perigoso!

— É... eu sei!

E saíram da adega, mas não perceberam que Marzia, de seu esconderijo, ouvira toda a conversa dos gêmeos...

CAPÍTULO 38

FIORELLA DEVOLVE O SÍTIO SANTA FILOMENA

A morte do conde continuava uma incógnita para o doutor Odilon e seu assistente. Aluísio foi interrogado, mas o delegado não ficou muito satisfeito com as declarações do rapaz, tampouco com o depoimento de Chico Manco. Lupércio continuava afirmando que o assassino do conde Cesare estava dentro de sua própria casa. Todos foram, mais uma vez, interrogados, mas não se chegou a conclusão nenhuma; e, apesar de o assassino continuar impune, a vida na Fazenda dos Ipês continuava em ritmo acelerado. Todos trabalhavam com amor, eram bem alimentados, e as casas estavam quase prontas.

Muitas providências ainda teriam de ser tomadas, e uma, muito importante, azucrinava os pensamentos da condessa.

Certa noite, após o jantar, falou com Gianluca:

— Amanhã, logo cedo, quero que você vá comigo até Recanto das Flores.

— Fazer o quê, mamãe?

— Vamos procurar a casa da esposa do finado Alípio!

— Por quê? — indagou o rapaz, com um leve sorriso nos lábios.

— Vamos devolver a eles o Sítio Santa Filomena!

— Mamãe, que ótimo! Sabe que, dias atrás, eu estava pensando nisso?

— Que bom, filho, que concorda comigo! Senão teria de brigar com você! — disse Fiorella, sorrindo. Sabia que não haveria necessidade de brigar, pois a bondade que Gianluca nutria no coração a deixava muito feliz.

— Já mandei pintar a casa e colocar móveis novos!

— Ótimo, mamãe!

— Eu também vou! — participou Giani, toda eufórica.

— Não, filha! Você não pode ir! Se Aluísio estiver lá, vai ficar constrangido com sua presença!

— Mamãe tem razão, Giani! É melhor você não ir! Logo ele estará morando aqui perto!

— Ah, meu Deus! Nem acredito! — respondeu a jovem sorrindo.

Pela manhã, de carruagem, mãe e filho rumaram para Recanto das Flores. Com algumas informações, logo encontraram a casa onde moravam Noêmia e os dois filhos.

Fiorella e Gianluca ficaram surpresos com a pobreza da moradia.

Noêmia veio atendê-los.

— Bom dia! É a senhora Noêmia?

— Sou, sim! O que querem? — perguntou a mulher asperamente.

— Eu sou a esposa do finado conde! Vim para conversar!

Noêmia empalideceu e, mais áspera ainda, rebateu:

— Não tenho nada para falar com a senhora! Vá embora!

— Mas... Eu preciso lhe falar! É muito importante!

— Já disse que não tenho nada a tratar com a esposa daquele canalha! Vá embora, por favor!

Nisso, Heitor se aproximou e Gianluca disse:

— Você é Heitor, não é?

— Sou, sim! O que querem?

— Muito prazer, Heitor! Meu nome é Gianluca! — e estendeu a mão ao rapaz.

Heitor, encabulado pela gentileza do rapaz, acabou apertando sua mão.

— Infelizmente, Gianluca, não posso dizer que tenho prazer em conhecê-lo! Como vê, estamos na miséria e passando fome por causa do velhaco do seu pai!

— Concordo com você, Heitor; e é sobre isso que viemos lhe falar! — Heitor olhou incrédulo para sua mãe. E a condessa perguntou:

— Será que podemos entrar um minuto para conversar?

— Por que quer entrar? Para ver a miséria em que seu marido nos deixou?

— Mamãe, fique calma! Vamos ver o que querem! — interferiu Heitor. — Entrem, por favor!

Acomodaram-se e Fiorella, muito nervosa também, procurou acalmar-se. Começou a falar com a voz calma, mas muito sentida:

— Senhora Noêmia... Heitor... Viemos até aqui para lhes dizer que eu e meus filhos Gianluca e Giani nunca concordamos com o procedimento de meu finado marido, e... — foi interrompida por Noêmia:

— Espero que ele esteja morando com Satanás!

— Mamãe! Deixe a condessa falar!

— Obrigada, Heitor! Mas não gosto que me chamem de condessa! Pode me chamar pelo nome!

O jovem e a mãe ficaram admirados com a simplicidade de Fiorella. E ela prosseguiu:

— Sei que Cesare fez muita coisa errada, judiou e maltratou os escravos e todos os que passavam à sua frente por causa de dinheiro e de poder! Eu não sei o que teria acontecido com o senhor Joaquim, dono da Fazenda Santa Tereza, se meu marido continuasse vivo!

— O senhor Joaquim? Um homem tão bom! — interrompeu Noêmia.

— Mas, enfim, senhora, eu venho em meu nome e de meus filhos pedir perdão à senhora e a sua família pelo sórdido procedimento do finado! Quero deixar bem claro que nunca estivemos de acordo com isso! Que suas atitudes nos envergonhavam profundamente. Quantas e quantas vezes levei bofetões no rosto por tentar impedir esses absurdos que ele praticava! Na medida do possível, eu e meu filho estamos tentando consertar essas situações tristes e constrangedoras criadas pelo conde. E, para provar que estou dizendo a verdade, vou lhe devolver a escritura do sítio!

Assim dizendo, pegou um grande envelope das mãos do filho e o entregou a Noêmia, dizendo:

— O Sítio Santa Filomena é novamente seu e de seus filhos! Podem se mudar agora mesmo, se quiserem! Agripino já sabe e está esperando... Tem também um envelope com algum dinheiro para ajudar nas primeiras despesas e para que seus filhos voltem a estudar! Não nos guardem rancor! Deus sabe quanto fomos contra as atitudes de Cesare. Passar bem, senhora... Heitor...

E a condessa levantou-se para sair. Gianluca colocou a mão no ombro de Heitor e disse:

— Eu concordo com minha mãe! Ainda seremos amigos, Heitor? — emocionado, o rapaz nada respondeu. Sua mãe também, tomada pela emoção, ficou calada; apenas segurava fortemente o envelope.

Na carruagem, mãe e filho permaneceram em silêncio,

vivendo a emoção do bem praticado. Depois, com a voz um pouco trêmula, Gianluca disse:

— Mamãe! Estou me sentindo tão leve!

— Eu também, meu filho!

— Meu Deus! Como é bom ajudar as pessoas, fazê-las felizes!

— Eu sei, meu querido! E fico muito contente por isso!

E abraçou o filho.

Enquanto isso, na casa de Noêmia, ela e Heitor continuavam sem acreditar no que acontecera. Aluísio entrou em casa e foi dizendo:

— Mamãe... Infelizmente, nem hoje consegui arrumar trabalho! Não sei mais o que fazer!

A mãe e o irmão nada falaram, e Aluísio, desconfiado, perguntou:

— O que aconteceu?

A mãe nada disse; apenas entregou-lhe o envelope.

Depois de abrir, o jovem gritou:

— É a escritura do sítio e uma grande importância em dinheiro! O que significa isso?

— Somos novamente donos do Santa Filomena, Aluísio!

— Quê??

— É isso mesmo, meu irmão! A condessa esteve aqui, nos devolveu o sítio e nos deu esse dinheiro para as primeiras despesas! Podemos nos mudar hoje mesmo! Ou melhor, agora! Agripino está à nossa espera!

Aluísio sentou-se para não cair de tanta emoção.

— E eu que pensei que a família estivesse de acordo com as falcatruas do maldito conde!

Heitor e Noêmia lhe contaram toda a conversa. Juntos, agradeceram a Deus e resolveram se mudar no mesmo dia.

— Mamãe, até ajeitarmos tudo, a senhora dormirá na casa de Agripino! Será só por uma ou duas noites; eu e Heitor nos ajeitaremos no chão!

— Para voltar para minha casa, eu durmo até no telhado! — respondeu o irmão, gargalhando.

— Não temos nada para levar daqui... Tudo o que trouxemos fomos obrigados a vender... Aos poucos, vamos comprar os móveis e tudo de que precisarmos para nossa casa... nosso sítio... Mas agora é hora de alegria! Vamos para nossa casa, mamãe... Heitor...

— Vamos! — responderam juntos.

Horas depois, estavam no sítio. Agripino correu ao encontro dos três e se abraçaram felizes. A casa parecia outra.

— O que é isso, Agripino? — perguntou Noêmia.

— Foi a condessa qui mandô pintá a casa i mandô a mubiiá, sinhá!

— Meu Deus! Que mulher boa! Nunca imaginei que fosse assim; sempre pensei que tivesse o mesmo caráter diabólico do marido! Que os anjos a protejam!

Uma semana depois, Agripino foi à Fazenda dos Ipês, a mando de Noêmia, convidar a condessa e sua família para um jantar de comemoração. Contente, Fiorella aceitou de imediato.

— Nós iremos, sim, Agripino!

Na hora do jantar, estavam reunidos na casa do Sítio Santa Filomena quando escutaram um barulho de carruagem que se aproximava. Heitor saiu com Gianluca para ver quem era e voltou dizendo para a mãe:

— Mamãe, é Manuela com Paulo e o senhor Joaquim!

— Que bom! Ele veio mesmo! — e saiu para receber os visitantes.

Fiorella não sabia explicar por quê, mas vibrou quando ouviu o nome do fazendeiro. Finalmente ficaria conhecendo o homem que todos admiravam.

— Gianluca! O que está fazendo aqui? — perguntou Manuela, toda sorridente.

— Viemos jantar com a família de Heitor para comemorar a volta deles para o sítio!

— Nós também viemos pelo mesmo motivo!

Depois dos cumprimentos, Manuela voltou a perguntar:

— Com quem você veio?

— Com mamãe e Giani!

Quando o jovem falou da mãe, Manuela, disfarçadamente, voltou-se para o pai e notou que seus olhos brilharam.

Conversando, aproximaram-se da casa...

Quando Fiorella viu aquele belo espécime de homem, sentiu o corpo tremer: "Meu Pai do Céu! É o homem da quermesse! O senhor Joaquim é o homem da igreja! Quem diria! Meu Deus, que loucura! E agora... o que fazer? Tenho vontade de me atirar em seus braços... Acho que vou desmaiar!".

— Mamãe!

E a condessa continuava sonhando: "Como é lindo, charmoso, sedutor!...".

— Mamãe! — repetiu Gianluca mais alto: — O que está acontecendo? Parece que a senhora está nas nuvens!

A condessa voltou a si e, rubra, tentou disfarçar, o que todos perceberam.

— Desculpe, filho! É que senti um pouco de falta de ar!

— A senhora está bem?

— Sim, estou! — respondeu Fiorella, tentando dominar

a emoção. Olhou para Joaquim e viu aquele sorriso matreiro e atrevido em sua boca, como se estivesse feliz por vê-la acabrunhada. Quis ficar fula de raiva, mas não conseguiu.

— Mamãe — disse Gianluca —, este é o senhor Joaquim, da Fazenda Santa Tereza!

Com visível emoção, ela estendeu a mão para que ele a beijasse. Gianluca percebeu e piscou para Manuela, que também havia notado a atitude dos dois.

— Como vai, senhora condessa? É um prazer enorme conhecer tão linda criatura e com atos de pura bondade. Realmente fico muito feliz em conhecê-la!

Tremendo e sem conseguir dominar o rubor e a emoção, ela apenas respondeu:

— Obrigada! O senhor é muito gentil... — e tratou de desviar o olhar para que ele não visse quanto estava desejando ser beijada por ele.

O jantar correu com alegria e todos perceberam os olhares furtivos trocados entre Joaquim e Fiorella e entre Giani e Aluísio. Pouco antes da despedida, o futuro bacharel pediu a atenção de todos e se dirigiu a Fiorella:

— Senhora condessa...

— Não precisa me chamar de condessa, Aluísio! Traz-me amargas recordações! E vocês, que são nossos amigos, me chamem só pelo nome! — e deu um sorriso cativante, o que fez com que todos a admirassem ainda mais. Joaquim olhou aquela figura de mulher tão linda e tão perfeita, e chegou a dar um suspiro. Paulo, ao seu lado, perguntou baixinho:

— Que foi, papai?

— Nada, filho! Não se preocupe!

E Aluísio, com belas palavras, proferidas com simpatia e desembaraço, expôs:

— Senhora Fiorella, quero lhe agradecer, e a sua família, tudo o que fez por nós! Confesso que não esperava tal atitude de sua parte! São procedimentos dignos de uma dama como a senhora. Terá sempre nossa gratidão e, se precisar de uma mão amiga, pode contar com minha família e, principalmente, comigo! Eu e Heitor iremos na próxima semana, graças à senhora, prestar os exames finais na Faculdade, na Ordem; e eu irei receber meu diploma. Depois... — e voltou-se para Giani, que tinha os olhos marejados: — E depois, quando eu regressar, gostaria muito que a senhora me desse permissão para cortejar sua filha Giani! — Fiorella, admirada, olhou para a filha, que, aflita, esperava sua resposta.

— Se ela estiver de acordo, eu não tenho nada contra, Aluísio. Fico até contente, pois sei que você é um bom rapaz e fará tudo para que ela seja feliz!

— Tenha certeza disso, senhora!

— Giani é uma boa menina e eu desejo imensamente que ela seja muito feliz!

— Obrigada, mamãe! — respondeu Giani, abraçando a genitora.

— Já falei com minha mãe, que também está de acordo! — disse Aluísio.

— Claro que estou, meu filho! Você não poderia ter feito melhor escolha! — concordou Noêmia.

Aluísio trocava olhares apaixonados com Giani, sem coragem para nada, quando Gianluca, sorrindo, interveio:

— Pode abraçar minha irmã, Aluísio!

Todos riram; e o rapaz não se fez de rogado: abraçou Giani e sussurrou em seu ouvido: Eu te amo!

— Eu também te amo! — murmurou a garota.

Depois da euforia, Fiorella foi até o jardim, e logo ouviu atrás de si uma voz:

— Podemos conversar, Fiorella?

— Oh!... É o senhor? Assustou-me!

— Desculpe... Não tive a intenção de assustá-la!

— Não precisa se desculpar, senhor Joaquim, eu estava distraída!

— Por favor... Não me chame de senhor. Podemos conversar alguns minutos?

— Não sei se temos algo para conversar! E também não sei se é o lugar mais apropriado.

— Desculpe, Fiorella! — assim dizendo, pegou em seu braço e, carinhosamente, puxou-a ao encontro a si e a beijou na boca, com paixão incontida. Tremendamente excitada e desejando ardentemente ser beijada, ela cedeu e correspondeu ao ósculo. Como gostava daqueles braços vigorosos que a envolviam, daquelas mãos fortes e macias que a prendiam de encontro a seu corpo másculo... e como vibrava ao sentir sua virilidade! Queria possuí-lo, queria que ele a possuísse ali, naquele momento, tão grande era sua volúpia... mas a razão falou mais alto: o lugar não era apropriado. Confusa, desvencilhou-se daquele homem que era seu objeto de sedução e, dominada pela emoção, disse:

— O senhor... quero dizer... você vive me roubando beijos, Joaquim!

— E você não gosta? — ele perguntou, sorrindo. Fiorella sentiu um forte calor invadir seu corpo e, com receio de que ele percebesse, saiu e foi à procura dos filhos, chamando-os para ir embora.

A contragosto, os filhos obedeceram.

CAPÍTULO 39

O ASSASSINATO DE JULIÃO

Inspecionando a plantação a mando da condessa, Julião andava devagar entre os grandes pés de café, puxando a montaria pela rédea, quando ouviu vozes: "Ué... quem será qui tá cunversanu aqui nu meiu du cafezá? I pru quê aqui?". Em silêncio, amarrou o cavalo num galho, aproximou-se e viu Narciso conversando com alguém: "U qui será qui u homi tem cum essa pesti? Boa coisa num é!". Aguardou até a pessoa se afastar e chamou o amigo.

— Narcisu!

— Ô diachu! Qui sustu ocê mi pregô, homi de Deus! — e levou a mão a um punhal.

— Carma, homi! Pareci qui ocê ta muitu nervosu! Pelu qui iscuitei, ocê ta increncadu inté u pescoçu! U qui tá acuntecenu cum ocê?

Narciso, de olhos arregalados, não sabia o que responder; apenas ouvia. E Julião prosseguiu:

— Cuidadu, homi! Sô teu amigu, podi cunfiá im mim. Dispois qui num percisá mais di ocê, simprismente dá cabu di ocê!

— Num tô fazenu nada di erradu! Parei só pra fazê nicissidadi... Ou num podi?

— Craru qui podi, homi di Deus! Quem tava cum ocê?

— Eu tô sozinhu!

— Tá, não! Eu ovi otra voiz! U qui ocê ta iscondenu?

— Num tô fazenu nada di erradu! — e se preparou para montar, quando Julião o advertiu:

— Eu num sei u quê, mais qui tá, tá! Óia! Issu aí é pió qui cobra cascavé! Cuidadu, homi! Ocê podi si dá mar!

Sem responder, o crioulo se afastou e Julião ficou matutando: "Diachu! U qui será qui us dois tava fazenu? Issu tá mi cheranu increnca! Pareci qui eli tava meiu locu! Num sei, não, mas inté achu qui foi eli qui matô u conde... I si foi eli memu, eu tenhu qui tomá muitu cuidadu!". Pegou o cavalo e continuou sua tarefa. Narciso também, por sua vez, pensava: "Julião tá sabenu dimais! É mió ficá di zóiu abertu pra vê cumu vai ficá! Vigi Maria! Isso aí é pió qui pesti danada! Fui mi metê i agora percisu aguentá quietu!".

Um pouco mais longe, Chico Manco viu os dois conversando e deduziu: "Aí tem coisa ruim! Essa cobra venenosa não gosta de negru, mas tava cunversanu cum u feitô! Eli tamém é negru! Já tô inté venu a disgraça cheganu!".

A semana transcorreu tensa. Narciso, muito nervoso e irritado, evitou o máximo que pôde se encontrar com Julião. Mas tinha de obedecer às ordens. Escondido atrás de um pé de café, o crioulo esperou pelo amigo, que vinha se aproximando distraído. Julião não percebeu a tocaia. Levou uma punhalada certeira nas costas, na altura do coração, tendo morte instantânea.

Somente na manhã seguinte foi notada a falta do feitor.

— Narciso! Preciso falar com Julião. Peça a ele para vir aqui! — disse Gianluca.

— Eu num vi eli hoji, sinhô!

— Onde será que se meteu esse homem? Vá procurá-lo!

— Sim, sinhô!

Esperto, o negro foi na direção oposta, onde sabia que não encontraria o corpo do companheiro.

Algumas horas depois, um escravo avisou o sinhozinho que havia descoberto o corpo de Julião. Como era negro, poderia ser jogado numa vala qualquer, mas Fiorella achou por bem avisar o delegado e pedir proteção para sua família, já que tudo indicava que o assassino, se não fosse da fazenda, estava em suas terras e poderia praticar outros crimes.

— Mamãe, estou com muito medo! — lamentou Marzia, lacrimejante.

— Eu também! — concordou Giani, entrando na sala.

— Não precisam ter medo! Apenas evitem ir muito longe e sozinhas!

Nisso, Gianluca entrou acompanhado pelo doutor Odilon e seu ajudante, que mais parecia uma sombra do chefe.

— Senhora condessa...

— Como vai, delegado?

— Senhoritas...

— Sente-se, por favor! O que o senhor toma? Café, chá...

— Café!

E Fiorella mandou Olívia providenciar.

— Então, senhora condessa... Mais um crime para ser esclarecido em suas terras!

— Ah, doutor Odilon! Isso me deixa muito aflita e aborrecida! Eu, que sempre fui contra a violência, agora me vejo frente a frente com esses crimes bárbaros! Espero que o senhor já tenha alguma pista do assassino de meu marido!

— Estamos quase chegando ao fim das investigações, condessa! Já falamos com Aluísio e...

— Por que Aluísio, delegado?! — gritou Giani, desesperada com o que acabara de ouvir da boca do policial.

— Ele também é suspeito, senhorita! Quando esteve aqui se fazendo passar por escravo, veio com a intenção de matar o conde!

— Não! Ele não fez isso! Ele não teria coragem!

— Calma, filha! É apenas um esclarecimento!

— Eu também acho que não foi Aluísio, doutor! — confirmou Gianluca.

— Pois eu acho que foi ele, sim! — respondeu Marzia.

O delegado encarou demoradamente a jovem e depois Lupércio, que, como sempre, alisava o bigode. E continuou:

— O rapaz é muito bom e honesto, mas está entre os suspeitos! Os fazendeiros que estiveram aqui no dia do baile foram interrogados e todos têm um álibi. Meus agentes foram averiguar, e realmente eles disseram a verdade! Amanhã vamos falar novamente com Aluísio... Dependendo do interrogatório, ele será preso temporariamente...

— Não! Não foi ele, doutor Odilon! Tenho certeza de que não foi ele! — gritava Giani, transtornada.

— Eu lamento, senhorita... mas cumpro meu dever! Agora vamos ver o corpo do feitor!

Na porta, voltou-se e, com firmeza, garantiu para a condessa:

— O cerco está se fechando, senhora! Com certeza, dentro de alguns dias, o criminoso será preso e levado para a masmorra na capital! — e saiu em companhia de Gianluca e Lupércio.

— Mamãe, o que é masmorra? — perguntou Giani.

— Ah, filha! Nem queira saber o que é masmorra! É uma prisão subterrânea, úmida, fria, sombria e lúgubre! São encaminhados para lá todos os assassinos! E os prisioneiros que lá entram nunca mais terão liberdade! Além disso, eles apanham, brigam entre si e a comida é bem escassa. E não é só com os homens; as mulheres passam por tudo isso também! Quando descobrirem o assassino de seu pai, ele também será encaminhado a esse lugar!

As duas meninas nada responderam, mas via-se, com clareza, o desespero estampado em seus semblantes.

Horas depois, o delegado voltou e liberou o corpo de Julião.

— Ele foi morto à traição! O punhal quebrou algumas costelas e atingiu o coração. Tudo indica que quem o matou tinha uma força descomunal! E sua morte foi instantânea! A senhora pode mandar enterrá-lo, condessa!

Despediu-se e saiu com o ajudante.

Dias depois, logo após o almoço, a condessa foi para seus aposentos descansar e Gianluca aproveitou para convidar Giani para ir novamente à mina. Conhecendo o caminho, logo chegaram aonde estavam os valiosos minerais. A variedade das pedras e sua beleza contagiavam os dois irmãos. As paredes, incrustadas pelas preciosidades, cintilavam com a luz do pequeno lampião que Gianluca trazia nas mãos:

— Meu Deus! Como são lindas, Gianluca! Uma é mais bonita que a outra! E de muito valor!

— É por isso que papai a procurou, chegando a ficar desesperado por não encontrá-la!

— Veja! Do outro lado parece um tapete brilhante!

— Tudo indica que essa parte pertence ao senhor Joaquim... Será que ele tem conhecimento desta mina? Quem será que colocou essa grade? E por quê?

— Para dividir a mina! — alegou Giani, sem prestar muita atenção no irmão.

— É... Só pode ser isso!

— Vamos levar alguma?

— Não! Não pegue nenhuma!

— Por que não? São nossas!

— Pode ser perigoso!

E os dois passavam a mão nas pedras que brilhavam... resplandeciam... cintilavam...

Estavam tão distraídos que não perceberam que Narciso chegara sem fazer barulho.

— Narciso! — exclamou Gianluca quando o viu. — O que faz aqui? Quem lhe ensinou o caminho?

O negro apenas o fitava, apontando-lhe uma arma e deixando bem claro que não lhe devia obediência. Gianluca insistiu:

— Responda! O que faz aqui? Quem lhe ensinou o caminho? E por que essa arma?

Descendo as escadas, uma voz respondeu:

— Olá... Fui eu que ensinei o caminho a Narciso!

— Você?! O que quer dizer com isso?

— Gianluca, estou com medo! — disse Giani se aproximando do irmão, como a pedir proteção.

— Nada! Apenas vou mandar amarrá-los e amordaçá-los!

— Você não pode fazer isso! É loucura!

— Tanto posso que vou fazer!

— Meu Deus! O que significa isso?

— Significa que chegou a hora da sua morte e da de sua querida irmãzinha! Não se preocupem, meus queridos! Vocês serão amarrados e amordaçados para ficar iguais a esse aí! — e apontou uma ossada humana perto da parede.

— Não faça isso, pelo amor de Deus! — respondeu chorando Giani, agarrando-se ainda mais ao irmão.

— Vocês aguentarão, no máximo, três dias... depois as veias começarão a estourar e... adeus! Ah! Ah! Ah! Narciso, me dê a arma! — o crioulo obedeceu. — Agora, amarre-os bem e amordace-os! Primeiro ele!

Giani implorava, chorando, que não fizesse isso, mas só ouvia gargalhadas.

Depois de amarrados, o intruso apanhou algumas pedras preciosas e disse:

— Fui eu que matei o conde, e com vocês fora do caminho será mais fácil dar um fim na bela condessa e em sua fiel escudeira!

E saiu com Narciso.

Enquanto isso, no quarto, a condessa descansava, mas seu sono era agitado e não percebeu que uma pequenina luz a seu lado começou a crescer, iluminando todo o aposento:

— Mamãe! Acorde, mamãe! Giani e Gianluca estão em perigo! Acorde!

Fiorella deu um grito e acordou assustada, chamando pela criada:

— Olívia! Olívia!

A criada prontamente atendeu:

— Que foi, senhora!

— Não sei! Parece que vi Paola me avisando que Giani e Gianluca estão em perigo!

Antes que a serviçal respondesse, Marzia, aflita, entrou no quarto:

— Mamãe! O que aconteceu?

— Ah, filha! Que bom que você está bem! Onde estão seus irmãos?

— Agora mesmo estavam na sala, senhora! — disse Olívia.

— É verdade! Eu os vi quando subi para meu quarto!

A condessa se acalmou, enxugou o suor e foi, em companhia de Olívia, falar com os filhos. Mas eles não estavam na sala nem no quarto.

Enquanto isso, sentado na porta de sua casinha, Chico viu também uma pequenina luz:

— Ué... nunca vi pirilampu di dia... qui isquisitu!

A luz foi se aproximando e aumentando de tamanho e de intensidade. Chico, desconfiado, fechou os olhos e, através do pensamento, pôde "ver" o que era: "Meu Sinhô Jesuis i Sua Mãi Maria qui tá nu Céu: é a minina Paola!". 'Como vai, Chico?' "Menina Paola! Qui Deus abençôi a sinhazinha pur visitá u negru véiu!". 'Eu sempre venho acompanhada de outros irmãos que moram comigo, mas hoje vim avisá-lo que Giani e Gianluca correm perigo de vida!' "Meu Sinhô du Céu! I adondi elis tão?", mas a luz sumiu e o contato terminou.

— Vô falá cum a sinhá! — e foi em direção à casa-grande. Fiorella, quando o viu, foi rapidamente ao seu encontro:

— Chico! Que bom que você está aqui! Estava indo à sua procura...

— Qui foi, sinhá? A sinhá tá percupada?

— Estou! Eu vi Paola, e ela me falou que Giani e Gianluca estão em perigo!

O coração do negro bateu acelerado e, para não deixar sua sinhá mais aflita, resolveu se calar:

— Fique carma, sinhá! Elis tão aqui pertu i nóis vai incontrá elis!

— Eles não estão em casa, Chico! Já os procurei!

— Vô percurá elis, sinhá! Elis tão pur aí!

— Obrigada, Chico!

Por dois dias ininterruptos, todos da fazenda se empenharam em procurar os gêmeos, mas nenhum sinal. Fiorella chorava sem parar, não conseguia se alimentar, muito menos dormir. Andava pela casa sem sossego e chamava pelos filhos:

— Giani... Gianluca... Onde vocês estão? Meu Deus! Ajude-me! Se não encontrar meus filhos, não quero mais viver! Olívia, por favor, encontre meus filhos! Traga-os para perto de mim!

A FAZENDA DOS IPÊS

— Tenha calma, senhora! Nós vamos encontrá-los!

— Faz quase três dias, Olívia! Sem água, sem comida! Meu Deus! Por que não me ouve, Senhor? Não posso viver sem meus filhos! Mande alguém chamar o Chico, Olívia!

Pouco depois, o velho negro chegou acompanhado de vários trabalhadores da fazenda, todos querendo ajudar.

— Sinhá... tem fé nu Nossu Sinhô Jesuis i vamô orá. Eli num disampara ninguém, muitu menus a sinhá, qui tem u coração bom!

— Não aguento mais, Chico! O desespero está tomando conta de mim!

— Tome este chá, senhora! Vai acalmá-la um pouco! — disse Olívia.

— Não quero chá nenhum, Olívia! — respondeu a condessa.

Marzia, indiferente ao desespero da mãe, permanecia quieta.

Chico sentia que os gêmeos estavam por perto, mas não sabia onde. Não sabia o que fazer para ajudar. Resolveu sentar debaixo do velho pé de carvalho para meditar. Estava de olhos fechados quando sentiu "alguém" a seu lado. Abriu os olhos e viu novamente a pequenina luz: "É ocê, sinhazinha?". "Chico, meus irmãos correm perigo de vida e precisam de você! Eles estão na mina!".

— Meu Jesuis! Mi ajudi, Sinhô du Céu!

Levantou-se correndo, segundo suas condições, pegou uma corda e foi em direção ao mato onde passava a cerca da divisa da Fazenda Santa Tereza. Com certa dificuldade, conseguiu atravessá-la e chegou perto da abertura no chão. A pequenina luz novamente apareceu, projetando-se buraco adentro.

— Será qui eu tenhu qui entrá nu buracu? I pra saí só cum uma perna, cumu vô fazê? Mais eu vô, nem qui fô pra ficá presu lá drentu!

Sem perda de tempo, amarrou a corda no tronco da árvore mais próxima e, com grande sacrifício, conseguiu entrar. Percorreu os extensos corredores, que, pelo cálculo que fizera antes, podiam ter de três a quatro metros de profundidade e eram paralelos à cerca da divisa. Conseguiu chegar ao lugar aonde estavam as pedras preciosas. Levou um susto muito grande quando viu, do outro lado da grade, os irmãos amarrados e amordaçados. Giani estava caída, desmaiada, e Gianluca, sonolento, chegava ao fim da resistência física. Agarrando a grade com as duas mãos, Chico, desesperado, gritou:

— *Deus di Misiricórdia!! Sinhozinhu!!*

O grito do negro fez Gianluca se reanimar um pouco.

— Jesuis, meu Pai! U qui acunteceu, sinhozinhu?

— Hum! Hum! — gemeu Gianluca, tentando se exprimir com a boca amordaçada.

— Ô Sinhô... eli qué falá, mais eu num cunsigu arcançá eli pra tirá u panu di sua boca. Essa pesti dessa gradi num dexa.

Olhou dos lados para ver se achava algo que servisse.

— Diachu! Aqui só tem essa porcaria di pedra! Pedra qui dexa us homi locu!

De repente, lembrou-se da velha forquilha que lhe servia de perna:

— A furquiia! Muitus anus atrais, quando u Sinhô du Céu permitiu qui eu tivessi essa furquiia cumu perna, Eli já sabia qui eu ia percisá dela não só pra andá, mais pra sarvá a vida dessas duas criança! Benditu seja Deus!

Enfiou-a pela grade em direção a Gianluca e, com grande ajuda e esforço do próprio rapaz, conseguiu afrouxar a mordaça:

— Graças a Deus!

Quando se viu livre, o jovem reuniu todas as suas forças e gritou:

— Chico, a entrada da mina é na adega! Depressa! Giani está morrendo!

Rápido, Chico correu manquitolando; mas, quando chegou à escada, parou, perplexo:

— I agora? Vô demorá uma hora pra subi só cum uma perna!

Agarrou a corda e, incrivelmente, num minuto, se viu fora da mina:

— Brigadu, Pai!

Antes de chegar à casa-grande, começou a berrar:

— Sinhá! Sinhá!

Fiorella ouviu seu chamado e saiu correndo a seu encontro:

— Chico! O que foi? Você os encontrou?

— Na adega, sinhá! Na adega!

Rapidamente, Fiorella foi até o depósito de bebidas em companhia de Olívia e de Jovina. Procuraram por toda parte e nada viram! Nem sinal dos jovens.

— Chico... e agora?

— Num sei, sinhá!

Fiorella começou a chorar. Chico firmou o pensamento e o pequeno foco de luz apareceu e se encaminhou até o candelabro. O negro entendeu e o movimentou; a parede onde estavam os barris começou a se movimentar e a portinhola surgiu, como por encanto...

— Meu Deus do Céu! O que é isso? — perguntou Fiorella.

— É lá, sinhá! Eles tá lá imbaxu! — gritou o velho manco.

— Senhora, não dá para passar com essa roupa! — disse Olívia.

A condessa pensou um pouco e não titubeou; arrancou a armação que usava por baixo da saia e desceu a estreita escada acompanhada das criadas, chamando pelos filhos:

— Giani... Gianluca... — gritava a mãe cada vez mais desesperada: — Meu Deus, Olívia! Que lugar é esse?

— Não sei, senhora!

— Eu tô cum medu, sinhá! — choramingava Jovina.

Mas Fiorella não se importava com nada. Continuava correndo e chamando pelos gêmeos:

— Gianluca! Responde, filho! Onde você está? Giani?

De repente, a condessa parou e disse para as servas:

— Vocês ouviram? Parecia a voz de Gianluca!

— Eu num iscuitei nada, sinhá! — disse Jovina.

— Nem eu, senhora! — completou Olívia.

— Pois eu ouvi... Façam silêncio... — e voltou a gritar pelos filhos:

— Giani! Gianluca! Respondam!

E ouviu a voz do filho muito fraca, como se estivesse nas entranhas da Terra:

— Mamãe... aqui...

E Fiorella voltou a correr em busca dos gêmeos. Minutos depois os encontrou.

— Meu Deus! Olívia, Jovina, tirem Giani daqui, rápido! Vou desamarrar Gianluca! Mandem alguém para me ajudar! Depressa!

— Mamãe... graças a Deus...

— Fique calmo, filho! Já vamos sair daqui!

Enquanto isso, na adega, o velho manquitola, aflito, aguardava a condessa. Ouviu um barulho atrás de si e se espantou quando viu quem era.

— Olá, negro fedorento! Jamais me passou pela cabeça que, um dia, eu iria lhe agradecer por alguma coisa! Mas, hoje, eu agradeço por ter me ajudado a matar vocês todos de uma só vez!

Assim dizendo, empurrou a porta da adega. Chico, mais rápido, colocou a forquilha impedindo que ela se fechasse.

— Bendita furquiia! Quandu eu morrê, queru ocê cumigu no caxão! Brigadu, Pai!

Nisso, um barulho de carruagem fez a pessoa recuar e correr para ver quem era, dando de cara com o doutor Odilon, seus ajudantes e o fiel Lupércio.

— Delegado, o senhor aqui? O que veio fazer?

— Por que o espanto! Eu disse à condessa que o cerco em torno da morte do conde estava se fechando! Lembra-se? Então... ele acabou de se fechar! Vim buscar o assassino!

Nisso, Chico gritou:

— Sinhô delegadu! Aqui na adega!

Aproveitando a distração do delegado, e sem dizer uma palavra, subiu as escadas correndo e se trancou no quarto. E o policial mandou um de seus ajudantes ficar tomando conta da porta do aposento.

Enquanto isso, Olívia e Jovina arrastavam Giani para fora da adega.

— O que aconteceu, Chico? — perguntou o doutor Odilon.

— Depressa, sinhô! U sinhozinhu Gianluca ta presu la drentu passandu mar! — exclamou Chico.

E o delegado deu ordens aos ajudantes para que resgatassem o jovem.

Pouco depois, orientados por Chico, os dois irmãos se alimentaram, tomaram chá, se recuperaram e se sentiram reanimados. Gianluca pediu para falar com a mãe a sós e contou tudo o que aconteceu:

— Você não pode estar falando a verdade, Gianluca!

— É verdade, mamãe! Ela disse que ia matar a senhora, Olívia e Jovina!

— Meu Deus! Matar-me? Mas por quê?

— Não sei! Acho que ela está ficando louca!

— Não! Não acredito no que está me dizendo, filho!

Desesperada, no fundo de sua alma, a condessa concordava com o filho, mas seu coração de mãe não conseguia aceitar a triste realidade.

Um leve toque na porta e o delegado pediu licença para entrar com Lupércio.

— Desculpe, doutor Odilon! Mas eu ando muito nervosa diante dos acontecimentos!

— Eu entendo, senhora. Só lhe peço que tenha calma, muita calma, com o que vou lhe revelar!

— Mais problemas ainda?

— Não! Os problemas são, para bem dizer, relacionados com a morte do conde.

— Acharam o assassino?

— Sim! Viemos prendê-lo!

— Dentro de minha casa?

— Exatamente, senhora condessa! Dentro de sua casa!

— Não estou entendendo, senhor delegado! O que quer dizer "dentro de minha casa"? Que o assassino mora aqui? Ora, meu senhor... que pilhéria...

— Lamento profundamente, senhora... e é muito triste o que vou lhe revelar, mas a assassina...

— Assassina? Então é uma mulher!

— ...de seu marido é sua própria filha Marzia!

A condessa levou as mãos aos ouvidos, como se quisesse apagar o que acabara de ouvir, e, num grito lancinante, explodiu:

— *Não!! Não pode ser!!* Ela é uma criança! O senhor está enganado, doutor Odilon! Não!! Não!! Não posso aceitar isso!

— Calma, mamãe! Deixe o delegado explicar! — disse Gianluca, chorando. Olívia veio se juntar a eles e abraçou a condessa como que para protegê-la. E o policial continuou:

— É lamentável, senhora condessa, e, se permitir, gostaria de falar com sua filha!

— Eu nem sei onde ela está! — respondeu Fiorella, chorando.

— Quando cheguei, ela me viu e eu lhe disse que vim prender o assassino do conde, então ela subiu correndo as escadas! Um de meus homens ficou de guarda para que ela não saísse: ela continua no quarto!

— Então, senhor, se ela fosse culpada, teria se embrenhado no mato, no cafezal ou em outro lugar que pudesse escapar, mas não ficar acuada dentro de casa! Sua dedução está errada, doutor!

— Veremos, senhora! Tenho certeza de que a arma que matou seu marido está escondida no quarto de sua filha! Ela comprou dois revólveres numa loja em Santo Antônio. Por que precisava de dois ainda não sabemos! E, nesse dia, estava em companhia de um negro...

"Narciso!", pensou Gianluca.

— Pode mandar chamá-la, por favor?

— Olívia, vá buscar Marzia!

A criada obedeceu. Na porta trancada, chamou várias vezes e ninguém respondeu. Contou o fato à condessa e esta pediu que Jovina trouxesse a cópia da chave.

Assim que a porta foi aberta, encontraram Marzia morta, caída no chão, ao lado de um pequeno frasco vazio.

Enquanto Olívia e Gianluca socorriam a pobre condessa, desesperada, o agente da lei pegou o frasco, cheirou e entregou-o a Lupércio:

— O que acha?

Segurando o pequeno vidro, o ajudante se abaixou perto do corpo, pegou as mãos da suicida e afirmou:

— Senhor, veja! O rosto violáceo e congestionado! Suas unhas estão com manchas transversais e esbranquiçadas, começando a arroxear! Indicam envenenamento por curare e em altíssima dose! Curare é um veneno poderosíssimo, fabricado pelos índios! Não muito longe daqui, existe uma tribo que comercializa esse produto!

— Perfeito, Lupércio! Agora vamos ver se achamos o revólver para comparar com a bala extraída do corpo do conde.

Encontraram a arma escondida num pequeno saco de pano dentro do colchão. Ao lado, outro saco com várias pedras preciosas.

Gianluca, soluçando, entrou no quarto e o delegado perguntou:

— Como está sua mãe?

— Chorando, inconformada e revoltada! Jamais passou pela sua cabeça, nem pela minha, que Marzia mataria o próprio pai! É difícil acreditar! Eles se davam tão bem... e papai só gostava dela!

— São coisas que acontecem nas famílias! — e, virando-se para o ajudante, perguntou: — Então, Lupércio?

— Confere, senhor! A bala que matou o conde saiu desta arma!

O delegado examinou novamente o corpo, fez algumas anotações no surrado caderno e liberou o corpo de Marzia para o velório. Chamou os ajudantes e perguntou a Gianluca:

— Sabe onde encontraremos Narciso?

— Vou mandar chamá-lo, delegado!

— Tenho minhas dúvidas se ele virá! O que acha, Lupércio?

— Para tentar nos despistar, meu faro diz que ele virá, sim!

Não passou meia hora e o negro se apresentou. Estava muito nervoso e trêmulo. Procurou com os olhos a sinhazinha Marzia, mas não a viu. Achou estranho, pois todos estavam na sala; e não conseguiu entender por que a condessa chorava tanto. Seu pavor aumentou: "Diachu! U qui será qui acunteceu aqui? E adondi tá a sinhazinha?". Seus pensamentos foram interrompidos quando o delegado o chamou:

— Narciso!

— Sinhô!

— O que você tem para me contar sobre a morte de Julião?

— Eu num sei di nada, sinhô!

— Tem certeza?

— Craru, sinhô! Julião era meu amigu...

— Eu sei que ele era seu amigo! Mas por que você deu um tiro nele pelas costas?

— Tiru? Foi uma facada i...

— E quem disse que foi facada? — e o delegado gritou para seus ajudantes: — *Peguem-no!*

Ligeiro como um raio, Narciso pegou o revólver, que trazia escondido debaixo da larga camisa, e atirou no policial que se aproximava. O tiro atingiu seu ombro, derrubando-o no chão. Num lance rápido, Lupércio puxou seu revólver e baleou o feitor assassino à queima-roupa. Mesmo com três tiros no corpo, o negro, cambaleando, conseguiu sair da sala e cair morto no jardim.

Com o desespero de sua mãe, sem condições para resolver, Gianluca achou por bem mandar sepultar a irmã no cemitério de Recanto das Flores.

A bela e lucrativa Fazenda dos Ipês contrastava com os horrores dos assassinatos e do suicídio; e, com a mão de obra dos ex-escravos, agora chamados de trabalhadores, seguia seu curso emoldurada pela beleza quase selvagem das frondosas árvores que lhe emprestavam o nome.

Passou-se mais de um mês da morte da jovem Marzia quando o delegado, em companhia de Lupércio, voltou à fazenda e foi recebido por Fiorella, que emagrecera muito por causa das recentes desventuras.

— Como vai, senhora condessa?

— Na medida do possível, vou bem, doutor Odilon! Como vai, senhor Lupércio? Sentem-se, por favor!

— Obrigado! Então, senhora... Tem alguma novidade para nós? Descobriu algo que possa nos interessar? Estamos abordando novamente o assunto, porque me parece que a senhora ainda não acredita na culpa de sua filha!

— Os fatos dizem que o senhor tem razão, delegado... Eu só gostaria que olhasse meu lado de mãe! Para mim, é muito difícil aceitar que a menina que saiu de dentro de mim, que eu amei e por quem fiz tudo, como fiz para os outros filhos, se tornasse a assassina do próprio pai; um pai que ela idolatrava... — e, enxugando as lágrimas, continuou: — Estou tentando criar coragem para entrar em seu quarto e ver se existe algo que possa amenizar a dor que estou sentindo!

— A senhora nunca mais foi ao quarto da menina?

— Não! Mandei trancá-lo e as chaves estão em meu poder! Ainda mora em meu coração um fiozinho de esperança de que tudo isso seja mentira, que tudo isso seja um terrível pesadelo; mas sinto, também, que esse fio de esperança está se tornando muito frágil!

— É... A realidade da vida é essa, senhora! Mas eu lhe asseguro que é melhor ficar preparada para novas revelações!

— O que quer dizer com isso, delegado?

— Não vamos mais importuná-la! Caso encontre algo que possa nos interessar, gostaria de ser avisado!

— Assim farei!

— Passar bem, senhora condessa! Eu voltarei algum dia!

— Olívia, acompanhe o doutor Odilon e o senhor Lupércio até a porta.

— Sim, senhora!

CAPÍTULO 40

O DIÁRIO DE MARZIA

No dia seguinte, pela manhã, logo após o desjejum, Fiorella resolveu entrar no quarto de Marzia. Lágrimas escorriam por seu rosto e seus pensamentos lembravam a índole da filha: "Ah, minha filha! Por que você tinha de ser maquiavélica como seu pai? Por que fez tudo isso? Poderia estar viva aqui, conosco! Nunca me passou pela cabeça que você chegaria a esse extremo... Logo você, que tanto o amava!". E passava a mão nas roupas finas que a filha usava, suas joias, seus objetos pessoais... Recordava a filha com carinho de mãe, mas seu coração ansiava em descobrir algo que a levasse a entender seu procedimento, o motivo de tudo o que acontecera.

E continuou mexendo em todos os cantos do quarto. Tirou as gavetas do armário e da cômoda e percebeu que uma delas era menos profunda que as demais. Levantou seu fundo falso e estremeceu quando encontrou um objeto de madeira, em forma de livro e com um cadeado: "O que será isso? Um livro?", perguntou-se a condessa. "E se for?! Marzia não gostava de ler! Deu tanto trabalho para ser alfabetizada... Que estranho... e, ainda por cima, está trancado!"

Remexeu nos objetos que estavam dentro da gaveta e encontrou uma chave; experimentou-a no cadeado do objeto e este se abriu. Outra surpresa: "Não é um livro! É um diário! Por que essa menina faria um diário? Meu Deus! Tenho medo de ler! O que será que vou encontrar nestas páginas?". Manuseou-o, sem coragem de abri-lo: "Até que ponto eu conhecia minha própria filha? Ela era má, perversa e orgulhosa, e do que mais gostava, além do dinheiro, era judiar e desprezar as pessoas, principalmente os escravos! Completamente diferente dos irmãos!".

Por fim, resolveu abri-lo; suas mãos tremiam e seu coração pulsava acelerado. Numa reentrância na capa, encontrou outra chave: "A chave do cofre! Por que estava com ela? Por que Cesare lhe deu essa chave se eu, sendo a esposa, não tinha?".

Seu pensamento, então, voltou ao passado, lembrando alguns episódios de que a filha participara e, com paciência, começou a desmontar o grande e complicado enigma que a envolvia. Na primeira página do diário: a data de início de anos passados, quando ainda era uma criança que mal sabia escrever. As primeiras folhas estavam com desenhos de pequenos corações, florzinhas; e os escritos eram apenas bobagens da cabeça de uma garota normal. Falava sobre namorado, príncipe encantado, festas, viagens. Nas páginas seguintes, os desenhos foram se modificando: alguns eram punhais de onde caíam gotas de sangue, uma arma de fogo com o projétil sendo disparado e cruzes emoldurando um caixão de defunto todo pintado de preto; e muitas vezes mencionava a palavra poder. Muito poder... À medida que ia lendo, Fiorella sentia que todo o seu ser se transformava num misto de angústia e ódio. Um medo como nunca sentira na vida fazia seu coração acelerar. Antes da morte de Paola, Marzia escrevera: "Hoje darei a dose final de veneno à aleijada. A bela condessa cuida tanto dela que nem percebeu que a estou matando um pouco por dia! Se tudo der certo, como papai previu, amanhã ela estará morta". Num relance, Fiorella fechou o diário e uma angústia, acompanhada de um grito desesperado, tomou conta de sua alma. Seu corpo tremia como haste de capim fustigada por vendaval: "Meu Deus... Foi por isso que Paola disse que a perdoava antes de morrer! Não! Não pode ser! Não acredito no que estou lendo! Ela matou também a irmã... Dai-me forças, Senhor!". Esperou um tempo, criou coragem e voltou a folheá-lo. "Papai me pediu ajuda para dar cabo da bela condessa e dos gêmeos! Não sei ainda como farei, pois eles são muito espertos, mas, com certeza, darei um jeito. Com Paola foi mais fácil; eu colocava todo dia uma gota de veneno na água! Lembro que um dia ela percebeu e eu ameacei acabar com todos, caso ela abrisse a boca! Mas papai me traiu! Eu confiava tanto nele, fazia tudo o que ele mandava... Maldito! Quando eu exigi uma chave do cofre, ele não quis me dar. Aí, ameacei contar o que sabia e ele acabou cedendo. Um dia, quando ele foi para Santo Antônio, vi, em sua gaveta, o segredo do cofre. Eu o abri e fiquei pasma! Tinha muito dinheiro! Pilhas e mais pilhas de dinheiro! Joias, barras de ouro, algumas folhas onde estava escrito Apólices, que não sei para que servem... e outras com uma importância muito grande e assinadas por algumas pessoas que, eu acho, devem estar em dívida com papai. Vi uns rabiscos num pedaço de papel, em que ele planejava me entregar ao delegado quando eu acabasse de matar a família! Fiquei chocada! Eu confiava tanto nele... Então, resolvi esperar a primeira oportunidade e dar cabo dele primeiro! Coitado... nunca conseguiu encontrar a mina e, quando eu lhe disse que a encontrara, ele quis saber sua localização e eu neguei;

então ele me deu um bofetão no rosto, como fez mamãe várias vezes. É por isso que a odeio com todas as forças de que sou capaz... Ninguém bate em meu rosto e fica impune; e eu juro que vou matá-la também! Custe o que custar!"

Fiorella enxugou as lágrimas e reiniciou a leitura do diário: "Ontem, a bela condessa foi a Santo Antônio com os gêmeos e Olívia; eu fiquei sozinha com meu pai, Jovina e as outras escravas. Tomei banho e depois deitei na cama, enrolada na toalha, e acabei adormecendo. Quando acordei, vi meu pai admirando meu corpo nu. Seus olhos faiscavam de desejo. Fiquei com medo! Nunca havia tido contato com um homem! Ele atirou-se sobre mim e tentou me possuir. Lutei com todas as minhas forças; ele me deu vários tapas no rosto, conseguiu me dominar e acabou me violentando! Depois saiu rindo, deixando-me numa pequena poça de sangue, completamente alucinada, com profundo trauma e desajustes emocionais! Chorei muito! E foi nesse dia que eu jurei, com todas as forças, que o mataria, nem que fosse o último ato da minha vida! Pouco depois, ele voltou com um punhal.

'Agora quero saber onde está localizada a mina, sua *maledetta*! E se não falar eu a matarei com minhas próprias mãos!'

"Chorando desesperada, consegui forças e o enfrentei: — *Não!!* Eu não vou dizer nada! O senhor me traiu! Eu vi seu plano de acabar comigo; portanto, senhor conde, se me acontecer alguma coisa, o senhor jamais saberá onde está essa maldita mina! Ela está bem perto daqui e abarrotada de pedras que valem uma fortuna incalculável! Está em minhas mãos, conde Cesare! Se o senhor se atrever, contarei tudo à condessa!

'*Miserabile*!! Pois vou matá-la assim mesmo! E depois darei cabo dessa *moglie*[1] *imbecille* e de meus *figlioli*[2]!'

---

[1] esposa
[2] filhos

"Assim dizendo, ele avançou para cima de mim; comecei a tremer, a chorar, e já me via morta quando ouvimos barulho de carruagem! Era minha mãe que chegava de Santo Antônio. Eu tenho um ódio profundo por ela, mas fiquei contente com sua chegada. Ele saiu do quarto, mas disse que ainda me pegaria!"

— Meu Deus! Que coisa sórdida! Como Cesare teve coragem de violentar a própria filha? Como era abjeto esse homem! Pior que um animal! É claro que ele provocou desajustes emocionais na menina! Ah, Marzia! Minha filha! Se você tivesse desabafado comigo, quanta tragédia teria sido evitada! Sinto-me aliviada em saber que o monstro não mais pertence a este mundo! E esse ódio que sentia por mim foi por causa de alguns tapas que lhe dei? Só por causa de alguns tapas? Que coração de pedra você tinha, Marzia! Mas Deus sabe, minha filha, e você também, que fui obrigada a tomar essa atitude... e, creia, doía mais em mim...

Soluçando, a condessa fez um enorme esforço e continuou lendo: "Hoje, ouvi uma conversa de tia Vittorina com o calhorda do senhor Guido: eles combinavam que, dentro de três dias, iriam emboscar papai, matá-lo e pegar todo o dinheiro. Achei que seria uma ótima oportunidade para concluir meu plano. Fui até Santo Antônio, onde me encontrei com Narciso e lhe dei dinheiro para comprar uma arma. Eu não podia aparecer, mas ele só consentiu em comprar se eu lhe comprasse uma também; tive de concordar. No dia marcado, fiquei escondida num canto da área esperando que eles chegassem e para me proteger um pouco da chuva torrencial que desabava. Eles apunhalaram papai pelas costas e ele caiu... Fiquei contente, pois fizeram o serviço para mim; mas, dali a pouco, ele se levantou e foi rumo ao cafezal. Eu o segui. Papai os alcançou e travou luta corporal com o senhor Guido, que o jogou ao chão... O mercador aproveitou e arrancou do pescoço do conde a corrente com a chave do cofre.

Eles pensaram que papai estava morto, mas ele, cambaleando, levantou-se e atirou nos dois pelas costas e, novamente, caiu. Então eu me aproximei... Quando me viu, seu rosto se iluminou e ele disse: 'Filha! Que bom... ver você! Ajude-me... Vamos sair daqui antes que chegue alguém!'.

"Eu apenas lhe apontei a arma e acionei o gatilho; ouvindo o barulho da pistola sendo engatilhada, ele se virou e me perguntou, perplexo: 'O que significa isso? O que vai fazer com essa arma apontada para mim?'.

"Eu nada respondi. Ele se levantou e tentou correr... e eu atirei. O tiro atingiu suas costas, e a bala, com certeza, se alojou no coração, fazendo-o cair de bruços na lama. Saí bem rápido dali, fui até o galpão onde havia deixado algumas roupas, troquei-me, enterrei as que usava (com o solo encharcado, foi fácil abrir uma cova funda) e consegui entrar em casa sem que ninguém percebesse."

Alquebrada, a condessa interrompeu a leitura e enxugou as lágrimas, cobrindo o rosto com as mãos. Criando ânimo, entretanto, voltou a folhear o sinistro diário.

"Narciso me disse que Julião estava desconfiado de alguma coisa e eu mandei que ele o matasse sem deixar pistas! Diante dos acontecimentos, nada mais me importava; matar uma ou várias pessoas seria a mesma coisa. E algo dentro de mim dizia que eu não conseguiria parar. Todos os que estivessem à minha frente, ou me impedindo de seguir adiante com meus planos, seriam mortos. Matarei, sim, todos os que ousarem me desafiar... Quero ficar com tudo só para mim! Quero ser senhora absoluta de todos! Quero ser a mais rica e mais poderosa de toda a região! Quero mandar em todos, pisar em todos! Tenho um vidro de curare que Narciso comprou para mim; caso descubram alguma coisa, o que acho impossível, eu vou tomá-lo. Não irei para a masmorra! Prefiro a morte! Mil vezes a morte!"

Uma leve batida na porta e Gianluca entrou:

— Mamãe! Desde cedo a senhora está aqui! O que está acontecendo? Por que está chorando?

— Ah, filho! Nem queira saber o que descobri sobre Marzia! — e entregou-lhe o diário. O rapaz o pegou, folheou e o devolveu à mãe, dizendo:

— Mamãe! Não quero ler! Se eu conhecia bem minha irmã, sei que essas folhas contêm coisas horríveis, e eu quero guardar dela alguma coisa boa! Não adianta a senhora ficar lendo esse livro macabro, nada vai trazê-la de volta! Eu posso imaginar o que contêm suas linhas! Sabe o que eu faria se estivesse em seu lugar? Queimaria e não comentaria nada com ninguém! Nem com o delegado!

— Acho que você tem razão!

— Agora vamos almoçar. Giani está esperando!

Mas a pobre mãe não se conformava. À tarde, chamou Gianluca e um escravo e foram ao lugar onde Marzia disse ter enterrado suas roupas. A condessa ainda acreditava ser um terrível pesadelo tudo o que havia lido no sinistro diário.

Chegando ao local, mandou o escravo cavar para ver se realmente ela escrevera a verdade. Pouca terra foi removida e encontraram, de fato, as roupas da filha. Terminara sua última esperança de acordar de um medonho pesadelo. Chorando, ordenou que o escravo as enterrasse novamente e voltou para casa.

O tempo passou rápido.

Um dia, Gianluca entrou em casa correndo e chamou pela mãe:

— Mamãe! Manuela chegou de viagem! Ela mandou recado para ir até a casa dela! A senhora quer ir também?

— Claro que não, filho!

— Puxa! Como estou contente em rever Manuela!

Criando coragem, a mãe perguntou:

— O pai dela também veio?

— Achei que a senhora não iria perguntar pelo senhor Joaquim! Lógico que ele veio! Vamos visitá-los, mamãe!

— Não! Não fui convidada, e mesmo que tivesse sido não teria coragem de ir até lá!

— Coragem para quê? O que a senhora tem é medo de assumir o amor que sente por ele!

— É... Às vezes até penso nisso... Bom... vou ver como estão os preparativos para o almoço.

— Mamãe! A senhora ainda pensa em ir à Itália?

— Claro que sim, filho! Preciso buscar Dacia e Domenico! Quero que venham morar conosco. E também tenho de vender a San Martino, o castelo que era de seus avós e as terras! E também...

— E também?

— E também visitar o túmulo de Giuseppe.

— Pra que isso?

— Você não vai entender, Gianluca! Giuseppe foi meu primeiro amor, e eu só não...

— ...só não se casou com ele porque foi vendida ao conde por causa de dívidas! Faz muitos anos que ouço essa lenga-lenga! Não acha que está na hora de acabar com isso?

A mãe olhou demoradamente o filho e saiu sem falar nada.

O tempo sempre segue sua marcha inexorável, dispondo as coisas no Universo e cicatrizando as feridas no coração das pessoas.

Fiorella, de certa forma, havia se conformado com a morte violenta da filha. Empenhara-se na direção da fazenda com Gianluca e na ajuda aos trabalhadores. Tratava-os bem e os respeitava, tentando fazê-los esquecer a maldade sofrida nas mãos do conde e dos dois feitores.

Seis horas da tarde.

O tapete de folhas que o outono esparramava pelo chão começava a dar lugar ao vento suave que prenunciava o inverno. As planícies, pouco a pouco, estavam perdendo o majestoso verde para dar lugar ao branco das geadas.

E o inverno chegou...

Na casa-grande, os vistosos candelabros de prata foram acesos, iluminando a ampla e luxuosa sala de estar.

Tudo indicava que seria uma longa noite de inverno.

Depois do jantar, Fiorella e Gianluca tomam licor na sala. As labaredas do lenho, queimando na lareira, deixam o ambiente morno e aconchegante. Na outra sala, Giani, ao piano, dedilha e entoa uma romântica cantilena. Gianluca se levanta e vai para junto da irmã e a acompanha na canção. Fiorella recosta-se na poltrona, fecha os olhos e, ouvindo a música, deixa-se levar pelos pensamentos. Através deles, chega à Itália. Rememora seus pais quando vivos, a casa onde passou sua infância despreocupada; lembra-se de Giuseppe, que, por amor a ela, teve uma morte horrível. Mas não consegue segurar o pensamento e, contra sua vontade, ele vai em busca de Joaquim e de seu sorriso cativante. Por mais que tente, não consegue pensar em outra coisa. Seu coração e todo o seu ser vão em busca daquele que realmente ama.

Está tão absorta que não percebe quando Olívia vai abrir a porta de entrada. Depois, a fiel criada a chama:

— Senhora condessa... a senhora tem visitas!

— Visitas? Quem é, Olívia?

Antes que a criada respondesse, uma voz, suave e máscula, ao mesmo tempo, responde:

— Sou eu, condessa! Peço desculpas por ter vindo sem avisar, mas não consegui segurar o ímpeto de Manuela!

Assustada, Fiorella se levantou quando ouviu a voz. Visivelmente feliz, foi ao encontro daquele homem charmoso e sedutor que já morava em seu coração.

— Joaquim! Que surpresa... Eu não o esperava!

Ele, gentilmente, beijou a delicada e alva mão estendida e tornou a pedir desculpas por ter vindo sem avisar.

— Não precisa se desculpar nem avisar! Quando quiser vir, sempre será bem-vindo!

Ele sorriu, mostrando a perfeita arcada dentária, e ela aproveitou para cumprimentar Manuela, que foi logo perguntando por Gianluca. Antes que Fiorella respondesse, o jovem veio a seu encontro e abraçou a namorada; cumprimentou rapidamente Joaquim e foram ao encontro de Giani, na outra sala.

— Ah, essas crianças... — suspirou a condessa.

Pegou o sobretudo de Joaquim e, disfarçadamente, aconchegou-o ao peito, aspirou seu perfume e deu-o para que Olívia guardasse. Em seguida, mandou um escravo ajudar o cocheiro a cuidar da carruagem. Convidou o fazendeiro para se sentar e preparou-lhe um licor.

Enquanto preparava a bebida, o português a olhava com um brilho nos olhos: "Meu Deus! Como é linda e graciosa! Estou tremendamente apaixonado! O que fazer? Declarar meu amor? E se ela me rejeitar?".

Medo e angústia tomavam conta de seu coração e a admiração pela bela mulher crescia, enquanto seus olhos pareciam devorá-la.

Fiorella trajava um vestido azul, simples e luxuoso ao mesmo tempo. Gola alta, mangas compridas com uma finíssima renda no mesmo tom de azul, enfeitando-as. Seus cabelos loiros, seguros com uma linda presilha no alto da cabeça, deixavam alguns fios caídos que emolduravam sua tez alva e macia, onde sobressaíam os grandes olhos azuis. Nos ombros, um xale numa tonalidade mais escura, mascarando um discreto decote; brincos e um anel de esmeraldas realçavam sua beleza e elegância.

Por sua vez, Fiorella também o observava: "Que charme tem esse homem! Alto, forte, cabelos negros e olhos cor de mel; educado, cavalheiro...". Cortou os pensamentos e se levantou para pegar mais licor.

Havia muita emoção entre os dois; emoção embalada pela suave cantiga vinda do piano, enquanto Joaquim lutava contra a vontade de abraçá-la e estreitá-la em seus braços.

De repente, levantou-se, aproximou-se e disse:

— Dança comigo?

— Como?! — perguntou ela, espantada.

Ele repetiu:

— Quer dançar comigo?

— Mas... Eu... dançar?

— Não me diga que nunca dançou em sua vida! — disse sorrindo e pegando delicadamente em sua mão. Sem lhe dar tempo para resposta, suavemente a enlaçou em seus braços fortes e começaram a dançar.

Quando o piano silenciou, o casal parou e... continuou enlaçado... Na outra sala, Manuela pediu a Giani:

— Posso tocar um pouco?

— Claro!

Joaquim e Fiorella continuaram abraçados como se soubessem que outra música seria tocada... e começou a tocar...

Giani entoou outra canção, acompanhando o piano. Sua voz cristalina e a música romântica enchiam a casa de ternura. E os dois apaixonados continuaram dançando... Seus corações batiam descompassados e seus corpos flutuavam. O rosto de Joaquim, bem escanhoado e perfumado, colou-se à face rubra e quente de Fiorella. Giani calou-se, e o piano, manipulado pelas hábeis mãos de Manuela, também parou...

Silêncio...

Giani voltou ao piano e, novamente, a voz se fez ouvir.

Joaquim, suavemente, trouxe a condessa mais de encontro ao peito:

— Fiorella... — ele sussurrou com a voz trêmula.

Ela nada respondeu, mas levantou a cabeça e seus olhos apaixonados se encontraram com os dele, ainda mais apaixonados. Estavam quase se beijando quando Manuela e Gianluca, de mãos dadas, entraram na sala, quebrando o encanto.

— Papai... Oh, desculpe! — Gianluca também percebeu o clima romântico, e um sorriso de satisfação se esboçou em seus lábios. Um tanto desapontado, Joaquim respondeu:

— Está tarde, filha! É hora de irmos embora!

— Ah, papai! Giani ia tocar uma música nova! Vamos ficar mais um pouco!

Fiorella interveio:

— Ainda é cedo, Joaquim! Deixe que ela ouça a música!

Contente, o português olhou para a condessa e, mais que depressa, concordou:

— Está bem!

Na outra sala, alheia a tudo, Giani continuava tocando. Quando viu o casalzinho de namorados entrando, perguntou:

— O que aconteceu?

Rapidamente, Gianluca lhe contou e ela, sorrindo, voltou a tocar.

Joaquim pegou na mão da condessa e a levou para o jardim:

— Precisamos conversar, Fiorella!

— Aqui? Neste frio? Estou tremendo!

— Eu a agasalho... — assim dizendo, puxou-a de encontro a si e buscou seus lábios entreabertos de emoção.

Ela se aconchegou naqueles braços fortes, sentiu seu calor... seu perfume... e... novamente sua virilidade. Seu corpo tremia, não pelo vento gelado que os envolvia, mas pela sensação de felicidade que estava sentindo. Beijaram-se muitas vezes, como nunca haviam feito. E ele sussurrou em seu ouvido:

— Eu a amo, Fiorella... como nunca amei em minha vida! Não posso mais ficar sem você, quero que seja minha mulher...

— Eu também o amo, Joaquim! Tanto quanto você a mim!

Ele a pegou pela cintura e a levantou no ar, gritando:

— *Finalmente!!* Finalmente você disse que me ama! Quer se casar comigo?

— Casar? Quando?

— Amanhã! Hoje! Agora! O mais rápido possível! Ah, Fiorella! Se soubesse quanto esperei por isso! Quantas noites passei em claro tentando descobrir por que você não me queria! Meu Deus! Como sofri!

— Eu sempre o amei, Joaquim! Mas não podia e não posso me casar com você antes de ir à Itália, mais precisamente ao túmulo de Giuseppe, e desfazer a promessa feita anos atrás!

— Eu entendo! E concordo! Só que iremos juntos e casados!

— Está bem! Vamos pensar direito como faremos!

— Meu Deus, que felicidade estou sentindo!

Da janela da sala, os filhos assistiam à euforia dos pais.

— Até que enfim se acertaram! Vamos cumprimentá-los?

E os três saíram correndo para o jardim. E se abraçaram felizes.

— Manuela, já ouviu a música nova? Podemos ir agora?

— Que música, papai?

— Chiiii! Descobriu a mentira! — disse Giani.

— Joaquim — interveio Fiorella —, não existe música nova! Foi apenas uma desculpa para que você ficasse mais um pouco!

— Ah! Mentiram, não é? Mas foi uma mentira deliciosa! Graças a ela chegamos a um acordo! Crianças... eu e Fiorella resolvemos nos casar!

— Já sabemos! — responderam os três de uma só vez.

— Ficaram nos espionando? — perguntou Fiorella, fazendo cara de brava.

— Sim, mamãe! E ficamos muito contentes! A senhora merece ser feliz! Ei... Giani! Veja! É Aluísio que está chegando!

A garota, toda feliz, saiu correndo ao encontro do namorado.

— Aluísio! Que bom, meu amor, que você veio!

— Estava com saudade de você, minha querida! — e se abraçaram felizes.

Depois dos cumprimentos, Joaquim chamou Manuela:

— Agora vamos, filha! Está esfriando muito!

No dia seguinte, Giani perguntou à mãe:

— Mamãe, quando a senhora pretende se casar?

— Você e seu irmão estão indo rápido demais! Eu e Joaquim ainda vamos conversar sobre o assunto! Mas por que a pressa? Se estiverem pensando em se livrar de mim, estão enganados! — respondeu a mãe, sorrindo.

— Não é nada disso, senhora condessa. É que nós, eu e meu dileto irmão, só nos casaremos depois da senhora!

— É claro que será depois de mim! Eu e Joaquim iremos

à Itália e a Portugal; quando voltarmos, conversaremos sobre o assunto!

Depois de acertado o namoro com Fiorella e marcado o casamento, Joaquim mandou abrir um caminho em sua propriedade até a divisa da Fazenda dos Ipês. Intercalou árvores floridas de cores variadas e, na cerca de arame, plantou trepadeiras que, depois de formadas, viraram uma verdadeira cerca viva e multicolorida. Era impressionante a beleza do lugar, que, de tão bonito, carinhosamente passou a ser chamado de Caminho do Amor, além de ser exclusivo das duas famílias.

Numa das visitas à condessa, ela abordou o assunto da mina, pensando que o futuro marido nada sabia a respeito.

— É claro que sei da localização da mina, minha querida... e faz muito tempo, mas nunca me interessei pelas pedras! Como diziam meu bisavô, meu avô e meu pai: é melhor que fiquem onde estão, assim teremos mais tranquilidade. Já pensou se descobrirem que temos nas nossas terras essa imensa fortuna? O que vai ter de bandoleiro nos infernizando...

— É verdade, meu amor!

E, de comum acordo, resolveram esquecer a fatídica mina.

Três meses depois, Fiorella e Joaquim se casaram numa festa muito simples.

Corria o ano de 1889.

A libertação dos escravos era o assunto que se discutia em todas as cidades e, principalmente, nas fazendas. Alguns fazendeiros estavam revoltados e preocupados. Não sabiam como resolver o problema da mão de obra, pois jamais concordariam em libertar os escravos, muito menos lhes pagar ordenados de empregados.

Fiorella pensava exatamente o contrário. Exultava em pensar na alegria dos trabalhadores e não via a hora de assinar a alforria, libertando-os. Antes de viajar com o marido para Portugal, onde conheceria seus parentes, e para a Itália, para resolver seus negócios, ela quis realizar esse outro sonho: libertar os escravos.

E foi numa manhã primaveril e perfumada em que o Sol, com seus raios mais luminosos, dava um brilho especial à natureza, como se estivesse se regozijando com o ato de bondade da condessa. Uma suave brisa parecia estar abençoando o amor e a gratidão daquele coração tão bondoso quando assinava a derradeira carta de alforria.

Reunidos no terreiro, logo após ter sido entregue a última carta, os negros entoaram uma canção da África, homenageando a sinhá que tanto amavam. Transformados em trabalhadores libertos, com o direito de ir e vir, ninguém quis ir embora. Todos continuariam trabalhando na Fazenda dos Ipês sob as ordens do sinhozinho Gianluca.

Lágrimas de emoção jorravam dos olhos da condessa. Ela havia conseguido, depois de muita luta, dar um "lugar ao sol" àqueles que, sob as lambadas do chicote, suaram arduamente para encher o bolso do finado conde Cesare Brevegliere, seu marido; e dar também uma vida melhor às famílias daquela terra que amava tanto quanto sua longínqua Itália; e nem mesmo os assassinatos, o suicídio e a violência conseguiram apagar a exuberância e a beleza da Fazenda dos Ipês.